Max und Micha
Die Junior-Detektive vom Wolfgangsee

AUF DER SUCHE NACH DEM VERSCHWUNDENEN MÄDCHEN

Ich danke Magistra Erna Schroedter sowie Studiendirektor Hans-Günter Helmbold für die Mitarbeit an diesem Buch.

Diese Geschichte spielt im Jahre 1997. Die Handlung und ihre Akteure sind der schriftstellerischen Fantasie entsprungen. Ähnlichkeiten mit lebenden oder bereits verstorbenen Personen wären rein zufällig und nicht beabsichtigt. Insbesondere haben die Ereignisse um die Schlottermühle keinen Realitätsbezug.

Klaus Kurt Löffler

Max und Micha

Die Junior-Detektive
vom Wolfgangsee

Auf der Suche nach dem
verschwundenen Mädchen

Bibliographische Information der Deutschen Nationalbibliothek:
Die Deutsche Nationalbibliothek verzeichnet diese Publikation in der Deutschen Nationalbibliografie; detaillierte Daten sind im Internet über Hb://dnb.d-nb.de abrufbar.

Copyright © 2014 Klaus Kurt Löffler - 2. Auflage 2016

Die Junior-Detektive im Internet: http://maxundmicha.eu/

Umschlag und Satz: Klaus Kurt Löffler

Herstellung: CreateSpace, Independent Plattform

Verlag: Klaus Kurt Löffler Max und Micha Eigenverlag, Volgersweg 26, 30175 Hannover

ISBN 978-3-9813414-4-7

Inhalt

Kapitel 1: Ein großes Geheimnis	6
Kapitel 2: Ein rätselhafter Hilferuf	17
Kapitel 3: Ein überraschender Fund	20
Kapitel 4: Die Schlottermühle	31
Kapitel 5: Kriegsrat	38
Kapitel 6: Allerlei Auskünfte	43
Kapitel 7: Beratung im Turm	47
Kapitel 8: Nachtwache	51
Kapitel 9: Eine verpatzte Gelegenheit	59
Kapitel 10: Reingelegt	64
Kapitel 11: Unerwünschter Besuch	72
Kapitel 12: Drama auf dem Schafberg	78
Kapitel 13: Hochwasser	89
Kapitel 14: Ein nächtliches Rendezvous	98
Kapitel 15: In der Feste Hohensalzburg	103
Kapitel 16: Bolliacs Versteck	113
Kapitel 17: Im Labyrinth	117
Kapitel 18: Entdeckungen	120
Kapitel 19: In der Gruft der tausend Särge	127
Kapitel 20: Der Mann mit dem Regenmantel	138
Kapitel 21: Die Geistermühle	152
Kapitel 22: Auf der rumänischen Spur	164
Kapitel 23: Ein verräterischer Brief	178
Kapitel 24: Von Telek	183
Kapitel 25: Eine verstörende Entdeckung	192
Kapitel 26: Eine Entführung	199
Kapitel 27: Das Rätsel der Höhle	202
Kapitel 28: Eingeschlossen	212
Kapitel 29: Die Maske fällt!	216
Kapitel 30: Des Pudels Kern!	229
Anmerkung des Autors:	246

Kapitel 1: Ein großes Geheimnis

»Kannst du den Mund halten, wenn es wichtig ist?«

Die Jungen standen auf einer schmalen Holzbrücke in der Schlucht des Dittelbaches und schauten auf die schäumende Flut, die über zwei Stufen in ein Becken hinunterstürzte. Vom linken Rand kam in einer Rinne weiteres Wasser herab, das sich unten mit dem Bach vereinigte und dann hinter einem Felsen verschwand.

Micha Bestmann, vierzehn Jahre alt, mit dunklem Haar und klugen Augen, sah seinen Begleiter prüfend an.

»Warum fragst du?« Max von Denker blickte erstaunt auf. Obgleich einige Monate jünger, wirkte er, groß, blond und stämmig, weit erwachsener als sein Freund. Er hätte glatt sein großer Bruder sein können.

Sie waren mit ihren Fahrrädern bis zum Waldrand gefahren und dann zu Fuß in die Schlucht hinabgestiegen. Micha hatte sich über das Ziel ihres Ausflugs in Schweigen gehüllt und mit geheimnisvollen Andeutungen begnügt. Zunächst aber hatten sie eine seltsame Begegnung.

Auf der Holzbrücke stand ein kleiner Mann, der trotz des sonnigen Wetters einen schwarzen Regenmantel anhatte und eine Baskenmütze trug. Er starrte auf das Wasser hinab, als könne er dadurch die Rätsel der Welt lösen.

»Das ist was für Lebensmüde«, äußerte Max, als sie ebenfalls Halt machten und hinuntersahen.

Micha nickte. Er war aus dem Ort und wusste Bescheid. »Vor kurzem hat's hier wirklich an Unfall geben«, sagte er im Dialekt. »A Holzknecht ist in den Bach g'fallen. Das Wasser hat ihn die Klippen abig'rissen. Das war's dann. Er ist weiter unten tot g'funden worden.«

Der Mann neben ihnen sah auf und kämpfte mit sich, ob er sich einmischen sollte. Schließlich äußerte er leise, so als spräche er mit sich selbst: »Ich habe das anders gehört.« Mehr wollte er wohl nicht sagen, denn er schaute wieder aufs Wasser. Aber irgendwas drängte ihn, doch noch hinzuzufügen: »In der Schlucht soll es nicht geheuer sein.«

Die Jungen sahen ihn erstaunt an. Als er erkannte, dass er eine Erklärung schuldig war, fuhr er stockend fort: »Man erzählt von … seltsamen Geisterprozessionen, … die einmal im Monat nachts bachaufwärts schreiten, … wo sie um Mitternacht … an einem geheimen Ort … unheilvolle Rituale vollziehen. Der Holzknecht ist mit dem Tode bestraft worden, … weil er das Treiben belauscht hat.«

»Dummes Gerede und Aberglaube.« Micha lachte verächtlich. »Die Leute können nicht anders, als hinter jedem Unfall ein übernatürliches Ereignis zu vermuten.«

»Ich wollte, es wäre so«, erwiderte der Kleine. »Der Holzknecht ist nicht das einzige Opfer geblieben. In der Schlottermühle hinter uns ist ein Kellner verschwunden, der ebenfalls dem Spuk nachgehen wollte.«

»Bestimmte Vorfälle häufen sich eben«, sagte Micha, »besonders wenn sie die gleiche Ursache haben. Hier offenbar die Dunkelheit.«

»Das habe ich auch zuerst gedacht.« Der Fremde musterte die Jungen unruhig, als sei er sich nicht sicher, wie viel er noch erzählen solle. Schließlich sprach er zögernd weiter: »Ich wollte die Gerüchte überprüfen und … hätte beinahe das gleiche Schicksal erlitten.«

»Aber Sie haben's überlebt«, äußerte Micha gleichmütig. Man sah ihm an, dass er die Sache nicht ernst nahm. Max dagegen wollte es genauer wissen. »Was ist passiert?«, erkundigte er sich neugierig.

»Es ist neun Tage her, es war Sabbat, die Nacht des Hexenspuks«, berichtete der Kleine. »Da waren gegen Mitternacht Lichter in der Klamm hinter der Mühle. Als ich ihnen nachgegangen bin, hat mich eine Gestalt mit rotglühenden Augen angesprungen. So groß und breit wie ein Kalb. Ich bin rücklings in den Bach gestürzt. Zum Glück haben mich Sträucher aufgefangen, sodass ich mit Abschürfungen und Prellungen davongekommen bin. Nicht anders wird es dem armen Holzknecht ergangen sein; nur dass er nicht so einen Mordsdusel hatte.«

»Was war das für ein Tier?«, fragte Max neugierig.

Der Kleine wiegte bedächtig den Kopf. »Keiner aus der Umgebung will darüber sprechen«, erklärte er. »Sie fürchten wohl, dass das Unglück bringt. Ich habe aber herausgebracht, dass es ein magischer Hund ist, der die Versammlung der Geister vor Lauschern schützt. Er taucht ebenso unvermittelt aus dem Nichts auf, wie er plötzlich wieder verschwindet. Wen er berührt, ist verloren. Ein böser Fluch führt dann früher oder später zum Abgang!«

Der Fremde brach ab. Man merkte, dass ihm die Angst in den Knochen steckte. Als er die ungläubigen Gesichter der Jungen sah, rief er heftig: »Ich verstehe, dass ihr Zweifel habt ... Ich selbst würde es allzu gern als Aberglauben abtun ... Aber ich bin der lebende Beweis dafür, dass es nicht so ist. Jedes Mal, wenn ich mich in die Schlucht hineinwage, habe ich ein Unglück. Dabei werden die Unfälle immer gefährlicher: Es wird wohl nicht mehr lange dauern, bis ich mich zu Tode stürze.«

In der Tat hatte der Kleine blaue Flecke sowie offene und verschorfte Wunden an Gesicht und Händen. Er genoss das Mitgefühl, das ihm entgegengebracht wurde, und erklärte dann: »Jetzt muss ich mich hinlegen, da ich mir die ganze Nacht um die Ohren geschlagen habe.«

»Haben Sie noch was entdeckt?«, fragte Max, der gern mehr über die geheimnisvollen Umtriebe erfahren hätte.

»Nein, es war alles ruhig ... Ich habe nicht mal einen Unfall erlitten.« Der Kleine schien fast enttäuscht darüber.

»Sehen Sie!«, sagte Micha. »Es geht also auch ohne.«

Der Fremde verabschiedete sich und wandte sich zum Gehen. Dabei stolperte er über eine Holzschwelle und fiel auf das altersschwache Geländer, das nachgab und sich nach unten neigte. Er wäre ins Wasser gestürzt, wenn nicht die Jungen zugegriffen hätten. »So, jetzt habt ihr's selber gesehen!«, rief er fast erfreut. »Es gibt einen Fluch und er wirkt immer noch.« Dann entfernte er sich unbeholfen nach einigen Worten des Dankes.

»Hey, das war ein merkwürdiger Vogel«, lachte Max und bemühte sich, das unheimliche Gefühl abzuschütteln, das ihn bei der Schilderung des Kleinen überfallen hatte.

»Der Mann ist ein Beispiel dafür, wie Aberglaube schadet«, äußerte Micha. »Er ist wohl an den großen Wolfshund geraten, der die Mühle bewacht. Das Tier war natürlich nicht einverstanden, dass sich nachts dort jemand herumtrieb. Es war also ein ganz normaler Vorgang. Aber, ... weil der Kleine an Unglück glaubt, hat er Unglück und wird es weiterhin haben, solange er so denkt. Hier ist nicht der Fluch die Ursache, sondern der Glaube daran ... Wir müssen also unser Vorhaben nicht aufgeben!« Micha setzte das in einem Ton hinzu, als wolle er einen Einwand widerlegen.

Max horchte auf. Das hörte sich fast so an, als wenn die ›Junior-Detektive‹, wie er und Micha scherzhaft genannt wurden, bald wieder im Geschäft wären. Er hatte im letzten Frühjahr Micha geholfen, eine Bande von Trickdieben zu überführen und das Rätsel um ein geheimnisvolles Ufo zu lösen. Damit hatte eine Freundschaft begonnen, die seine Familie und ihn in den Schulferien immer wieder nach St. Wolfgang führte. Und regelmäßig konnte sein Freund mit einem neuen Fall aufwarten, der beide an ihre Grenzen brachte. Aber was wäre das Leben ohne Risiko und Abenteuer! Waren die Vorkommnisse in der Schlucht der Grund, weshalb sie hier waren?

Ihm sollte es recht sein. Cynthia war leider nicht erschienen. Er hatte sie im Frühjahr kennen gelernt, als sie mit Tierschützern eine Protestaktion durchführte. Anführer war der bärenstarke Xaver gewesen. Er hatte ihn für ihren Freund gehalten. Zu Unrecht, wie sich später herausstellte. Der Kraftprotz mit der sozialen Ader war nämlich ihr Stiefbruder. Nun war nichts aus dem Wiedersehen geworden, auf das er sich schon monatelang gefreut hatte. Nicht einmal eine kurze Nachricht hatte sie aus St. Pölten geschickt. Oh, die Frauen! Wer kannte sich da schon aus?

Mitten in diese Gedanken kam unvermittelt Michas Frage, ob Max den Mund halten könne. Als er sich nach dem Grund erkundigte, sagte Micha: »Das wirst du gleich sehen. Du musst mir allerdings dein Ehrenwort geben, dass du nicht darüber redest.«

Max fand das wieder einmal reichlich übertrieben. »Was soll das?«, fragte er. »Du weißt, dass auf mich Verlass ist.« Als Micha ihn schweigend ansah, setzte er noch scherzhaft hinzu: »Meine Lippen sind von nun an versiegelt. Ich werde sie nur noch zu den Mahlzeiten öffnen.«

Micha schüttelte missbilligend den Kopf. »Ich will deine Hand darauf. Es geht um was Wichtiges.«

Widerwillig gehorchte Max. Er ließ sich ungern herumkommandieren. Aber seine Neugier war größer.

»Gut, dann schaun wir, dass wir vorankommen!« Micha drehte sich um und wandte sich zum Gehen.

»Wohin willst du? Doch nicht in die Schlucht hinein?!«

»Wie hast du´s erraten?«, spottete Micha. »Aber, keine Panik ... Wie du gehört hast, kommen die Geister nur einmal im Monat und das des Nachts!«

Hinter der Brücke lagen auf der rechten Seite des Bachs zwei aneinander gebaute Steingebäude mit dunklen Schindeldächern, die Giebel und oberen Stockwerke mit Holz verschalt. Geranien an den Balkonen und Fenstern bemühten sich, den düsteren Eindruck der Bauwerke freundlicher zu gestalten.

»Die Schlottermühle«, erklärte Micha. »Man sagt, dass hier die Pascher gehaust haben, als der Bach noch eine Zollgrenze zwischen dem Fürsterzbistum Salzburg und dem Habsburgerreich gewesen ist.«

Schmuggler! Max war fasziniert. Er sah vermummte Gestalten im Mondschein mit schweren Säcken auf den Schultern den schmalen Weg zur Mühle hinuntersteigen.

»Heute ist sie ein Ausflugslokal, in dem man auch übernachten kann«, fügte Micha hinzu.

»Eigentlich schade«, bemerkte Max. »All die geheimen Keller und Verstecke, die jetzt leer bleiben ...!«

»Wart´s ab! Du kommst auch so auf deine Kosten!« Micha gab sich weiterhin geheimnisvoll. »Es wird nicht gern gesehen, dass Fremde sich hier herumtreiben«, fuhr er fort, während er einen schmalen Saumpfad betrat, der unmittelbar am Wasser an den Häusern vorbeiführte. »Aber Montag ist Ruhetag. Da kümmert sich niemand um uns. Es bleibt uns wohl auch der Mühlenhund erspart.« Max atmete auf. Er hatte schon von Kindheit an Angst vor Hunden, seit ihn mal eine Bulldogge durch die Straßen gejagt hatte.

Der Weg war gerade so breit, dass er für eine Person Platz bot. Er folgte dem Verlauf des Baches, wobei die Jungen mehrmals Felsstufen zu überwinden hatten. Nach einiger Zeit endete er in einem Felsenkessel, in dessen Rückwand der Bach von oben herunterrauschte, ehe er in eine Steinmulde eintauchte. Wassertropfen spritzten umher; die Luft war feucht und kühl. Micha schien noch nicht am Ziel angekommen zu sein. Er drehte sich um und sagte: »Wir müssen hinüber. Wenn wir geschickt sind, bleiben wir trocken.« Er sprang auf einen flachgeschliffenen Stein und turnte von diesem auf den nächsten und so fort. Max folgte ihm, so gut er konnte. Die Felskuppen waren glitschig. Einmal strauchelte er, konnte sich aber noch halten. Schließlich erreichte auch er das andere Ufer, wo einige natürliche Stufen emporführten.

Dort stieß er auf etwas, das er hier nicht erwartet hatte. Vor einer halbrunden Höhlung in der Felswand ragte eine Steinschale aus dem Boden, die so groß war, dass sie einen Menschen aufnehmen konnte. Eine mystische Stimmung lag über der Szenerie.

»Wohl eine heidnische Kultstätte«, sagte Max schaudernd. »Da wurden sicherlich früher Tier- und Menschenopfer erbracht, um die Götter gnädig zu stimmen!« Er stellte sich vor, wie ein Priester im wallenden Gewand den Dolch zückte, während das hilflose Opfer in der Schale nackt und zitternd sein Ende erwartete.

»Ja, vermutlich keltischen Ursprungs«, stimmte Micha zu. »Und heute versammeln sich hier vielleicht die Teufelsanbeter ... Das wäre übrigens eine Erklärung für die ›Geisterprozessionen‹, von denen man im Dorf redet."

„Dann könnten der Tod des Holzknechts und das Verschwinden des Kellners damit zusammenhängen.« Max bekam eine Gänsehaut. Jäh änderte sich seine Vision: Nun waren es auf einmal schwarz gekleidete Männer mit rot gefärbten Haaren, Masken im Gesicht und Ziegenhörnern auf dem Kopf, die hier eine schwarze Messe zelebrierten und dem Satan ein Opfer brachten. Es kostete ihn einige Anstrengung, sich von dieser Vorstellung zu befreien. - Dann erwachte seine Neugier und er fragte: »Ist das das Geheimnis, das du mir zeigen willst?«

»Da fängt es an! ... Schau, ob dir was auffällt.«

Max tat, wie geheißen; dann schüttelte er den Kopf. »Mir reicht, was ich sehe ... Ist das nicht genug?!«

»Es kommt noch besser!« Micha führte seinen Gefährten ein Stück an der Felswand entlang. Kurz vor dem Wasserfall machte er Halt. Das Gestein war im unteren Bereich nackt und glatt. Er schob einen Felsbrocken beiseite, holte ein Seil aus einem Loch und warf es gekonnt in die Luft. Es blieb gleich beim ersten Mal mit der Schlinge an einem Bäumchen hängen, das in einer Felsspalte wuchs. Micha prüfte, ob es festsaß, stemmte sich dann mit den Füßen gegen den Stein und hangelte sich bis zu einem umlaufenden Sims hinauf. »Jetzt du!«, rief er dann.

»Ich weiß nicht, ob ich das schaffe!«, erwiderte Max beschämt. »Schließlich bin ich kein Eichhörnchen.« Dann fasste er sich aber doch ein Herz und zog sich Arm um Arm an dem Seil hoch, während seine überkreuzten Füße ihn gegen das Abrutschen sicherten. Die Leine fing allerdings zu schwingen an, sodass er gegen den Felsen schlug.

»Stütz dich mit den Füßen an der Wand ab«, riet Micha. »Versuch auf ihr zu laufen, als wäre es der Boden.«

Max gehorchte. Das Trudeln hörte auf. Allerdings hatten jetzt die Arme kräftiger zu arbeiten, weil der Einsatz der ungeübten Beine nicht genügend Entlastung brachte. Gottlob war das Ziel aber bald erreicht.

»Und wenn ich das nicht gebracht hätte?« fragte er vorwurfsvoll.

»Germanen aus dem Norden klettern nicht.«

»Dann hätte ich dich wie an Sack Mehl hochziehen müssen«, lachte Micha, wobei er das Seil einholte und in einer Spalte verbarg. »Du hast ja Übung darin.« Er spielte darauf an, dass Max auf diese Weise das Fürstengrab verlassen hatte, das die Jungen letztes Jahr entdeckt hatten. Dann kroch er zu einem Birkengebüsch, das aus dem Felsen wuchs, und ... war auf einmal verschwunden.

Max folgte verblüfft. Als er das Gesträuch erreichte, hielt er ratlos an. Da bewegten sich Zweige und Michas Kopf wurde sichtbar. »Hier hinein! Komm!« Das Gebüsch bildete ein grünes Tor, durch das Max sich drängte. Er gelangte in einen schmalen niedrigen Gang, der nur schwach erhellt wurde. Als sich das Buschwerk hinter ihm schloss, war es völlig dunkel.

»Mir nach!«, raunte es, während eine Hand nach ihm griff. Max folgte gehorsam, fühlte sich aber in der dunklen Enge alles andere als wohl. Endlich gab es einen Halt und eine Flamme loderte auf. »Was sagst du dazu?« Micha hielt stolz eine Teerfackel hoch.

Sie standen in einem hallenartigen Gewölbe, das einem ganzen Stamm von Höhlenmenschen Platz geboten hätte. Max verschlug es die Sprache. Sein Freund hatte nicht übertrieben. Die Entdeckung war einmalig und unbezahlbar. Er verstand jetzt, warum er sich Geheimhaltung hatte zusichern lassen. »Hammer! Gigantisch! Fundamental! Granatenmäßig!«

»Du kannst wieder normal reden. Der Berg filtert alle Geräusche. Es dringt nichts nach draußen.«

»Mannomann! ... Wie kommt so was zustande?« Max ließ seinen Blick bewundernd durch die Höhle wandern.

Micha lachte: »Das Wasser hat das wohl ausgewaschen. Das Gestein ist ziemlich porös.«

»Da hatten die Neandertaler eine prächtige Unterkunft. Aber im

Ernst: Meinst du, es bestand ein Zusammenhang mit der Kultstätte am Fuße des Felsens?«

»Vermutlich. Hier wurden wohl die Opfer gefangen gehalten, bevor sie ...« Micha brach ab.

Auch Max wollte das nicht so genau wissen. Er fragte, wie sein Freund die Höhle entdeckt hätte. »Rein zufällig!« erfuhr er. Micha hatte letzten Montag vor dem Wasserfall geangelt, als er bemerkte, wie ein Eichhörnchen plötzlich hinter dem Strauch verschwand. Er war am nächsten Tag mit einem Seil wiedergekommen und hatte den Sims untersucht. Es war dann nicht schwer gewesen, den Eingang zu finden, weil er wusste, wo er suchen musste.

»Weiß noch jemand von der Entdeckung?«, fragte Max.

»Leider!« Michas Gesicht verdüsterte sich. »Ich bin nur Mitwisser, wie du siehst.« Er deutete auf eine Feuerstelle, neben der Feuerholz und zerknülltes Papier zum Anzünden lagen. »Die Fackeln habe ich auch vorgefunden.«

Es entstand eine nachdenkliche Pause. Micha überspielte das ungute Gefühl, indem er verkündete, dass sie jetzt grillen wollten. Mit dem vorgefundenen Material war es nicht schwer, ein Feuer zu entzünden. Bald brannte es lichterloh. Micha brachte aus seinem Rucksack Würste zum Vorschein, die sie an Holzspießen brieten. »Alles Bio-Fleisch«, erklärte er stolz, »ohne Hormone und Antibiotika ... Das kannst du unbesorgt essen.« Max schaute verblüfft; über so was machte er sich keine Gedanken. »Ich habe allerdings auch Soja-Würstchen mit«, fügte Micha hinzu. »Nein, nein! Alles bestens!«, beschwichtigte Max. In der Schule hatte er gelernt, dass Soja Schweinefutter war. Nach seiner Ansicht sollte das auch so bleiben.

Zu den Würstchen gab es Erdäpfel, also Kartoffeln. Natürlich ebenfalls aus biologischem Anbau, wie Micha versicherte. Sie wurden mit der Schale in der heißen Asche gebraten und dann aufgebrochen. Es war etwas schwierig, die rußige Hülle zu entfernen; aber das Innere duftete herrlich und schmeckte vorzüglich. Die Jungen langten zu, als wäre es ihre Henkersmahlzeit. Und hörten erst auf, als die Vorräte restlos verbraucht waren. Ohne es zu merken, hatte Max sogar die Sojawürstchen mitgegessen.

Sie streckten sich nun auf dem Höhlenboden aus und sahen zu, wie der Widerschein des Feuers auf den Wänden auf und nieder tanzte und gelegentlich einen schwachen Schimmer auf die Decke warf. Max dachte an die Opfer, die hier hilflos auf den Beginn der Zeremonie gewartet hatten. Schicksalsergeben. Oder hatten sie sich gegen das zugedachte Los gewehrt? Welche Ängste waren ausgestanden, welche Hoffnungen enttäuscht worden? Max verspürte einen Druck auf der Brust, als lade sich seine Seele mit dem Leid der Betroffenen auf.

Und der Schrecken war vielleicht noch nicht zu Ende. Setzten nun Satanisten die Praktiken fort und mordeten weiter, jetzt im Auftrage Satans? In den Zeitungen war von okkulten Handlungen irre geleiteter Jünger die Rede, die auch vor Kannibalismus und Mord nicht zurückschreckten. Warum ließen sie sich mit den Mächten der Finsternis ein? Wollte man die eigene Bedeutungslosigkeit aufwerten? Oder war es die Faszination des Bösen?

Max wagte im Halbdunkel der Höhle, in der eine direkte Verbindung zur Unterwelt zu bestehen schien, den Namen des ›Leibhaftigen‹ nicht laut auszusprechen, wie er sich auch über seine Vorstellungen nicht zu reden getraute. Es war ihm, als könne ein unbedachtes Wort Unheil heraufbeschwören. Er hatte letztes Jahr in der Falkensteinhöhle eine Erscheinung erlebt, für die auch heute noch jede vernünftige Erklärung fehlte. Trotzdem verspürte er das Bedürfnis, etwas von seinen Gedanken loszuwerden, als würde sich dadurch der innere Druck verringern. »Hast du schon darüber nachgedacht, wer die Höhle benutzt?«, fragte er.

»Geht mir gerade durch den Kopf!«, antwortete der. »So was wird vom Vater auf den Sohn vererbt. Denk nur an Ali Baba und seine Schatzhöhle, die er den fünfzig Räubern abspenstig gemacht hatte. Das Geheimnis hat über Jahrhunderte den Wohlstand der Familie gesichert. Das wird hier genauso sein!«

Max nickte. »Und wer, meinst du, nutzt es?«, fragte er und sah seinen Freund erwartungsvoll an.

Micha ging ihm aber nicht auf den Leim: »Ich werde es ebenfalls nicht in den Mund nehmen«, erwiderte er, »auch wenn ich an okkulte Dinge nicht glaube.« Und als Max ihn erstaunt ansah, fügte er lachend hinzu: »Stimmt! ... Ich kann Gedanken lesen.«

Max fiel in das Lachen ein und fühlte, wie er sich entkrampfte. Micha hatte Recht: Man durfte sich solche Sachen nicht einreden. Sonst erging es einem am Ende wie dem kleinen Mann auf der Brücke. Er schüttelte das beklemmende Gefühl ab. »Hier möchte ich nicht gefangen sein!«, äußerte er aber doch. Er fühlte, wie ihm bei dem Gedanken daran ein Schauer über den Rücken lief.

»Das ist alles nur eine Frage der Gewöhnung«, antwortete Micha trokken. »Wenn du in der Höhle erst einige Wochen zugebracht hast und dann noch lebst, wirst du alles ganz kommod finden.«

Max erschien der Spaß zwar etwas makaber; er sagte aber nichts dazu. Zum Glück ahnte er noch nicht, was ihnen bevorstand!

Kapitel 2: Ein rätselhafter Hilferuf

»Da will mich einer gründlich verladen! Tut mir leid! Aber da ist er an den Falschen geraten!« Max legte die Stirn in Falten und schüttelte den blonden Kopf.

Als er nachmittags von den Dittelbachfällen ins Hotel zurückkehrte, war die Familie noch unterwegs. Seine Schwestern Lotte und Karo suchten wohl Mark heim und die Eltern machten einen Ausflug. Bestens! So konnte er in aller Ruhe rumhängen. Normalerweise war das nicht sein Ding. Er powerte lieber durch die Gegend und suchte das Abenteuer. Aber der Trip mit Micha war anstrengend genug gewesen und von dem ungewohnten Klettern taten ihm die Knochen weh. Außerdem wollte er wissen, wie das Buch weiterging, das er gestern angefangen hatte und das an die heutigen Erlebnisse anknüpfte. Es handelte von Jugendlichen, die sich in einer Höhle verirrt hatten und nicht wieder herausfanden. »Verdammt! So ist es mir entschieden lieber!«, rief er, als er sich mit dem Schmöker auf das Bett warf und zu lesen anfing.

Nach einer Weile griff er nach seiner Jacke, die er auf den Stuhl neben sich geworfen hatte, um sich einen Kaugummi herauszuholen. Das hätte er besser nicht getan. Denn es passierte etwas Merkwürdiges: Er bekam ein zerdrücktes Papier zu fassen, von dem er nicht wusste, wie es hineingelangt war. Verwundert glättete er den Fund und sah einige Worte, die mühsam mit Holzkohle gekritzelt waren. Die Schrift war halb verwischt und schwer lesbar.

**Hilfe! Rettet mich!
Bin gefangen! Wo? Weiß nicht!
Dota**

Der Zettel musste ihm in der Höhle zugesteckt worden sein. Er hatte die Jacke gereinigt in den Urlaub mitgebracht und heute erst angezogen. Vermutlich hatte Micha ihm eine Entführungsgeschichte liefern wollen, die zu den geführten Gesprächen über die Satanisten und ihre Opfer passte. Er wartete jetzt darauf, dass sich sein Freund aufgeregt meldete, um ihn gehörig auslachen zu können. »Du Nowak fällst auch auf alles rein!«, würde er spöttisch sagen. Den Gefallen wollte er ihm nicht tun. Max beschloss, die Sache einfach zu ignorieren. Er warf den Wisch in den Papierkorb und ergriff das Buch.

Es gelang ihm aber nicht, sich auf den Inhalt zu konzentrieren. Die mysteriöse Nachricht spukte in seinem Kopf herum. War es wirklich ein Scherz? Eigentlich musste Micha Abenteuer nicht erfinden. So was wäre schon eher den Scherzbolden aus der Familie von Denker, seinen umtriebigen Schwestern Lotte und Karo, zuzutrauen, die in Michas Bruder Mark unheilvolle Verstärkung gefunden hatten. Aber die wussten nichts von der Entdeckung. Micha hatte versichert, seinen Bruder nicht eingeweiht zu haben.

Aber, wenn es kein Scherz war, wartete vielleicht wirklich jemand auf Rettung. Vergeblich. Weil derjenige, der den Hilferuf gefunden hatte, ihn nicht ernst nahm. Verdammt, nein! Max sprang auf. Darauf konnte er es nicht ankommen lassen. Er holte den Zettel aus dem Papierkorb und überprüfte ihn nochmals. Nach der Schrift und der beschränkten Wortwahl stammte er von einer ABC-Schützin.

Wie war die Nachricht in seine Tasche gelangt? Sicherlich nicht, solange er die Jacke getragen hatte. Das hätte er gemerkt. Er hatte sie jedoch hinter sich abgelegt, als es am Feuer zu heiß wurde. Nach dem Herunterbrennen der Flammen war es ziemlich dunkel geworden. Jemand hätte sich also unbemerkt nähern können, als Micha und er sich hingelegt hatten und dösten.

Wieso aber hatte er sie nicht einfach angesprochen, wenn er sich frei bewegen konnte? War eine Person anwesend, die vom Hilferuf nichts wissen sollte? Ein schlimmer Verdacht drängte sich auf: Micha? ... Max schüttelte den Kopf. Unsinn! Das war abwegig. So was traute er seinem Freund nicht zu. Er hätte auch wohl kaum einen Besucher in die Höhle mitgenommen, wenn es was zu verbergen gab.

Also war ein Aufpasser dagewesen, hinter dessen Rücken Dota ihren Hilferuf weitergeleitet hatte. Vielleicht hatte dies auch ein Helfer für sie besorgt, der nicht erkannt werden und keine Rechenschaft ablegen wollte.

Woher aber war er oder sie gekommen? Gab es eine Nebenkammer, die sie noch nicht entdeckt hatten? So genau hatten Micha und er sich ja in der Höhle nicht umgesehen. Oder kam der Hilferuf womöglich von draußen? Von jemand aus dem Umfeld des Mädchens, der selbst nicht helfen konnte und ebenfalls unerkannt bleiben wollte? Vielleicht hatte er die Jungen in die Höhle klettern sehen und war ihnen heimlich gefolgt?

Max sprang auf. Hier halfen Vermutungen nicht weiter. Er musste mit Micha nochmals in die Höhle zurück.

Kapitel 3: Ein überraschender Fund

Wenig später war Max schon mit dem Fahrrad unterwegs. Er hatte kurz überlegt, ob er anrufen sollte, das aber schnell verworfen. Micha musste den Zettel mit eigenen Augen sehen und seine Schlüsse daraus ziehen.

Das Anwesen der Bestmanns lag auf einer Lichtung, die von drei Seiten von Bäumen umgeben war. Auf der vierten öffneten sich nach Osten Wiesenhänge in ein grünes Tal, in das ein mit Obstbäumen umsäumter Weg hinunterführte. Steingebäude gruppierten sich schützend um einen Innenhof und gaben einen Zugang nur durch das große Tor frei. Die Einfahrt stand offen und der Hof war leer. Offenbar gingen alle ihrer Arbeit nach. Der Hofhund wachte darüber, dass kein Unbefugter eindrang. Er kannte den Besucher und ließ ihn passieren.

Max wusste, wo Micha zu finden war. Er ging in den Obst- und Nutzgarten, der sich an den hinteren Bereich anschloss und von einer Mauer umgeben war. Hier stand ein alter Turm, den Micha bewohnte. Er war früher als Kornspeicher genutzt worden. Jetzt hatte ihn der Junge für seine Zwecke hergerichtet. Von dem Bewohner war nichts zu sehen. Max fiel auf, dass oben am Zinnenkranz ein sackartiges Emblem hing, wohl ein unschönes Öko-Wappen. Micha übertrieb es etwas mit dem alternativen Dingsda.

Als alles Rufen nichts half, legte Max die Hand auf die Türklinke. Das hätte er besser nicht getan: Über ihm gab es ein Flattern und Surren, als starteten hunderte von Tauben gleichzeitig. Als er verblüfft nach oben schaute, war es schon zu spät. Ein Netz kam heruntergesaust und stülpte sich über ihn. Max erschrak und versuchte, sich aus den Maschen zu befreien. Dies war sein zweiter Fehler. Das Geflecht zog sich immer enger zusammen, bis an eine Bewegung nicht mehr zu denken war. Er war in dem Maschengewebe eingesponnen wie die Puppe im Kokon. Dann gab es einen Ruck, das Netz hob sich und schwebte empor, bis es die Fahnenstange erreichte, die wie ein Galgen nach draußen ragte. Die Öko-Fahne flatterte wieder, jetzt aber mit einem lebenden Inhalt.

»Famos, es klappt wirklich!«, rief Micha von der Plattform. »Eine perfekte Schlawiner-Falle, mit der ich den Eingang absichern will. Du weißt ja, dass manche auf meine Erfindungen scharf sind.« Micha betätigte die Kurbel der Kabeltrommel. Langsam richtete sich die Fahnenstange auf, bis sie fast senkrecht stand. Dann drehte er an der Metallscheibe, auf der der Mast montiert war, worauf die Traglast in den Turmraum hineinschwenkte.

Max war von der Aktion völlig überrascht worden. Er kam sich vor, als befinde er sich in einer Zentrifuge, in der Raumfahrer ihren Härtetest ablegen sollten. »Du hast sie wohl nicht mehr alle?« rief er wütend. »Empfängt man so seine Gäste?!«

»Nur die ungebetenen. Und du stehst nicht auf der Besucherliste!« Micha lachte laut über seinen Scherz. Dann fügte er stolz hinzu: »Du siehst, es arbeitet alles mit höchster Präzision! Jetzt lege ich noch den Hebel um« - er griff an die Holztrommel, die das Seil der Winde aufnahm - »und das Netz wird sanft zu Boden gleiten und sich öffnen.«

Nun wussten beide, was geschehen sollte; nur die Maschine nicht. Sie ließ das Herablassen aus oder verwechselte die Reihenfolge. Das Ergebnis war jedenfalls unerfreulich: Das Netz öffnete sich in luftiger Höhe, sodass der Inhalt auf die Turmplattform hinunterstürzte und Micha unter sich begrub. Einen Moment lang herrschte Ruhe, weil die Jungen ihre Knochen sortierten und nachschauten, ob alles in Ordnung war. Micha hatte es härter getroffen. Er hatte noch versucht, seinen Freund aufzufangen. »Alles im Lack!«, stellte er aber beruhigend fest und rappelte sich auf. Auch Max erhob sich schwerfällig. Als beide standen, erkannte die Mechanik wohl, dass sie einen Befehl vergessen hatte und holte ihn nach: Es gab erneut ein Surren und Brausen in der Luft, das Netz fiel auf die Jungen herab und hüllte sie ein. Zum Glück blieb es dabei, ohne dass das Zusammenziehen erfolgte, das an sich durch das Zerren ausgelöst wurde. Deshalb gelang es den Jungen, sich aus dem Geflecht zu befreien. Als das geschehen war, mussten beide lachen. »Kruzitürken, das Ding ist wohl doch nicht ausgereift«, bemerkte Micha entschuldigend. »Ich muss wohl noch etwas tüfteln.«

»Wusch! Da legst dich nieder! Was du nicht alles in deinen Sachen herumträgst!« Micha reagierte ziemlich verblüfft, als er den Hilferuf aufmerksam studiert hatte. Den Verdacht, einen Scherz gemacht zu haben, wies er weit von sich. »Lass den Schotter«, sagte schroff. »Du solltest wissen, dass das nicht mein Stil ist.« Das klang einleuchtend. Max war ja selbst schon zu dieser Überzeugung gelangt. Nach kurzer Beratung beschlossen sie, sich die Höhle genauer anzusehen, wo Hinweise zu finden sein mussten.

Diesmal lief aber nicht alles nach Plan. Im oberen Teil der Schlucht turnte ein sportlich wirkender Mann, etwa Mitte fünfzig, mit gestutztem Schnurrbart im gebräunten Gesicht, auf den Steinen des Baches herum und untersuchte die Felswände mit einem Hammer. Auf seine blonden Haare war ein breitkrempiger Lederhut gestülpt, der vor Steinschlag und Sonnenstrahlung schützen sollte. Mit kurzer Hose und kakifarbenem Hemd sah er aus wie ein behäbig gewordener Indiana-Jones auf der Suche nach dem Stein der Weisen. »Jetzt kommt wohl die junge Konkurrenz«, redete er die Jungen an, als er die Werkzeuge in Michas Rucksack entdeckte. Er nahm den Hut ab und wischte sich den Schweiß aus der Stirn. »Hier, wo sich der Bach tief in den Berg hineingefressen hat, sieht man, wie das Gebirge aufgefaltet worden ist.«

Micha wusste, dass er sich etwas einfallen lassen musste. Er wies listig darauf hin, dass es fünfzig Höhenmeter bachaufwärts ein krasseres Anschauungsobjekt gab. Kurz vor der vierten Mühle. Dort seien die Gesteinsschichten so freigelegt, als habe man einen Lehrpfad für Geologen schaffen wollen. »Ein Lehrpfad für Geologen«, wiederholte der Mann begeistert. »Das ist genau, was ich suche!« Er fragte die Jungen, ob sie ihn nicht begleiten wollten. »Ihr könnt manches von mir lernen. Ich habe in Europa fast alles schon bereist. Letztes Jahr die Karpaten.«

Nun sitzt Micha in der Klemme, dachte Max etwas schadenfroh. Eine gemeinsame Exkursion war das letzte, was sie brauchten. Sein Freund aber löste das Problem gekonnt und schaffte es sogar noch, auf Kosten anderer Scherze zu machen. »Wir kommen doch gerade von dort«, äußerte er und verdrehte scheinbar genervt die Augen. »Leider hat sich mein Freund als absoluter Ignorant erwiesen. Ich habe den Unterricht abgebrochen, als er mich fragte, warum wir statt eines Hammers nicht einfach Sprengstoff benutzten.«

»Schade«, erwiderte der Geologe und musterte Max von der Seite her, als sei er eine bedauernswerte Missgeburt. »Ich kenne das Problem.

Es fehlt an Fantasie und der Vorstellungskraft, die aus leblosen Objekten beredte Zeugen der Erdgeschichte macht ... Ich bin gern bereit, einen Versuch mit ihm zu wagen! ... Er wird danach an keinem Stein mehr vorbeigehen.«

»Ja, ... um ihn nachzuwerfen!«, spaßte Micha.

Der Geologe fand das wohl nicht so witzig. »Was wollt ihr dann in der Klamm?«, fragte er irritiert.

»Baden!«, erwiderte Micha. »Im Teich unter dem Wasserfall ist man so ungestört, dass man nicht mal eine Badehose braucht ... Wollen Sie uns nicht Gesellschaft leisten? Es ist Platz genug im Wasser.«

Der Fremde lachte gequält. Er sah ein, dass er nur seine Zeit verschwendete. Er ließ sich von Micha den Weg beschreiben und schulterte den Rucksack. »Passt auf, dass ihr kein öffentliches Ärgernis erregt«, sagte er und brach auf.

Max hatte das Gespräch missfällig verfolgt. Er schätze es nicht, wenn man auf seine Kosten Witze machte. Als sich der Geologe entfernt hatte, beschwerte er sich deshalb: »War es nötig, dass du so über mich hergezogen bist? ... Was muss der jetzt von mir denken!«

»Hättest du eine bessere Ausrede gehabt?«

Max schwieg. Dann musste er über Michas Geistesblitz doch lachen. »Ich wusste gar nicht, dass du auch was von Geologie verstehst und sogar Fachleuten noch Ratschläge erteilen kannst.«

»Ich auch nicht!«, erwiderte Micha über beide Backen grinsend. »Ich musste mir aber was einfallen lassen. Denn Zuschauer brauchen wir wirklich nicht.«

Die Jungen gelangten dann ohne weitere Zwischenfälle in die Schlucht und fanden die Höhle so vor, wie sie sie mittags verlassen hatten. Sie war ... leer! Was hatten sie anderes erwartet? Im Schein der Fakkeln machten sie sich auf die Suche nach einer versteckten Kammer. Die Wände waren zu beiden Seiten zerklüftet und hatten kleinere und größere Spalten. Aber alles Herumklettern half nichts. Es gab keinen Nebenraum. An der Rückwand verengte sich die Felsenhalle und die Decke stieg hoch an. Micha klopfte den glatten Fels probeweise mit dem Geologenhammer ab, stellte aber nirgends einen veränderten Klang fest, der auf einen verborgenen Hohlraum hindeutete.

Die Jungen standen unschlüssig herum. »Wenn hier Menschen

versteckt wären, müssten sie unser Klopfen hören und sich bemerkbar machen«, äußerte Micha.

»Es sei denn, sie wären gefesselt und geknebelt!«, bemerkte Max halbherzig. Trotzdem wurde auch er immer pessimistischer, was das Ergebnis ihrer Suche betraf.

Sie überprüften dann auch noch den Höhlenboden. Es war nicht auszuschließen, dass eine getarnte Falltür zu einer tiefer gelegenen Kaverne führte. Ihr Standort lag so hoch über dem Flussbett, dass so etwas möglich war. Während Micha sich emsig damit beschäftigte, den Untergrund abzuklopfen, versuchte Max etwaige Verschlusssteine mit einem Brecheisen aufzuhebeln. In einer Ecke hob er einen größeren Steinbrocken an, worauf ein röhrenförmiges Loch im Felsboden zum Vorschein kam, das tiefer hinunterführte. Als Micha bemerkte, welche Gerüche heraufdrangen, lachte er. »Mach schnell wieder zu! Ich glaube, du bist auf die Latrine der Höhlenmenschen gestoßen ... Und sie ist vor Kurzem noch benutzt worden.«

Max zog es vor, darauf nichts zu erwidern, und suchte verbissen weiter. Micha schloss sich ihm an. Obwohl sie noch eine ganze Zeit beschäftigt waren, blieb auch das erfolglos. Max verlor als erster die Geduld. Er ließ sich auf einen Heuhaufen fallen, der an einer Wand der Höhle lag, und streckte sich darauf aus. »Alles kalte Asche!«, rief er. »Hier finden wir nichts, auch wenn wir so lange suchen, bis wir schwarz werden.«

»Moment mal«, rief Micha, als er auf das Lager aufmerksam wurde. »Vielleicht haben wir gerade etwas entdeckt!« Er untersuchte das Heu. Es roch noch frisch und war in der Mitte verdichtet. »Hier hat wohl jemand übernachtet.«

Max fasste mit beiden Händen neben sich und durchwühlte den Haufen. Auf einmal stieß er einen überraschten Ruf aus und hielt etwas empor: Es handelte sich um eine kunstvoll gearbeitete silberne Brosche mit einem Durchmesser von ca. zehn Zentimeter, die nach dem Vorbild einer Sonnenscheibe gestaltet war. Auf einer gewölbten Oberfläche mit zwei konzentrischen Ringen gingen von einem Mittelpunkt, einem größeren Halbedelstein, Strahlen nach allen Seiten aus. Sie wurden durch Perlen und Halbedelsteine dargestellt und endeten in einem Kranz aus Metallspitzen. »Hier war also ein Mädchen!«

»Scheint so!«, stimmte Micha zu. »Leider wissen wir nicht, wann das gewesen ist.«

»Aber das Heu ist noch frisch«, wandte Max ein.

»Vielleicht hat es die kühle Luft der Höhle konserviert ... Wenn wir wenigstens wüssten, wie alt der Hilferuf ist.«

»Er ist mir doch gerade erst zugesteckt worden!«

»Ist er das?« Micha lachte. »Reich mir den Wisch noch mal rüber. Ich will sehen, ob wir nicht doch einen Hinweis finden.« Er hielt das Papier gegen den Schein des Feuers. Plötzlich rief er überrascht: »Hier hat sich oben etwas durchgedrückt!« Er nahm Holzasche und rieb die Stelle damit ein. Und wirklich wurden Zahlen sichtbar. »Ein Datum«, rief er erfreut, »von vergangener Woche ... in anderer Schrift und Schreibweise als der Hilferuf. Lass mich rechnen. Das war letzten Mittwoch ... Mein Gott, der Brief ist nicht älter als fünf Tage! Also brandaktuell. Er ist erst nach meinem Besuch am Dienstag in die Höhle gelangt!«

»Das Ganze ist so vor sich gegangen«, fuhr Micha fort. »Jemand wollte einen Brief schreiben ...«

»... vermutlich eine Lösegeldforderung.«

»Möglich! Er hat das oberste Blatt eines Schreibblock mit einem Datum versehen, dann es sich anders überlegt, es zerknüllt und weggeworfen. Als er merkte, dass sich die Schrift durchgedrückt hat, ist auch das Unterblatt auf den Abfallhaufen gewandert.«

»Richtig ... Man sollte das Datum nicht sehen.«

»Dota hat den Bogen heimlich an sich genommen und darauf geschrieben. Vermutlich hier in der Höhle. Deshalb ist Holzkohle benutzt worden und die Schrift so krakelig auf dem zerwuselten Papier.«

»So war es, Junge ... Das Rätsel ist gelöst!«

»Halt!«, gebot Micha, »Dir ist doch klar, dass eine nicht unwichtige Kleinigkeit noch nicht geklärt ist?«

»Und die wäre?«, fragte Max unwillig. Musste Micha ihn schon wieder aus dem Höhenflug reißen?

»Die Frage bleibt, wie der Zettel in deine Jacke gekommen ist.« Micha sah seinen Freund belustigt an.

»Das wissen wir doch. Ich habe das Ding beim Grillen ausgezogen und hinter mich gelegt, worauf jemand .... Ach, das meinst du ... ?!« Max brach bestürzt ab.

»Ja! Wenn niemand außer uns in der Höhle war, kann dir auch keiner was zugesteckt haben ... Logisch.«

»Vielleicht hat sich einer hereingeschlichen, während wir ruhten. Er hat uns beobachtet und ist uns gefolgt!«

»Und warum sollte er das tun?«

»Er hat uns erkannt und wollte, dass wir Dota helfen, ohne in Erscheinung treten zu müssen.«

»Interessante Idee, Max. Auf was du nicht alles kommst ... Aber ich muss dich enttäuschen. Dann wäre der Schrieb bei mir gelandet. Ich lag doch näher beim Eingang.«

»Musst du alles zerpflücken! Gleich wirst du behaupten, dass ich den Zettel gar nicht erhalten habe.«

»Umgekehrt wird ein Schuh daraus. Wenn dir der Wisch nicht von anderen zugesteckt worden ist, dann ...!«

»... muss es ein Geist getan haben«, scherzte Max.

»Ja, ein dasiger Hudriwudri, ein sehr verwirrter Geist«, stimmte Micha hintergründig zu.

Max starrte seinen Freund verblüfft an: »Willst du andeuten, Dota sei die Erscheinung eines geopferten Mädchens, das bis zu ihrer Erlösung keine Ruhe findet?«

»Ja, der Urheber ist eine ruhelose Erscheinung. Er findet Zettel in seiner Hosentasche und jagt uns durch die Gegend, während andere Mittagsschlaf halten.«

»Du meinst doch nicht mich?!«, fragte Max entgeistert.

Micha grinste. »Wen denn sonst? Denn außer uns beiden war niemand in der Höhle ... Und ich war es nicht.«

»Jaaa, aaaber ... Ich habe doch nicht ...« Max verstummte ratlos und sah seinen Freund betroffen an.

»Denk nach, Rambo«, gebot Micha. »Geh durch, was wir in der Höhle gemacht haben.«

Max gehorchte und ließ alle Ereignisse an seinem geistigen Auge vorbeigehen: »Wir sind hinaufgeklettert, haben uns unterhalten und dann gegessen ...«

»Du hast etwas ausgelassen ...!«

»Nun ja: Wir haben Feuer gemacht und ...« Max verstand plötzlich, was Micha meinte: Er hatte zum Anzünden das Altpapier aus dem

Haufen benutzt. Dabei war ein Blatt übrig geblieben und in seine Jackentasche geraten.

»Hast du's geschnallt! Du hast den Zettel in Gedanken eingesteckt, ohne dass du's gemerkt hast.«

»Dann hat Dota ihn selbst unter das Altpapier gemischt, bevor sie abtransportiert wurde?«

»Ja! So wird es gewesen sein. Sie hoffte wohl ...« Micha unterbrach sich. »Recht ... kühn ... die Hoffnung, findest du nicht auch? Wo niemand von der Höhle weiß, war kaum damit zu rechnen, dass andere den Zettel lesen.«

»Sie wusste das wohl nicht so genau. Der Hilferuf stellte ihre einzige Chance dar, und die musste sie nutzen, ganz gleich wie groß sie war. Ähnlich wie eine Flaschenpost, die ein Schiffbrüchiger ins Wasser wirft. Die Aussichten, dass sie gefunden wird, sind gering. Trotzdem kann sie, Glück vorausgesetzt, die Rettung bedeuten. Und Dota hat es gehabt: Schließlich hat sie uns erreicht.«

Micha nickte gedankenvoll. »Möglich wäre es! ... Wenn nicht doch etwas anderes dahintersteckt.«

Die Junior-Detektive durchsuchten nunmehr das Anmachpapier. Leider hatten sie es beim Feueranmachen ziemlich dezimiert. Sie fanden neben zerknüllten Zeitungsseiten noch Prospekte von St. Wolfgang und Salzburg, Fahrkarten der Schafbergbahn sowie der Seilbahn der Festung Hohensalzburg und Verzehrbelege aus dem Festungsrestaurant. »Sogar eine Schlossführung haben sie in Salzburg mitgemacht« Micha deutete auf die Tickets.

»Das ist besser als gar nichts. Damit lässt sich schon etwas anfangen!« Max sah seinen Freund erwartungsvoll an.

Micha nickte: »Stimmt! Es wurde eh schon fad! Ich glaube, die Doppel-Ms sind wieder im Geschäft!«

»Wie packen wir die Sache an?«, fragte Max, als sie sich gemeinsam auf den Heimweg machten. Sie hatten die Schlucht verlassen und schoben ihre Räder einen Sandweg hinauf zu den Wiesen des Kalvarienbergs, die in der Nachmittagssonne lagen.

Micha grinste. »Die Sache ist theoretisch einfach und erfordert kein besonderes Geschick!«

»Wäre mal was Neues!«, spottete Max. »Bisher war immer das

Gegenteil der Fall!«

»Das Einfachste ist, wir warten in der Höhle, bis die Entführer auftauchen. Dann haben wir sie auf dem Präsentierteller und brauchen nur noch zuzugreifen.«

»Dann haben sie uns auf dem Präsentierteller«, verbesserte Max. »Auf dem Opfertisch der Satanisten zu landen, wäre das letzte, was ich wollte ... Ich wusste schon, dass die Sache einen Haken hat, wenn sie leicht sein soll.«

»Wir könnten die Höhle natürlich auch beobachten.«

»Das müsste dann schon Tag und Nacht geschehen. Bis jemand erscheint, sind wir angewachsen und können als Touristenattraktion bestaunt werden.«

»Deshalb sagte ich auch: theoretisch. So viel Zeit haben wir eh nicht. Die Sache eilt, weil wir nicht wissen, was sie mit Dota vorhaben. Was schlägst du vor?«

Max überlegte kurz. »Wir nehmen uns die Schlottermühle vor. Dort weiß man vermutlich, was hier vor sich geht. Vielleicht stecken sie selbst dahinter.«

»Das ist koane gmahte Wiesen«, warnte Micha. Und als Max ihn verständnislos ansah, erklärte er: »Kein leichtes Ziel. Wenn sie in die Sache verwickelt sind, werden sie nicht erfreut sein, dass wir uns einmischen.«

»Wir dürfen eben nicht mit der Tür ins Haus fallen. Ich spiele Aushilfe und ermittele verdeckt. Ich habe doch Übung darin.« Er bezog sich darauf, dass er schon bei den radikalen Tierschützern und den Kirchendieben undercover herumgeschnüffelt hatte.

Micha nickte zustimmend. »Daran habe ich auch schon gedacht. Auf diese Weise kannst du die Schlucht hinter der Mühle im Auge behalten. Du musst dich nur vor dem Höllenhund in Acht nehmen, der das Haus bewacht. Wenn du spionieren willst, wirst du dir einen richtigen Anserschmäh einfallen lassen müssen, also einen besonders raffinierten Trick. Und der Wirt ist ein ausgesprochener Grantscherben oder eine Zwiderwurzn, wie wir sagen, also ein anhaltend schlecht gelaunter Mensch.«

Max hörte das mit gemischten Gefühlen. Mit dem Wirt würde er schon fertig werden. Aber große Hunde waren seine schwache Stelle.

»Ich werde mich in der Zwischenzeit«, fuhr Micha fort, »bei der Gendarmerie umhören, ob ein Dirndl verschwunden ist und ...« Er brach ab: »Seltsam, da stimmt etwas nicht! ... Was meinst Du, wie alt Dota ist?«

»Nach der Sprache und der krakeligen Schrift ist sie ein Schulkind, nicht älter als sieben Jahre.«

»Also ein Tafelklassler oder wie ihr sagt: ABC-Schütze! Warum haben wir dann von der Entführung nichts in den Zeitungen gelesen? Die Blätter hätten doch randvoll davon sein müssen!«

Kapitel 4: Die Schlottermühle

Max hatte sich die Arbeit weniger anstrengend vorgestellt. Er hatte nicht gedacht, dass er gleich loshämmern musste. Aber er war froh, dass es überhaupt geklappt hatte. Es wäre um ein Haar schiefgegangen.

Am nächsten Morgen war er schon früh zur Schlottermühle gefahren. Seinen Eltern hatte er von seinem Plan natürlich nichts gesagt. Sie glaubten, er sei wie gewöhnlich bei Micha. Mit zwiespältigen Gefühlen betrat er das düster wirkende Gemäuer. Der ehemals weiß gestrichene Flur erhielt sein Licht nur durch die Glasscheibe der Haustür und einem Wintergarten. Von den Wänden blickten ihm Tierpräparate entgegen. Ein Hirschkopf mit Geweih, ein ausgestopfter Adler und sogar ein Eber. Was mussten das für Menschen sein, die ihr Haus mit toten Tieren schmückten. Genau der richtige Ort für Satanisten, für die Leiden und Sterben im Mittelpunkt steht.

Wie aufs Stichwort stieg ein finster aussehender Mann die Treppe herab. Er hatte die Fünfzig sicherlich schon überschritten, war groß und massig und passte mit Drei-Tage-Bart, zerzaustem schwarzen Haar und schmuddeliger Kleidung zu der abstoßenden Atmosphäre des Hauses. Man sah ihm an, dass er gewohnt war, Befehle zu erteilen. Der Junge musste daran denken, dass die Besitzer der Mühle früher Schmuggler gewesen waren, als der Dittelbach noch eine Zollgrenze bildete. Der Mann reihte sich nahtlos ein. Die Idealbesetzung für einen schurkischen Anführer. Falls er zu den Satanisten gehörte, betete er gewiss nicht im Hintergrund, sondern schwang das Opfermesser.

Er wurde von einem schwarzen Hund mit bösem Blick begleitet, der zu seinem Herrn passte. Er war ungewöhnlich groß, massig und hatte ein Gebiss wie ein Wolf. Damit konnte er ohne Weiteres einem Schaf das Genick durchbeißen. Es wunderte nicht, wenn er für ein Geschöpf der Hölle gehalten wurde. Mit ein paar Sprüngen war er bei dem Besucher, stieß ein warnendes Gebell aus und nahm eine Drohhaltung ein. Max erstarrte in der Bewegung. Er hatte nicht die geringste Lust, dem

Untier einen Vorwand zum Angriff zu liefern. Dazu kam es gottlob nicht. Der Finstere rief den Hund zurück.

Der Gastwirt - denn er war es - tätschelte dem Tier den Kopf, als wollte er sagen: »Das hast du gut gemacht. Nur weiter so!« Das besserte seine Laune aber nur kurz. Er musterte den Besucher von oben bis unten und, was er sah, gefiel ihm nicht. Feiner Pinkel, dachte er wohl. Sein Gesicht wurde, wenn das möglich war, noch finsterer. »Du weißt wohl mit deiner Zeit nichts anzufangen?«, brummte er mürrisch. »Was willst du so früh schon hier? Die Schankstube ist noch geschlossen!« Er sprach ein fehlerfreies Deutsch, allerdings mit einem Akzent.

Max erwiderte, dass er eine Aushilfstätigkeit suche. Das kam nicht gut an. »Wir haben keine Arbeit für einen, der sich die Hände nicht schmutzig machen will.« Der Wirt warf er einen abfälligen Blick auf den Bewerber, der unglücklicherweise seine besten Sachen angezogen hatte. Der Junge war gerade dabei, sich enttäuscht und ein wenig erleichtert davonzutrollen, als auf einmal eine energische Stimme aus der Küche rief: »Er kann doch im Garten helfen, die Abfälle abfahren und die Forellenbecken sauber halten. Außerdem wäre es ganz gut, wenn jemand in Ivys Alter ins Haus käme, damit sie etwas Gesellschaft hat.« Der Stimme folgte eine altmodisch gekleidete Frau mittleren Alters, die einen aufgeschlossenen Eindruck machte.

Der Wirt zeigte sich über die Einmischung nicht erbaut, wagte aber nicht direkt zu widersprechen. Er murrte, dass er das Ganze für keine gute Idee halte, und wollte sich entfernen, wohl in dem Glauben, dass damit die Sache im Sande verlaufe. So kam er aber nicht davon.

Theresa Schrempp, so hieß die Frau, sprach ein Machtwort. »Hiergeblieben!«, rief sie. »Was wird nun mit dem Buben?! Kann er als Aushilfe bleiben?« Grozza wandte sich grollend um. »Sind deine Eltern damit einverstanden?«, fragte er, und als Max dies bejahte, gab er nach und sagte, man könne es ja mal versuchen. Der Bengel solle aber seine Nase nicht in Dinge stecken, die ihn nichts angingen: Sonst wäre er schneller wieder draußen, als er hereingekommen sei. Damit entfernte er sich, nicht ohne Max vorher noch einen drohenden Blick zugeworfen zu haben. Als der Hund ihm folgen wollte, befahl er: »Du bleibst da, Donka, und passt auf, dass der da« - er zeigte auf Max - »nur seine Arbeit tut und nicht im Haus herumschnüffelt.« Der Hund bellte, als habe er verstanden, und zeigte sein einschüchterndes Raubtiergebiss. Dann legte er sich im Flur vor die nach oben führende Treppe, jede Bewegung des Jungen wachsam mit den Augen verfolgend. Es konnte kein Zweifel bestehen, dass die Bestie ihren Auftrag ernst nahm und wortwörtlich erfüllen würde.

Theresa führte Max in die Küche und setzte ihm ein Frühstück vor, wobei sie ihm Gesellschaft leistete. Sie zeigte sich bemüht, den schlechten Eindruck zu verwischen, den der Wirt hinterlassen hatte. »Sieh es ihm nach«, sagte sie. »Mirko Grozza ist ein herzensguter Mann. Er hat nur in der Vergangenheit schlechte Erfahrungen mit Leuten gemacht, die er in sein Haus aufgenommen hatte. Seitdem ist er misstrauisch. Vielleicht sagt es dir etwas, dass wir zehn Fremdenzimmer und nur einen Gast haben.« Theresa erzählte dann noch etwas über sich. Ihr Mann war vor zehn Monaten verstorben und hatte sie mittellos zurückgelassen. Deshalb war sie in der Mühle als Wirtschafterin tätig. »Es gibt hier zwar viel zu tun, aber ich bin mit meinem Leben zufrieden«, schloss sie den Bericht.

Während der Unterhaltung war ein untersetzter Mann mit schwarzem fettigen Haar und stechenden Augen erschienen - er mochte auf die vierzig zugehen - und blickte unwillig auf den Jungen. Seine weiße Kleidung zeigte, dass er in der Küche das Sagen hatte. »Das ist Makkai, unser ungarischer Koch«, stellte Frau Schrempp vor. »Er hat den Betrieb zu einem Feinschmeckerlokal gemacht. Du solltest mal sehen, was er mit den Forellen alles anstellt.« Als der Ungar hörte, dass Max die neue Aushilfe war, wurde er freundlicher. Er schüttelte ihm die Hand und sagte in gebrochenem Deutsch: »Du verstehn, dass Fremde nix gut in Küche, wenn wird gekocht.«

Max verstand die Aufforderung und verdrückte sich. Er machte sich dann daran, die Abfälle aus dem Schuppen zu holen und auf die Straße hinaufzuschaffen. Dabei fiel ihm eine verschlossene Tonne auf, die durch Kisten und Kartons verdeckt in der hinteren Ecke stand. Als er sie sich ansehen wollte, sagte eine energische Stimme hinter ihm unvermittelt: »Damit hast du nichts zu tun! Das sind Vorräte für die Schenke!«

Max drehte sich erschrocken um. Vor ihm stand ein Bursche mit schwarzen Locken und dunklen Augen in einem braunen Gesicht. Ein vollkultiger Typ. Macht sicherlich Eindruck bei den Bräuten, dachte

Max.

Der Schönling reichte dem Jungen die Hand: »Tut mir leid, wenn ich dich erschreckt habe! Ich heiße Zigahn und bin der Kellner. Ich soll dich einweisen ... Aber ich merke schon, dass du allein zurecht kommst. Ich würde mich an deiner Stelle allerdings etwas beeilen. Grozza mag es nicht, wenn man rumtrödelt. Er ist mit Vorsicht zu genießen, wenn man nicht weiß, wie man mit ihm umgehen muss!« Er lächelte vielsagend und entfernte sich dann.

Max zog gerade die Abfälle aus dem Schuppen auf einem Handkarren den steilen Pfad zur Fahrstraße hinauf, als er von hinten gegrüßt wurde. Der Geologe stieg mit einem Rucksack auf dem Rücken, an dem außen seine Ausrüstung baumelte, den Weg empor. »Auf zu neuen Taten!«, sagte er leutselig. »Der Tipp deines Freundes war ausgezeichnet. Grüß ihn von mir.« Max sah ihm belustigt nach. Gut, dass Micha mit seinem Vorschlag nicht falsch gelegen hatte; sonst hätte er, Max, jetzt die Sache ausbaden müssen.

Es war fast Mittag, als sich der Junge daran machte, die Forellenbecken zu säubern. Wie die Wirtschafterin schon erwähnt hatte, war die Schlottermühle bekannt für ihre Fischspezialitäten. Damit sie frisch auf den Tisch kamen, unterhielt der Wirt am Hang zwei Bassins, die mit Quellwasser gespeist wurden. Um eins reinigen zu können, mussten alle Fische in das andere Becken geschafft werden. Das war eine mühsame Arbeit. Max schimpfte insgeheim über die Maloche, die man ihm aufgebürdet hatte.

Einmal wurde seine Tätigkeit dadurch unterbrochen, dass Makkai grinsend erschien und mit dem Kescher eine Forelle herausholte. »Du gleich schauen, wie wird gemacht!«, sagte er, während er mit einem Stock dem Fisch auf den Kopf schlug. Dann schnitt er seinem Opfer mit einem Messer flink die Kehle durch, bevor er es in den Eimer warf. »Nix schlimmig«, fügte er beruhigend hinzu. »Fisch nix spürigen, wenn ist betäubt!« Danach eilte er zur Küche zurück. Max wusste nicht so recht, was er davon halten sollte. Wenn er auch einsah, dass es eine Arbeit war, die getan werden musste, fühlte er sich doch von dem rohen Vorgang abgestoßen. Die Sache hatte Makkai sogar Spaß gemacht. Es gab hier offenbar noch einen, der eine grausame Ader hatte.

Während der Junge dabei war, die Fische in das zweite Becken umzusetzen, erhielt er plötzlich von hinten einen Stoß, sodass er kopfüber ins Wasser fiel. So ist es also, schoss es ihm durch den Kopf, wenn man die Nase in anderer Leute Angelegenheiten steckt. Man hatte ihn durchschaut und wollte nun kurzen Prozess machen. Gleich würde er einen Schlag auf den Kopf bekommen und mit dem Messer Bekanntschaft machen!

Ein helles Lachen hinter ihm belehrte ihn eines Besseren. Als er den Kopf wandte, sah er am Rand ein junges Mädchen stehen. Es lachte noch immer und beruhigte sich erst, als ihr bewusst wurde, dass ihr armes Opfer das Ganze offensichtlich gar nicht komisch fand. »Entschuldige«, sagte sie, »dass du hineinfällst, war nicht geplant. Ich wollte dich nur ein bisserl erschrecken.«

Tropfnass wie ein begossener Pudel, kletterte Max aus dem Becken. Seine Sonntagsklamotten waren dahin. Wie sollte er das seinen Eltern erklären? Missbilligend blickte er die Attentäterin an, die erwartungsvoll und gar nicht schuldbewusst vor ihm stand. Sie schien nicht älter als fünfzehn zu sein und sah reizend aus. Micha würde blitzsauber oder fesch sagen. Ihr langes schwarzes Haar war zu Zöpfen geflochten und zu einem Kranz hochgesteckt. Eine zierliche Nase saß keck über einem geschwungenen Mund. Sie trug ein Kleid mit Faltenrock, besticktem Leibchen und einem grünen Spanngürtel, was ihr vortrefflich stand. »Ich bin Ivy«, stellte sie sich vor. »Und du bist wohl der neue Schani, ich meine Gehilfe, der gerade das Schwimmen lernen wollte.« Sie lachte erneut, um dann sofort wieder zu verstummen, als sie sah, dass ihr Scherz nicht ankam.

Mann, ist die albern!, dachte Max. Eine richtige Kicherziege. Dann fiel ihm ein, weshalb er da war, und schaltete um: »Du bist wohl Ivy, von der vorhin Frau Schrempp gesprochen hat. Ist der finstere Gastwirt dein Vater?«

»Da sei Gott vor!« Die Kleine verzog ihr Gesicht zu einer Grimasse. »Er ist mein Onkel. Als mein Paps letztes Jahr gestorben ist, hat er mich bei sich aufgenommen. Meine Ma ist schon längere Zeit tot. Wir haben früher in Rust am Neusiedlersee gelebt, wo Vater Zollinspektor war.« Ihr Gesicht bewölkte sich, als sie von dem Verlust sprach.

»Dann musst du sicherlich viel im Haus helfen?«, fragte Max. »Oder gibt es noch eine andere Hilfe?«

»Leider nicht«, antwortete Ivy. »Das ist schon hart!«

»Und wie ist es mit Gesellschaft?«, fragte Max, um auf das Thema zu kommen. »Keine anderen Kids hier?«

»Schön wär's!« Ivy seufzte. »Aber es lässt sich aushalten. Viel freie Zeit habe ich eh nicht. Manchmal gehe ich mit dem Kellner zum Angeln ... Du fragst aber viel!«, sagte sie dann misstrauisch. »Und wie kommt es, dass du hier baraberst, also die Dreckarbeit machst? Du schaust nicht aus, als hättest keinen Heller mehr und müsstest fechten gehen.« Als Max sie fragend ansah, übersetzte sie: »Ich meine, ... so abgebrannt, als seist du aufs Betteln aus.«

»Das täuscht«, gab Max leichthin zurück. »Momentan ist akute Krise angesagt, du verstehst.« Er bemühte sich, freundlich zu bleiben, obwohl er es gar nicht schätzte, wenn man ihm die Gesprächsführung aus der Hand nahm.

Während er noch überlegte, wie er das Mädchen weiter aushorchen konnte, fuhr der Wirt ihn von hinten an: »Dafür bezahle ich dich nicht, dass du hier Maulaffen feilhältst. Wenn du zur Arbeit keine Lust hast, kannst du gleich gehen!« Dann wandte er sich an seine Nichte: »Und du wirst drinnen gebraucht, Ivy. Theresa benötigt Hilfe.«

Unter den strengen Augen ihres Onkels eilte das Mädchen davon, wobei sie dem Jungen noch einen Mitleid heischenden Blick zuwarf. Max hatte sich während der Unterhaltung, so weit es ging, trocken gemacht und setzte nun seine Schufterei an den Forellenbassins fort. Grozza beobachtete ihn eine Weile mit finsterer Miene. Dann entfernte er sich wortlos. Es bedurfte keiner weiteren Drohungen. Max war klar, dass mit seinem Dienstgeber nicht gut Kirschen essen sein würde, wenn er sich an seine Nichte ranmachte.

Kapitel 5: Kriegsrat

»Was hast du wieder angestellt? Eine wandelnde Wasserleiche sieht schöner aus!«

Max hatte schon mit Spott gerechnet. »Fein, dass es dich belustigt, Micha«, erwiderte er ungerührt. »Du kannst gerne weiter spotten, wenn du mir Asyl gewährst!«

»Hab ich mir schon fast gedacht«, lachte Micha. »So wie du aussiehst, traust du dich sicherlich nicht ins Hotel zurück. Aber mach dir keinen Kopf. Das kriegen wir schon geregelt. Schließlich haben wir in so was inzwischen Übung.« Er spielte darauf an, dass eine ähnliche Situation letztes Jahr zu ihrer Bekanntschaft geführt hatte.

»Der richtige Anlass, um meine Neuschöpfung einzuweihen!«, sagte Micha aufgekratzt, als er die Sachen weggebracht hatte und sich neben seinen Gast setzte, der mit einem viel zu kleinen Bademantel nur notdürftig verhüllt war. Er schenkte dem Besucher eine bräunlich-schwarze Flüssigkeit ein. »Das ist Kräutertee! Wie findest du ihn?«

Max probierte vorsichtig. Das Zeug war gallebitter. Er hätte es beinahe ausgespuckt. So musste der Schierlingsbecher geschmeckt haben, den man Sokrates als Todestrunk vorgesetzt hatte. »Ganz nett!«, würgte er heraus.

»Nett?!«, wiederholte Micha beleidigt. »Nett ist kein Wort, das meinem Getränk gerecht wird! Es ...«

»Wie soll es denn sonst schmecken?«, unterbrach Max.

»Nun: hervorragend, überwältigend, sagenhaft, phänomenal, also eines jener Attribute, mit denen man Spitzenerzeugnisse kennzeichnet. Falls das dein Sprachschatz nicht hergibt, könntest du auch einfach geil, super, klasse, cool, fundamental oder voll gültig sagen. Wir Österreicher bringen das alles mit *bärig* zum Ausdruck.«

»Fehlt nicht etwas Zucker ...?«

Micha zuckte zusammen. »Ich höre wohl nicht richtig! Zucker wäre nun wirklich das Letzte, das ich meinem Tee antun wollte. Meine

Mischung ist, auf eine Kurzformel gebracht, Gesundheit in flüssiger Form. Ich habe wirklich alles optimiert. Schon mit der ...«

Max wusste, dass er jetzt abschalten musste. Denn Michas Vorträge waren endlos. So drangen nur einzelne Wortfetzen an sein Ohr: Kräuter aus dem Bio-Garten ... in reiner Bergluft gewachsen ... keine Schadstoffe und Pestizide ... bei Vollmond mit der Sichel geschnitten ... Trocknung ohne Wirkstoff- und Aromaverlust ... klares Brunnenwasser ... energetisch aufbereitet ... »Das ist noch nicht alles«, schloss er, als Max wieder hinhörte. »Ich habe zur Zubereitung noch nichts gesagt; aber ich glaube, es reicht schon, damit du dir ein Bild darüber machen kannst, was du gerade trinkst«

»Muss ich jetzt ins Gras beißen?«, scherzte Max, wobei er an den armen Sokrates dachte. Er freute sich, etwas gefunden zu haben, mit dem er seinen Freund hochnehmen konnte. Im Übrigen fand er den Aufwand, gemessen am Ergebnis, gelinde gesagt mehr als übertrieben.

Der Witz kam nicht gut an. Micha wurde rot und schluckte heftig. Max wusste, dass er das rasch zurücknehmen musste, wenn er nicht nackt ins Hotel zurückkehren wollte. »Schnall ab, Mann«, besänftigte er deshalb, »es war ein Joke! ... Ich nehme gern noch eine Tasse, ... wenn du dein Wundergetränk nicht als Arznei verkaufen willst.« Den Zusatz konnte er sich nicht verkneifen.

»Meinst du?«, antwortete Micha, wobei er die Ironie verkannte. »Wie ich sagte, Gesundheit in flüssiger Form. Leider fürchte ich ...!«

»Halt!«, unterbrach Max. »Jetzt kommt erst mein Bericht. Sonst sitzen wir noch nächstes Jahr an dem Fall.«

Micha schaute etwas schief, war dann aber ganz Ohr. »Das sind nicht gerade sechs Richtige im Lotto«, bemerkte er anschließend. »Zum Schwimmen habe ich dich nicht in die Mühle geschickt.«

»Ich habe mich auch nicht danach gedrängt«, erwiderte Max. »Aber sei froh, dass mich der Geologe nicht in der Luft zerrissen hat, als er sich auf mich stürzte.«

»War er denn schon wieder bei der Mühle, Max?«

»Er war unterwegs zu dem Platz, den du ihm gestern empfohlen hast, und hat sich ... nicht beschwert! Ja, er war sogar ganz begeistert! Aber jetzt werd´ ich selbst stutzig!«

»Versuch´s herauszufinden. Der Kerl schleicht verdächtig oft in der

Nähe der Höhle herum.«

»Gebongt!« Max hatte sich das bereits selbst vorgenommen. »Wie war es bei dir? Hast du bei den ›Grünen‹ mehr erreicht? ... Wird ein Kind vermisst?«

»Alles Negativ!«, seufzte Micha. »Ich weiß immer noch nicht, wie sich das erklärt.«

»Hast du dich nach den nächtlichen Umtrieben in der Schlucht erkundigt?«, fragte Max weiter.

»Ja! ... Doch man nimmt die Gerüchte nicht ernst.«

»Aber der abgestürzte Knecht ...?«

»... ist ein bedauerlicher Unglücksfall.«

»Und der verschwundene Kellner ...!«

»... ist wieder nach Rumänien zurückgekehrt.«

»Hast du den Zettel mit dem Hilferuf gezeigt, Micha?«

»Nein! Sie hätten mich nur ausgelacht. Ich wollte ja auch nichts von der Höhle erzählen.«

»Wussten sie etwas von den Satanisten?«

»Es gibt junge Burschen, die sich auffallend kleiden, ihre Wagen mit okkulten Zeichen ausschmücken und auf dem Friedhof übernachten. Einer von ihnen hat eine Apotheke überfallen und Schlafmittel geraubt; ein anderer im Krankenhaus eine Blutkonserve gestohlen und angegeben, er habe das Blut trinken wollen. Von diesen Vorfällen abgesehen, sind die Sektierer nicht aufgefallen, sodass man sie nicht als Problem betrachtet.«

»Da fällt mir ein, dass sie die geraubten Medikamente vielleicht nehmen, um ihre Opfer zu betäuben.«

»Könnte sein«, sagte Micha. »Vergiss aber nicht, dass momentan niemand im näheren Umkreis vermisst wird.«

»Hast du denn keine Erklärung dafür?«

»Vielleicht stecken die Eltern dahinter?«, äußerte Micha nachdenklich. »Ist dir nicht aufgefallen, dass Dota von ›gefangenhalten‹ und nicht von ›entführen‹ schreibt?!«

»Meinst du, sie verstecken die Kleine vor den Behörden, die das Kind in ein Heim bringen wollen?«

»Nein ... Dann würde Dota doch nicht um Hilfe bitten.«

»Stimmt. Aber weshalb sollten sie ihr Kind sonst ...?« Max brach entsetzt ab: »Mein Gott! Meinst du, es soll geopfert werden?! Dann wäre Dota in höchster Gefahr!«

»Tja«, sagte Micha nachdenklich. »Es soll bei den Satanisten bestimmte Aufnahmeriten geben. Man muss ein Menschenopfer erbringen, erzählt man, wenn man in die Armee des Satans eintreten will.« Und als Max kreidebleich wurde, fügte er hinzu: »Aber reg dich ab ... Der Kleinen ist bislang nichts zugestoßen.«

»Woher willst du das wissen?«, erwiderte Max heftig.

»Ich kann rechnen: Wenn die nächtlichen Treffen nur einmal im Monat stattfinden und das letzte erst neun Tage zurückliegt, dann ist noch knapp drei Wochen Zeit.«

»Tu nicht so cool! Denkst du nicht daran, welche Todesängste das Kind aussteht?«

»Freilich! Es bringt aber nichts, wenn ich auch noch den Kopf verliere. Einer von uns muss die Übersicht behalten.«

»Aber die eigenen Eltern!«

»Reg dich ab, Max! ... Bei uns kann kein Kind verschwinden, ohne dass es früher oder später bemerkt wird.«

»Womöglich ist das den Alten egal, Micha ... Wenn sie glauben, einen Befehl Satans ausführen zu müssen ...«

»Vergiss die Eltern ... Vielleicht ist das Kind bei uns nur nicht registriert.«

»Du denkst an Illegale, die im Untergrund leben?«

»Ja! ... Es könnte auch ein Kind aus einem ausländischen Zirkus oder einer Schaustellertruppe sein.«

»Ist denn so was in der Gegend?«

»Nicht, dass ich wüsste ... Es war ja nur ein Beispiel.«

Max erkannte, dass sie nicht weiterkamen. Er wechselte das Thema. »Was ist mit der Schlottermühle?«

»Gegen Grozza liegt offiziell nichts vor ... Ich hatte aber den Eindruck, dass da was läuft! ... Es lohnt sich auf jeden Fall weiterzumachen.«

»Klar! Aber wer wird den Mund aufmachen? Meine Erfahrungen sind ja nicht gerade ermutigend.«

»Nun, da ist doch Ivy. Scheint echt attraktiv zu sein. Es wird dir nicht unangenehm sein, sie auszufratscheln.«

»Was soll das sein? ... Klingt irgendwie unanständig.«

»Es heißt, jemanden nachdrücklich befragen! Es liegt an dir, wie das geschieht. Also lass das Abzuzeln - abküssen.«

»Na, ich weiß nicht«, erklärte Max lachend. »Eigentlich hätte ich nichts dagegen.«

»Oha! ... Cynthia würde das nicht spaßig finden! ... Ich muss ihr doch immer berichten, wenn sie kommt.«

»Ich werde mich zusammenreißen ... Wenn ich den Wirt sehe, fällt das nicht schwer. ... Wie komme ich aber an das Mädchen heran? Der Kerl passt wie ein Schießhund auf.«

»Du musst halt eine Gelegenheit abpassen ... Es gibt aber noch jemanden in der Mühle, der sich vom Wirt nicht einschüchtern lässt und gern redet.«

»Du meinst sicherlich Theresa Schrempp«, rief Max lachend. »Die hatte ich auch schon im Auge!«

Kapitel 6: Allerlei Auskünfte

Micha hatte mit seinem Vorschlag richtig gelegen. Es war nicht schwer, die ›Häuserin‹, wie er die Wirtschafterin bezeichnete, zum Sprechen zu bringen. Sie redete gern und lange. Man musste nur verstehen, das Gespräch vorsichtig dahin zu lenken, wohin man es haben wollte, ohne Verdacht zu erregen. Sonst konnte es passieren, dass sie plötzlich verschlossen wie eine Auster wurde.

Max hatte am Mittwochmorgen gleich zielstrebig auf eine Unterhaltung hingearbeitet. Als Theresa Schrempp in dem Nutzgarten hinter dem Haus Unkraut zog, gesellte er sich zu ihr und half mit. Er beklagte sich, dass er es dem Chef nie rechtmachen könne, was übrigens durchaus der Wahrheit entsprach. »Ganz gleich, was ich anfange«, äußerte er, »er meckert herum!« Wie erwartet, begann die Witwe sofort, den Wirt zu verteidigen. Sie sagte wieder etwas in der Richtung, dass das nicht seiner wahren Natur entspricht, sich vielmehr hinter einer rauen Schale ein liebenswerter und rücksichtsvoller Mensch verbirgt. Max musste an sich halten, um nicht laut zu lachen. Er erkundigte sich beiläufig, was das für schlechte Erfahrungen wären, die der Chef mit Fremden gemacht hätte.

Da war es, als hätte er ein Schleusentor geöffnet: Wie ein Wasserfall sprudelten die Worte hervor. In dem Bestreben, den Wirt nicht im schlechten Licht dastehen zu lassen, war die resolute Frau bereit, mehr preiszugeben, als sie normalerweise erzählt hätte. »Niemand von denen, die Mirko Grozza für grob und ungehobelt halten, weiß, was er schon alles durchgemacht hat: Er hat, musst du wissen, in Rumänien eine gute gesicherte Position bekleidet. Etwas Herausgehobenes, verstehst du. Aus bestimmten Gründen hat er Hals über Kopf fliehen müssen und nur das nackte Leben gerettet. Zum Glück hatte ihm sein Onkel die Schlottermühle vererbt, sodass er wusste, wohin er gehen konnte. Nun versucht er, sich eine neue Existenz aufzubauen, wird aber immer wieder von der Vergangenheit eingeholt. Ständig tauchen Leute von drüben auf, die unter Hinweis auf frühere Zeiten Gefälligkeiten in Anspruch nehmen, die mit Ärger enden. Es ist zum Jammern.«

Die Wirtschafterin machte eine Pause, wobei sie sich aufrichtete und den Rücken rieb. Max befürchtete bereits, dass sie am Ende angelangt sei, als sie heftig weitersprach: »Ein Beispiel nur. Ich hatte gerade meine Stellung angetreten, als spät in der Nacht ein Ausländer mit einem kleinen Mädchen an die Tür klopfte. Er hat sich als Landsmann des Wirtes vorgestellt und gesagt, dass er ein Quartier benötige, weil das Kind krank sei. Das sah auch wirklich blass und hinfällig aus und wirkte wie betäubt. Und was glaubst du? Grozza hat die beiden aufgenommen, obwohl klar war, dass sie nicht bezahlen konnten. Am nächsten Morgen waren die ›Gäste‹ verschwunden und mit ihnen Vorräte für mehrere Tage. Ist es ein Wunder, dass er da misstrauisch geworden ist?«

Max tat entrüstet und murmelte etwas von ›schnödem Undank‹, meinte aber, dass man deshalb kein Menschenfeind zu werden brauche. Das veranlasste die Haushälterin zum Weiterreden. »Das war ja nur ein Vorfall von vielen«, seufzte sie, »und täglich kommt neuer Ärger hinzu ... Da war der Holzknecht Presa, der ebenfalls aus Rumänien gekommen ist. Wir haben ihn aus Mitleid eingestellt. Aber anstatt seine Arbeit zu tun, *ging er nachts auf Lepschi* und hat *herumstrawanzt* ... Hat sich herumgetrieben«, übersetzte sie. »Am Tage hat er dann, wie zu erwarten, die Augen nicht offenhalten können. So ist er beim Holzmachen eingeschlafen und hat sich in der Klamm zu Tode gestürzt. Es hat dann noch Ärger mit den Behörden gegeben, weil er illegal hier war.«

Max horchte auf. So also erklärte man den Tod. Kein Wunder, dass die Gendarmerie nichts unternommen hatte.

»Und als ob es damit noch nicht genug wäre«, fuhr die Frau fort, »ist auch unser Kellner Scharosch verschwunden, ohne seinen ausstehenden Lohn und seine Sachen mitzunehmen. Ich würde mich nicht wundern, wenn man ihn auch tot aus dem Bach fischt.«

»Trieb er sich denn auch herum?«, fragte Max.

»Wo denkst du hin«, polterte die Frau, »er war ein Ausbund an Tugend und Verlässlichkeit. Er ist mit dem Wirt aus Rumänien gekommen und war das Rückgrat unseres Betriebes. Er hat eher was gegeben als genommen. Ich habe selbst gesehen, wie er Grozza Geld vorgestreckt hat, wenn der knapp bei Kasse war. - Und wen haben wir als Ersatz bekommen? ... Noch so an Hallodri, der nicht besser ist als der Holzknecht. Er hat seine Augen und Ohren überall und schaut einen ständig so an, als wüsste er mehr, als man selber weiß.« Max pflichtete ihr bei und äußerte, dass ihm das auch schon aufgefallen sei. »Hat der Chef den Aushilfskellner auch von früher gekannt?«, fragte er dann. Theresa schüttelte den Kopf. »Mirko hat gesagt, er sei ihm aufgedrängt worden.« Die letzten Worte kamen nur zögerlich. Dann verstummte sie ganz und schien ihre Mitteilsamkeit schon zu bereuen. »Das bleibt unter uns!«, bestimmte sie, bevor sie sich eilig ins Haus begab.

Kurz darauf erschien Zigahn auf der Bildfläche. Er musterte Max mit wissendem Blick. »Hat die Alte mal wieder geredet?«, fragte er herausfordernd und fügte hinzu: »Ich würde nicht alles glauben, was sie sagt. Sie versucht das Kunststück, den Wirt reinzuwaschen, ohne dass er nass wird.« Max nutzte die Gelegenheit, nach den Schauergeschichten zu fragen, von denen der kleine Mann auf der Brücke gesprochen hatte. »Es sollen hier nachts Geister umgehen und allerlei Unheil anrichten«, äußerte er bewusst unbestimmt. Zigahn lachte daraufhin hämisch: »Das war vor meiner Zeit. Vielleicht bringst du die Kleine zum Reden, um die du gestern *herumscharwenzelt* bist. Die weiß mit Sicherheit mehr, als sie zugibt.« Damit verschwand er, ehe der Junge noch nachfragen konnte.

»Alle guten Dinge sind drei«, flüsterte Max, als auch noch Makkai, der Koch, auf der Bildfläche erschien, weil er für die Küche Kräuter aus dem Garten brauchte. Während er mit dem scharfen Messer im Beet wütete, flüsterte er dem Jungen zu: »Neugier nix gut in Haus ... Weil hat gesteckt Nase in Sache, das nix angeht: tot einiger, weg zweiiger ... du nix werden dreiiger ... Besser nix sehen, nix hören und stummig sein, als schwimmen tot in Wasser! ... Ich stets achtsam. Immer Samsan, Messer Schnipp-Schnapp-Schneidiges, bei mir.« Dabei fuhr er mit seinem scharfen Freund durch die Luft.

Auch hier kam Max nicht dazu, noch weiterzufragen, weil die zornige Stimme des Wirtes vom Haus her erscholl: »Wo steckt der nichtsnutzige Junge? Er denkt wohl, ich bezahle ihn fürs Nichtstun!« Das war Anlass für Max genug, Makkai einen entschuldigenden Blick zuzuwerfen und ins Haus zu eilen.

Kapitel 7: Beratung im Turm

Da ist es an der Zeit, Micha einmal zu zeigen, wie ein Rosenbeet auszusehen hat! Max stand neben dem Turm in dem Garten, den sein Freund selbst bewirtschaftete.

Nach Beendigung seiner Tätigkeit in der Schlottermühle war er wieder zum Gut hinaufgefahren, um Bericht zu erstatten. Da Micha noch abwesend war, inspizierte er die Grünanlage. Die Kräuterbeete waren mit Sorgfalt gepflegt. Dort herrschte eine mustergültige Ordnung, wie man sie von Micha erwartete. Dagegen war das Rosenbeet voll mit Unkraut, das bereits so hoch aufgeschossen war, dass es die Rosen teilweise überwucherte. Max wunderte sich, dachte aber nicht länger darüber nach. Für ihn war nur wichtig, dass Micha nicht so perfekt war, wie er immer tat.

Probeweise fasste er eine der Pflanzen am Stengel und zog sie ohne Anstrengung aus der lockeren Erde. Das ging leichter als gedacht. Er konnte der Versuchung nicht widerstehen, seinem Freund zu zeigen, dass es Dinge gab, die andere besser verstanden, und machte sich an die Arbeit. Nach zwanzig Minuten war das Beet von den Schmarotzern befreit. Ein großer Unkrauthaufen zeugte von dem Fleiß, mit dem gearbeitet wurde.

Während Max befriedigt auf sein Werk blickte, erscholl hinter ihm plötzlich ein lautes »Nei-ei-ei-ei-ei-ei-ei-ein!«, das sich schallend über eine Octave erhob. Als er sich erschreckt umschaute, sah er, dass es Micha war. Er schien außer sich vor Entrüstung und wiederholte den Schrei so lange, bis auch der letzte Bewohner des Guts angelaufen kam. »Was ist passiert, Micha?« Die Mutter kam mit dem Kochlöffel in der Hand aus der Küche angestürzt. Der Vater stürmte kampfbereit mit der Mistgabel herbei und hätte beinahe Max über den Haufen gerannt. Auch die Magd und der Knecht kamen gemeinsam zu Hilfe geeilt.

Micha war aber nicht ansprechbar. »Wer hat das getan?«, rief er jetzt und wiederholte das wie eine stecken gebliebene Schallplatte immer wieder. Das machte die Sache für die anderen nicht klarer. Sie fragten nun ihrerseits durcheinander: »Wer hat was getan?« Auch Max konnte sich keinen Reim darauf machen. Schließlich packte er seinen Freund und schüttelte ihn so heftig, dass der für einen Augenblick verstummte. »Nun sag schon, was los ist«, fuhr er ihn an. »Warum regst du dich so auf?!«

»Jemand ... hat ... meine Blumen ... ausgerissen, die ich ... in den Schutz der Rosen ... gepflanzt hatte!«, jammerte er. »Ich hatte sie täglich mit Energiewasser gegossen und ...!«

Na, so was!, dachte Max. Die Unkräuter waren also Sommerblumen gewesen. »Was ist Energiewasser?«, unterbrach er listig. Er nahm an, dass sich Micha beruhigen würde, wenn man ihn dazu brachte, komplizierte Dinge erklären zu müssen. Das schien zu funktionieren.

Micha wurde leiser. »Ich habe Tonleitern in allen Tonarten in das Wasser gesungen, worauf die Pflanzen ein ungeahntes Wachstum entfalteten und bald blühten ...!« Die Erinnerung an alle die Mühen, die zunichte gemacht worden waren, war zu viel für ihn und die Stimme versagte.

Die Stimmung der Zuschauer dagegen schlug um. Nachdem es allmählich auch dem Letzten dämmerte, was die Schreie ausgelöst hatte, legte sich die Aufregung und machte einem Schmunzeln und Kichern Platz, das nur schwer zu unterdrücken war. Zum Glück merkte Micha nichts davon.

»So was kann vorkommen, Micha«, tröstete die Mutter. »Es war bestimmt keine böse Absicht!«

Der Vater pflichtete bei: »Das konnte niemand ahnen. Ich selbst hatte schon vor, das Unkraut zu entfernen. Ich bin bloß noch nicht dazu gekommen.«

Das war der falsche Trost. »Es war kein Unkraut!«, schrie Micha empört. »Es waren ... schöne ... Sommerblumen, die ... gerade dabei waren ... aufzugehen! Ich habe mich ... jeden Tag ... daran gefreut!«

Max überlegte. Sobald Micha sich beruhigt hatte, würde er mit Sicherheit auf die Frage nach dem Täter zurückkommen. Die Antwort darauf würde mehr als peinlich werden. Er glaubte schon mitleidige Blicke auf sich gerichtet zu sehen. Da musste man vorbeugen. »Ich schlage vor«, äußerte er listig, »wir pflanzen die Blumen wieder ein.

Vielleicht sind sie noch zu retten!« Das waren genau die richtigen Worte: Micha machte sich sogleich an die Arbeit. Max und die anderen halfen mit. Es dauert nicht lange und die Pflanzen standen wieder an ihrer Stelle.

»Wie sehen sie aus!«, klagte Micha. »Sie lassen die Köpfe hängen und werden sich nicht erholen.« Max wusste, dass er seinen Freund beschäftigen musste, wenn er der Frage nach dem Schuldigen ausweichen wollte: »Sie müssen nur gewässert werden«, riet er. »Du wirst sehen, dein Energiewasser wird Wunder vollbringen!« Die Aufforderung erfüllte ihren Zweck: Micha begann Wasser aus einer abgedeckten Tonne neben dem Turm zu holen. Er schleppte unzählige Kannen heran und war zu beschäftigt, um der Frage nachzugehen, wem er das Ganze zu verdanken hatte.

Max hatte inzwischen darüber nachgedacht, ob er sich zu der Tat bekennen sollte. Er kam dann aber zu dem Schluss, dass er dies nicht wagen durfte. Wenn ich sein Fahrrad zuschanden gefahren hätte, ... ja! Wenn ich mit seiner Freundin durchgegangen wäre, ... ja! Aber bei seinen Blumen, ... nein, da hörte das Verständnis auf! Max musste schmunzeln. Eigentlich fand er es schön, dass Micha eine Schwachstelle hatte. Seine Perfektion konnte einem schon auf die Nerven gehen. Ich werde daran denken, wenn ich mich das nächste Mal über seine Arroganz ärgere, dachte er.

Nachdem der Schaden beseitigt worden war und Micha sich wieder beruhigt hatte, wurde nach dem Übeltäter nicht weiter gesucht. Die Jungen gingen in den Turm und Max konnte berichten. Micha überlegte eine ganze Weile, bevor er nachdenklich sagte: »Wie ich gelesen habe, sind Mädchenhändler aus Osteuropa wieder am Werk. Vielleicht spielt die Schlottermühle dabei eine Rolle.«

»Du meinst, dass hier ein Umschlagplatz ist?«

»Wäre doch denkbar. Einsam, wie die Mühle liegt, kann man da machen, was man will. Und im Notfall kann die Höhle genutzt werden.«

»Dann ist Dota auf diesem Weg hierher gelangt?«

»Ja. Es würde erklären, weshalb die Sache bei uns kein Aufsehen erregt hat. Kindesentführung ist in Osteuropa so häufig, dass es bei uns keiner Erwähnung wert ist. Manchmal verkaufen sogar die Eltern ihren Nachwuchs aus Not, weil sie hoffen, er könnte es woanders nur besser treffen ... Ich habe mich im Übrigen ein bisschen schlau gemacht: Dota ist die Verkleinerung von Donata, ein in Rumänien verbreiteter Vorname.«

»Rumänien? ... Aber sie schreibt doch deutsch?«

»Die Siebenbürgener Sachsen waren deutsche Kolonisten, die sich im heutigen Transsilvanien angesiedelt haben. Deutsch ist ihre zweite Muttersprache.«

»Transsilvanien«, wiederholte Max genüsslich. »Das ist doch dort, wo Graf Drakula in seinem Schloss haust?«

»Genau«, stimmte Micha lächelnd zu. »Ich merke schon, wo deine Vorlieben liegen. Es ist das Land der Untoten und Vampire, wenn ich auch fürchte, dass wir mit denen hier nichts zu tun bekommen.

Kapitel 8: Nachtwache

Die Schlottermühle lag hell erleuchtet unter ihnen und warf einen tröstenden Lichtschimmer in die stockfinstere Nacht. War die Waldschlucht schon am Tage düster und bedrückend, so wirkte sie jetzt schauerlich und bedrohlich. Max hätte sich nie vorstellen können, dass ihm das alte Gemäuer einmal Trost spenden würde. Jetzt war es aber so.

In der Finsternis hatten sie den schmalen Pfad kaum gefunden, der von den Gleisen der Schafbergbahn hinunter zur Mühle führt. Taschenlampen durften sie ja nicht benutzen. Hand in Hand tasteten sie sich vor, stolperten über Steine und Baumwurzeln. Feucht, zerkratzt und zerschunden erreichten sie endlich ihren Beobachtungsposten auf der gegenüber liegenden Bachseite. Micha hatte diesen Ort gewählt, weil sie von hier aus sowohl das Gebäude als auch die zur Höhle führende Schlucht überblicken konnten.

Nun saßen sie hier, eine Ewigkeit schon, wie es schien, frierend und entmutigt. Max war froh, dass er nicht allein war. Das nahm etwas von der Beklommenheit, die als schmerzhafter Druck auf der Brust saß. Micha ging mit der Situation gelassener um. Er hatte zwar auch, »das ist ja *entrisch*«, gemurmelt, was so viel wie unheimlich hieß, dann aber doch eine Ruhe und Zuversicht an den Tag gelegt, die nach den Umständen nicht gerechtfertigt war.

Als es hinter ihnen im Gebüsch knackte, schreckte Max zusammen. Wer oder was nahte da? Er konnte nicht leugnen, dass ihn die Finsternis mit Angst erfüllte, zumal ihm die Geistergeschichten des kleinen Mannes noch im Kopf herumspukten. Auch seine körperliche Verfassung ließ zu wünschen übrig. Er war nass, fror und hatte vom langen Warten steife Glieder. Er verfluchte, dass er sich bei dem Wetter überhaupt auf die Sache eingelassen hatte. Dabei hätte alles ganz anders sein sollen.

»Die Nacht ist für eine Beobachtung optimal«, hatte Micha gesagt, nachdem er Mondtabellen und den Wetterbericht studiert hatte. »Wir haben Vollmond! Da ist es taghell. Und es bleibt warm und trocken.«

Das war alles ein frommer Wunsch geblieben. Der Mond hatte sich hinter schwarzen Wolken versteckt, sodass man die Hand vor den Augen nicht sehen konnte. Nur ab und zu rissen sie auf und gaben eine Vorstellung davon, wie hell es eigentlich hätte sein können. Zudem war es kalt geworden. Von Zeit zu Zeit kam von oben ein leichter Schauer. Er durchdrang die Blätter des Waldes kaum, erzeugte aber eine Feuchtigkeit, die durch die Ritzen der Kleidung kroch. Bei so einem Wetter jagt man keine Katze hinaus, dachte Max. Aber Micha hatte es plötzlich eilig gehabt. Vermutlich wollte er seine Daseinsberechtigung unter Beweis stellen.

An der Mühle hatte sich vorerst nichts anderes getan, als dass ein Licht nach dem anderen erlosch, bis nur noch die Außenbeleuchtung brannte. Dass sich nichts ereignet hatte, stimmte nicht ganz. Gleich nachdem sie ihren Posten bezogen hatten, war ein Bekannter aufgetaucht. Auf der anderen Uferseite war der Geologe mit seinem großen Rucksack zur Schlottermühle hinabgestiegen und darin verschwunden. Im Schein der Hauslaterne war er nicht zu verkennen. »Was will er hier?«, fragte Max alarmiert. »Abendessen«, vermutete Micha. »Wir werden sehen, wann er das Gebäude wieder verlässt.« Das war dann aber nicht geschehen.

Max sah auf die Armbanduhr und musste feststellen, dass es bereits halb zwei Uhr war. Langsam begannen die Glieder zu schmerzen und die Kälte drang immer tiefer in den Körper ein. Er sehnte sich nach etwas Heißem, selbst wenn es Michas Bittertrank gewesen wäre. Um sich zu wärmen, stand er auf und schlug die Arme um den Leib. Er wollte gerade vorschlagen, die Sache aufzugeben, als Micha ihn herunterzog und zischte: »Kusch, da kommt jemand den Weg herab!« Max ging sofort in Deckung. In der Tat waren vorsichtige Schritte zu hören, die von oben langsam näherkamen. Der Unbekannte versuchte ebenfalls, den steilen Pfad ohne Licht zu bewältigen. Das ging nicht ohne halblaute Flüche und Schmerzenslaute ab. Unmittelbar an dem Gebüsch, hinter dem die Beobachter steckten, machte der Weg eine Biegung nach links. Der Hang fiel hier steil in den Bach ab. Im schwachen Licht, das die Außenbeleuchtung der Mühle heraufwarf, war sie kaum zu sehen. Der Ankömmling kannte oder erkannte die Kehre nicht. Vielleicht stolperte er auch nur an der falschen Stelle. Auf jeden Fall ertönte ein Schrei und

Zweige brachen.

»Pfloatsch! Jetzt haben wir ein Problem!«, sagte Micha alarmiert. »Wenn wir nicht helfen, wird er uns die Tour vermasseln.« Mit zwei Sprüngen waren sie auf dem Weg. Hilferufe zeigten, wo sie suchen mussten. Der Passant war durch das Gesträuch gebrochen, das den Felsabsturz säumte, und hing nun, mit den Füßen im Gestrüpp verfangen, hilflos über dem Abgrund. Er war gerade dazu übergegangen, alle Schutzheiligen laut um Beistand zu bitten.

»Still!«, raunzte Micha im Flüsterton. »Wir holen dich raus, wenn du nicht die ganze Nachbarschaft aufweckst.«

Der Verunglückte verstummte überrascht und antwortete dann in gedämpfterem Tonfall, doch immer noch voller Panik: »Aber schnell! ... Mich halten nur ein paar Zweige!«

Micha kroch mit dem Kopf voran in das Gestrüpp. Als er den Unglücksraben erreicht hatte, packte er ihn an den Fußgelenken. Dann gab er Max ein Zeichen, der die beiden vorsichtig Zentimeter um Zentimeter zurückzog. Das ging nicht ohne Schrammen ab. »Halt die Pappen!«, schimpfte Micha halblaut, als jetzt wieder lautes Stöhnen ertönte. »Sonst lass ich los!« Das wirkte und das Jammern verstummte. Endlich konnte sich Micha hinknien und den Rest allein erledigen.

»Das war wirklich Hilfe in letzter Sekunde!«, flüsterte der Gerettete dankbar. Es war zu dunkel, um auszumachen, wer es war. »Wie kann ich mich erkenntlich zeigen?«

»Indem du weitergehst und so tust, als hättest du dich selbst aus der Patsche befreit«, erklärte Micha unfreundlich. »Schimpf und lamentiere, damit man merkt, dass du dich entfernst ... Und bleib dann weg und gibt Ruhe.« Der Pechvogel zögerte noch. Erst als Micha hinzufügte: »Nun schleich dich!«, rappelte er sich auf und hinkte den Weg hinab, wo er kurze Zeit später die Brücke passierte. Im Licht der Hauslaterne erkannten sie ihn. Es war der kleine Mann mit Regenmantel und Baskenmütze, den sie am Montag kennen gelernt hatten.

»Es scheint tatsächlich ein Fluch auf ihm zu liegen«, lachte Max. »Jedes Mal, wenn wir ihn sehen, hat er einen Unfall ... Und es wird schlimmer, wie mir scheint.«

»Ich frage mich, was er bei diesem Wetter des Nachts in der Schlucht will«, erwiderte Micha. »Er sollte doch von solchen Abenteuern langsam die Nase voll haben.«

»Er ist vielleicht auf dem Weg nach Haus.«

»Nein, er kommt von dort. Vorgestern hat er uns in entgegengesetzter Richtung verlassen.«

»Hoffentlich hat er uns nicht alles verdorben«, bemerkte Max. Das war nicht ehrlich. Wenn es nach ihm gegangen wäre, hätte man die Sache sofort abgebrochen.

»Das werden wir gleich sehen«, gab Micha zurück. »Ich schlage vor, wir warten noch eine halbe Stunde.«

Max nickte missmutig. Micha hatte Recht. Sie hatten ihre Anwesenheit wohl nicht verraten. Die Taschenlampen waren nicht benutzt worden und der Lärm hatte sich auf ein Mindestmaß beschränkt. Wenn Ruhe eingetreten war, würde sich dort unten vielleicht doch noch etwas tun.

Dann ging alles überraschend schnell. Als Micha ihn am Ärmel zupfte, sah Max es auch: Eine dunkle Gestalt kam mit einem Sack auf der Schulter um die Schlottermühle herum. Sie war in einen Mantel gehüllt und hatte einen breiten Hut tief ins Gesicht gezogen. Es schien ein Mann zu sein. Mehr war im trüben Schein der Hauslaterne nicht zu erkennen. Von der Größe her konnten es Grozza, Zigahn oder der Geologe sein.

»Er kommt herauf«, flüsterte Micha, »wir postieren uns besser etwas höher, um zu sehen, wo er hingeht.« Die Jungen huschten den Weg hinauf, durch die Kehre von der Einsicht von unten geschützt. Oben am Bahndamm, wo der Pfad ein Stück an den Gleisen entlangführt, versteckten sie sich im Gebüsch. Zum Glück drang gerade das Mondlicht durch die Wolken, sodass die Beobachtung erleichtert wurde. Es dauerte nicht lange, bis der Vermummte ankam. Er schien jemanden zu erwarten; denn er machte ebenfalls am Bahnkörper Halt, setzte seinen Sack ab und schaute prüfend in die Runde. Dann ließ er eine Taschenlampe aufblinken und sah auf die Armbanduhr. Kurz darauf wurde das Dröhnen von Rädern hörbar.

»Die Schafbergbahn?«, fragte Max leise.

Micha schüttelte den Kopf: »Nicht laut genug ... Es hört sich wie ein Rollengleiter beim Strandsurfen an.«

»Das Ding kommt näher. Es fährt ohne Licht.«

»Ja, ... aber gleich wird es sich zu erkennen geben.«

In der Dunkelheit leuchteten plötzlich zwei gelbe Augen auf, die einen milchigen Schein auf die Schienen warfen, während die Maschine ihre Geschwindigkeit drosselte. »Eine Draisine«, erklärte Micha leise. »Man braucht sie für Reparaturarbeiten.« Als das Gefährt das Versteck der Jungen passiert hatte, hielt es an. Ein Lichtkegel suchte den Schienenrand ab und eine Stimme rief halblaut: »*Miron, esti aici?* ... Du da?«

Der Vermummte trat an das Gleis heran. »Lösch das Licht. Wir können keine Zuschauer gebrauchen!«

»*Nicil unul grija* ... Keine Angst ... *Nimeni este aici in noapte negrue* ... Niemand hier in Nacht schwarzer«, kam die unbekümmerte Antwort. - Dann stutzte der Sprecher und setzte hinzu: »*Dar tu esti nu Scharosch* ... Du bist nicht Scharosch.«

»Er musste untertauchen«, erwiderte der Schlapphut. »Ich bin sein Nachfolger ... Lösch jetzt das Licht. Vor kurzem kam ein Passant entlang. Außerdem war es mir so, als hätte ich zwei Schatten den Weg hinaufhuschen sehen.«

Darauf verlöschten die Lampen des Fahrzeugs schlagartig. Die Jungen waren darüber froh, da der Lichtkegel bereits mehrfach über sie hinweggegangen war.

»*Deci am trebuie sa-se grabim* ... Dann wickeln ab wir Geschäft schnell«, sagte der Ausländer auf der Draisine beunruhigt und wesentlich leiser. »Wo ist Ware?«

»Hier!« Der Vermummte fasste in den Sack.

In diesem Augenblick ging hinter Max ein Scheinwerfer an und eine Lautsprecherstimme rief: »Hier spricht die Zollinspektion! Lassen Sie den Sack fallen und nehmen Sie die Hände hoch! Vorsicht: Es wird scharf geschossen!«

Die Männer standen einen Moment wie versteinert. Dann warf der Ausländer auf der Draisine den Motor an und fuhr mit voller Beschleunigung wieder rückwärts den Berg hinauf. Gleichzeitig sahen die Jungen dort, wo der Komplize mit Hut stand, einen Mündungsblitz und hörten ein Krachen. Micha gelang es noch, Max von den Beinen zu reißen. Der Kerl feuerte die Pistole noch ein zweites Mal ab, sprang dann in den Wald und brach bergabwärts - mehr rutschend als laufend - durch das Unterholz.

»Das war knapp«, äußerte Max, als er sich vom Boden aufraffte. »Ich habe nicht damit gerechnet, dass die Bande gleich schießen wird. Aber wo bleibt die Zollinspektion?«

Micha erwiderte lachend: »Die hat sich durch mich vertreten lassen. Ich hoffe, man wird das zu schätzen wissen.«

»Durch dich vertreten lassen?! ... Heißt das, DU hast gerufen? ... Aber der Lautsprecher und der Scheinwerfer!«

»Ich hatte mich für alle Fälle damit ausgerüstet. Du hast dich ja über meinen dicken Rucksack gewundert.« Micha öffnete dann den Sack. Im Licht der Taschenlampe brachte er einen Karton zum Vorschein, der das Label einer osteuropäischen Zigarettenmarke trug. Er brach ihn auf und untersuchte den Inhalt. »Sieh da ... ohne Banderole! Da haben wir Entführer gesucht und Schmuggler gefunden. Aber vielleicht hängt beides zusammen.«

»Es sind auch Westmarken dabei«, stellte Max fest, als er in den Sack hineinschaute. »Wie ist das möglich?«

»Frag mich nicht!«, erwiderte Micha. »Keine Ahnung.«

»Jedenfalls ein Volltreffer!«, erklärte Max stolz. »Einen Schmugglerring enttarnt ... Der Zoll wird sich freuen.«

»Da bin ich mir nicht so sicher«, sagte Micha nachdenklich. Nachdem sich die erste Begeisterung gelegt hatte, schien er die Dinge wieder nüchterner zu beurteilen. »Ich fürchte eher, man wird uns Vorwürfe machen. Wir hätten beobachten und die Sache melden sollen.«

Max fand es bemerkenswert, dass Micha einmal freiwillig einen Fehler einräumte. »Eins verstehe ich nicht«, äußerte er später, als sie sich mit dem Sack auf den Heimweg machten: »Wieso hat der Schlapphut uns so weit verfehlt? Ich habe gehört, wie die Kugel in die Draisine einschlug.«

»Hast du es auch bemerkt?«, erwiderte Micha. »Ich glaubte schon, ich hätte mich getäuscht.«

Max hatte sich für diese Nacht bei Micha einquartiert. Bevor sie zu Bett gingen, kam es zu einem Streit, als sie die Pläne für den Tag besprachen. Max wollte auf dem Schafberg nach dem geflüchteten Draisinenfahrer suchen. Aber Micha winkte ab. »Das wird der Zoll besorgen«, erwiderte er. »Wenn sich herausfinden lässt, wer die Draisine gefahren hat, wird er ihn schneller festsetzen, als wir es könnten ... Wir machen mit der Schlottermühle weiter.«

Das war dann doch zu viel für Max. »Du bist wohl nicht ganz knusper?!«, rief er. »Mich bringen keine zehn Pferde mehr dorthin zurück. Der Schlapphut hat uns gesehen.«

»Nur zwei Schatten! ... Es war zu dunkel, als dass er uns hätte erkennen können. Im Übrigen wird er auch nicht mehr in die Mühle zurückkehren.«

»Woher willst du das wissen?! Kannst du hellsehen?.«

»Nein, aber der Mann muss damit rechnen, dass ihn dort der Zoll erwartet ... Und du darfst deine Tätigkeit jetzt nicht plötzlich aufgeben. Wenn du nach der geplatzten Übergabe wegbleibst, wird man wissen, wer´s verhindert hat ... Im Übrigen wirst du endlich ungestört mit Ivy sprechen können.«

»Meinst du, dass Grozza der flüchtige Täter ist?«

»Unsinn! Es war nicht seine Stimme. Außerdem hätte der Draisinenfahrer ihn nicht nach dem Namen gefragt.«

»Wie willst du den Grobian dann entfernen? Er wird das Haus jetzt noch weniger als vorher verlassen.«

»Er wird keine Wahl haben. Du wirst staunen, was in ein paar Stunden in der Schlottermühle abgeht.«

»Nun gut«, gab Max nach. »Ich werde also meine Birne hinhalten, wie ich es gewohnt bin ... Aber willst du nicht?«

»Ich habe etwas anderes vor«, erklärte Micha geheimnisvoll. »Ich bin mal für drei Tage weg! ... Wenn alles gut geht, sind wir bald einen großen Schritt weiter!«

Kapitel 9: Eine verpatzte Gelegenheit

Donnerstag! Nach wenigen Stunden Schlaf begab sich Max müde, aber zufrieden über den Erfolg der vergangenen Nacht zur Schlottermühle. Er sah die Dinge inzwischen optimistischer, wie er überhaupt Probleme nicht lange mit sich herumschleppte. Zudem wollte er wissen, ob jemand, und gegebenenfalls wer, in der Mühle abgängig war. Nach Michas Theorie musste das der Mann mit dem Schlapphut sein, dem sie gerade das Geschäft verdorben hatten.

Als er die Wirtschaft betrat, erlebte er eine Überraschung: In der kleinen Gaststube saß ein Mann mit blonden Locken beim Frühstück ... der Geologe. Er winkte dem Jungen fröhlich zu und sagte: »Es ist gestern etwas spät geworden. Darum habe ich heute Morgen verschlafen. Sonst bin ich um diese Zeit immer schon unterwegs.«

Max kombinierte rasch und erwiderte lachend: »Dann sind Sie also der einzige Gast, der es in diesem Haus länger als einen Tag aushält, wie Frau Schrempp verraten hat.« Er hatte sich vorher vergewissert, dass Grozza nicht im Raum war, der so etwas sicherlich nicht gern hörte.

Der Geologe stimmte in das Lachen ein: »Na ja, es ist schon richtig. Der Wirt ist manchmal etwas grob! Das macht mir aber nichts aus. Ich bin fast den ganzen Tag unterwegs.« Er stellte sich dann als Dirk Kelling aus Westfalen vor, von Beruf Bauingenieur, der in St. Wolfgang seinen Jahresurlaub verbringt. »Womit, weißt du ja«, fügte er hinzu. Max war erleichtert. Das erklärte, weshalb der Typ hier so oft anzutreffen und gestern Nacht in der Mühle verschwunden war. Es gab also einen Verdächtigen weniger.

Kelling lud ihn ein, einen Moment am Tisch Platz zu nehmen. »Ich muss doch hören, ob du inzwischen in den Stand der Eingeweihten versetzt worden bist«, bemerkte er schmunzelnd. »Die Ansätze dazu waren ja nicht gerade hoffnungsvoll, wenn ich das so sagen darf!«

Max verstand erst nicht, was gemeint war. Dann erinnerte er sich daran, das Micha ihn bei der Begegnung vor der Höhle als geologischen

Idioten hingestellt hatte. Jetzt war die Gelegenheit, sein Image aufzupolieren. »Kann man wohl sagen«, erwiderte er. »Mein Freund musste zugeben, dass ich die höheren Weihen verdient habe, nachdem es mir gelungen ist, einen keltischen Artefakt zu finden.« Er dachte dabei, nicht ohne Sinn für das Groteske, an die Latrine, die er in der Höhle versehentlich geöffnet hatte.

»Interessant!« Kelling horchte auf. »Wir Geologen denken zwar in Zeiträumen von Jahrmillionen. Wenn wir aber zufällig auf ein Objekt stoßen, das nur einige tausend Jahre alt ist, lassen wir es natürlich nicht unbeachtet ... Das muss ich mir ansehen. Am besten brechen wir gleich auf. Ich regele das mit dem Wirt.«

Max hätte sich wegen seiner Prahlerei ohrfeigen können. Da saß er nun in der selbst gestellten Falle. Er durfte ja Kelling nicht in die Höhle führen. Selbst wenn er vorgab, den Ort nicht wiederzufinden, müsste er den ganzen Vormittag draußen herumklettern, wobei eine Blamage vorprogrammiert war.

Zum Glück mischte sich die Wirtschafterin ein, die das Frühstück servierte und die letzten Worte gehört hatte. »Der Bub hat keine Zeit«, sagte sie entschieden. »Ich habe ihn schon verplant.« Kelling wollte zunächst Einwände erheben, gab dies aber auf, als er erkannte, dass das ihr letztes Wort war. »Na, dann ein anderes Mal«, äußerte er verschnupft und wandte sich wieder dem Essen zu.

Max erschien noch rechtzeitig in der Küche, um mitzuerleben, wie Grozza und Makkai schimpfend zur Vernehmung abgeholt wurden ... Das also hatte Micha gemeint! Er hatte die nächtlichen Ereignisse wohl etwas aufgebauscht. Vielleicht war das aber auch gar nicht nötig gewesen. Immerhin war der Schlapphut ja aus der Mühle gekommen. Auf jeden Fall war Grozza aus dem Weg. Jetzt musste Max nur noch sehen, wie er an das Mädchen herankam.

Aber das wurde ein Selbstgänger. Frau Schrempp, die in Abwesenheit des Wirts das Regiment führte, fragte den Jungen, ob er Lust hätte, mit Ivy zum Angeln zu gehen, was er natürlich erfreut bejahte. Er erfuhr bei dieser Gelegenheit, dass das Mädchen an sich mit Zigahn verabredet gewesen war, der sie aber versetzt hatte. Max horchte auf. Oha! Der Schönling war also der Mann mit dem Schlapphut. Eigentlich keine Überraschung. Er hatte sich ja bereits gestern im Abfallschuppen mehr als verdächtig aufgeführt. Sicherlich war die Schmuggelware in der Tonne versteckt gewesen, deren Öffnung er verhindert hatte.

Eine Stunde später saß Max neben Ivy am oberen Felsenbecken und warf die Angel aus. Die Situation war allerdings nicht ganz so, wie er es sich vorgestellt hatte. Eine ›Anstandsdame‹ passte nämlich auf. Frau Schrempp hatte darauf bestanden, dass sie Donka ›zu ihrer Sicherheit‹ mitnahmen. Max vermutete aber aus gutem Grund, dass der Hund eine andere leicht zu erratende Aufgabe hatte. Ivy schien indes mit dem tierischen Begleiter mehr als einverstanden. Sie tätschelte ihn, als sei er ein niedlicher Welpe. Der Junge wunderte sich, dass das Biest so sanftmütig sein konnte. Bisher hatte es sich stets nur von der gefährlichen Seite gezeigt. Er war auch erstaunt über die Vertrautheit der beiden. Fast mochte man meinen, dass Ivy beim Großziehen des Rüden geholfen hätte. Dafür lebte sie allerdings noch nicht lange genug bei ihrem Onkel.

Max war mit seinem Vater schon beim Angeln gewesen und deshalb durchaus sachkundig. Ivy zeigte sich von seinem Können beeindruckt. »Du bist fast« - sie betonte das Wort neckisch - »ein Ersatz für Zigahn. Der ist allerdings noch ʼne Ecke größer, stärker und schöner.« Sie blickte den Jungen herausfordernd an. In kurzer Hose, langen Gummistiefeln und über dem Bauch zugeknotetem Männerhemd sah sie reizend aus, wie Max zugeben musste.

»Bisher sind die Mädchen mit meinem Aussehen immer zufrieden gewesen«, erwiderte er gekränkt. »Das kann meine Freundin bestätigen.« Er wusste sofort, dass dies ein Fehler gewesen war. Das Ergebnis bekam er sogleich zu spüren: Ivy wurde schlagartig kühler. »Also noch ein Nachteil gegenüber Zigahn, der gänzlich ungebunden ist«, bemerkte sie spitz. Max hielt es für besser, darauf nichts zu erwidern und das Thema zu wechseln. Er bemühte sich, das Gespräch auf die Besucher der Mühle und ihr Treiben zu bringen. Aber die Vertrautheit, die sich gerade zu entwickeln begonnen hatte, war zerstört. Ivy war vergrätzt und in dieser Stimmung zu Auskünften nicht bereit.

Max ärgerte sich schwarz, dass er die Sache so verpatzt hatte. Nun war die Gelegenheit da, auf die er gewartet hatte, und er verstand nicht, sie zu nutzen. Sein Ruf als Herzensbrecher war ein für alle Mal ruiniert. Aber, was noch schlimmer war: Sie waren keinen Schritt weitergekommen, während immer noch ein kleines Mädchen sehnsüchtig auf

Befreiung wartete.

Instinktiv spürte er, dass er nun anders vorgehen musste, wenn er noch etwas erreichen wollte. Es blieb wohl nichts übrig, als die Wahrheit oder jedenfalls einen Teil davon zu sagen. Dass Ivy mit den Verbrechern unter einer Decke steckte, war auszuschließen. Sie schien über jeden Verdacht erhaben. Auch wenn sie häufiger mit Zigahn zusammengesteckt hatte, sprach das nicht schon für eine Komplizenschaft. Er war halt der einzige junge Bursche in ihrer Umgebung gewesen. Max blieb auch keine andere Wahl. Er musste das Risiko eingehen, sich dem Mädchen anzuvertrauen, was immer das für Folgen hatte. Trotzdem war es ratsam, sich schrittweise vorzutasten und nicht mit der Tür ins Haus zu fallen.

Ivy sah Max verstohlen von der Seite an. Er deutete das richtig dahin, dass sich ihre Verstimmung zu legen begann. Das ließ ihn zu schnell vorpreschen: »Kennst du die verborgene Höhle?«, fragte er unvermittelt.

Das Mädchen drehte den Kopf. »Wovon sprichst du?«, antwortete sie scharf, ohne auch nur andeutungsweise zu erkennen zu geben, dass sie wusste, worum es ging.

Max ruderte zurück: »Wenn du nichts davon weißt, ist es besser, ich rede nicht davon! Nur so viel sei gesagt, weil ich deine Unterstützung brauche. Es gibt eine solche Höhle und wir haben darin einen Hilferuf gefunden ... von einem kleinen Mädchen, das dort gefangen gehalten worden ist.«

Ivy stand abrupt auf. »Mein Onkel hat recht, wenn er verboten hat, dass ich mit dir spreche. Du bist wirklich kein Umgang für mich!«

Max versuchte zu retten, was noch zu retten war. »Fühlst du dich nicht verpflichtet, der Kleinen zu helfen?«, appellierte er an ihr Mitgefühl.

»Ich glaube kein Wort von der Geschichte«, erwiderte sie heftig. »Du bist nichts als ein Stofflöwe! Das Ganze ist ein Trick, mit dem du versuchst, dich interessant zu machen, nachdem du gesehen hast, dass du bei mir nicht landen kannst.« Sie stampfte zornig mit dem zierlichen Fuß auf, wobei ihre Augen böse funkelten. »Erzähl´ das besser deiner Freundin« - sie betonte das Wort - »und lass dir von ihr helfen! .... Vielleicht ist sie gutgläubiger als ich.« Damit rauschte sie davon, das Angelzeug zurücklassend.

Donka, der sich bei den zornigen Worten Ivys drohend vor dem

Jungen aufgebaut hatte, musterte ihn mit einem Blick, aus dem Abneigung und Feindschaft sprachen. Er war nicht abgeneigt, an Ort und Stelle ein Exempel zu statuieren. Schließlich sah er aber ein, dass seine Aufgabe eine andere war. Er wandte er sich ab und folgte rasch seiner zornigen Begleiterin.

Kapitel 10: Reingelegt

Es war schon früher Nachmittag, als Max endlich mit seiner Arbeit fertig war. Das Angeln hatte Zeit gekostet, die er aufholen musste. Das war aber nicht der Grund für seine Verstimmung. Er ärgerte sich noch immer, dass er die Sache mit Ivy total in den Sand gesetzt hatte. Dass er ihr seine Freundin unter die Nase gerieben hatte, musste wie eine kalte Dusche gewirkt haben. Damit hatte er jede Annäherung schon im Ansatz erstickt. Es konnte lange dauern, bis das Mädchen wieder abzicken würde. Er hatte nicht nur nichts erreicht, sondern sogar sein Leben gefährdet. Wenn Ivy den falschen Leuten erzählte, dass er von der Höhle und der gefangenen Kleinen wusste, würde man ihn schnell zum Schweigen bringen. Die einzige Hoffnung war, dass sie ihr Wissen für sich behielt oder die Verbrecher nicht in der Schlottermühle zu suchen waren.

Er nahm den Weg durch die Ortschaft. Es eilte ja nicht. Eltern und Schwestern waren sicherlich noch unterwegs und Micha vergnügte sich auf einer Reise, über die er nicht sprechen wollte. »Es ist besser, wenn du nichts darüber weißt«, hatte er nur gesagt und dann eisern geschwiegen, so sehr er auch bedrängt wurde. Die Geheimniskrämerei kränkte dann doch stark. Max seufzte. Als wenn er nichts für sich behalten könnte und damit hausieren ginge! ... Die Aufgaben waren eh nicht gerecht verteilt. Er musste sich abstrampeln, bis der Saft in der Melone kocht, während Micha durch die Savanne stoppelte und nachher behaupten würde, den Fall allein gelöst zu haben.

Max hatte inzwischen den Ortskern erreicht, der die Bezeichnung Markt St. Wolfgang trägt. Er stieg vom Fahrrad ab, durchschritt langsam die Gassen mit ihren bunten Häuserfassaden und passierte die Pfarrkirche, deren Turm das Wahrzeichen des Orts ist. An der Schiffstation Dr. Rais Promenade hielt er an, um dem bunten Treiben zuzusehen. Der alte Raddampfer Kaiser Franz Josef I. hatte gerade angelegt. Er war 1873 bei Eröffnung der Passagierschifffahrt in Betrieb genommen worden und als geschichtliches Zeugnis immer noch im Einsatz.

Menschen jeden Alters drängten sich schwatzend und lärmend an Bord, um den See und die Berge vom Schiff aus zu erleben. Max wurde angesteckt von der Begeisterung, die er in ihren Gesichtern sah. Er bedauerte, dass er nicht mitfahren konnte. Er hätte sich gern unter die Fahrgäste gemischt und einen unbeschwerten Nachmittag verbracht.

Plötzlich entdeckte er in der Menge einen großen, breitschultrigen Mann mit strubbeligem Haar im graugrünen Gewand der Einheimischen, der unter den bunt gekleideten Ausflüglern irgendwie falsch am Platz war. Die Jacke hatte er wegen der Hitze ausgezogen und über den Arm gelegt. Als er sich umwandte, erkannte Max ihn. Es war Mirko Grozza, der Wirt der Schlottermühle. Er hatte also die Vernehmung schon hinter sich gebracht. Was wollte er auf dem Schiff? Er war sicherlich nicht zum Vergnügen unterwegs. Da musste etwas anderes dahinterstecken.

Max fasste einen schnellen Entschluss. Er schloss sein Fahrrad an einen Ständer an und erreichte den Raddampfer im letzten Moment. Kaum hatte er das Schiff betreten, als schon die Laufplanke eingeholt und das Halteseil aufgerollt wurde. Mit einem warnenden Signal nahmen die mächtigen Schaufelräder ihre Arbeit auf, allerdings nicht mehr mit Dampf, sondern durch Dieselmotoren angetrieben. Das Schiff löste sich vom Ufer und steuerte auf den See hinaus, wo es schnell an Fahrt gewann. Dann machte es eine Rechtsdrehung und fuhr am Ufer entlang.

Max löste eine Karte nach und genoss erst einmal die Fahrt. Der alte Ortskern zeigte sich vom See her von seiner besten Seite. Mehrstöckige farbige Gebäude mit blumengeschmückten Balkonen glitten dahin. Sie fanden im Wasser ihre auf den Kopf gestellte Wiederholung und hinterließen abertausende Farbtupfer, die sich im Takt der Wellen hin und her bewegten. Für einen kurzen Moment offenbarten sie ihre Vielfalt, um dann zu verschwinden und neuen Bildern Raum zu geben. Nach einer Bucht mit roten, gelben und grünen Booten glitt das berühmte ›Weisse Rössl‹ mit seinen gelb getünchten blumengeschmückten Gebäuden und roten Markisen vorbei. Hinter der Pfarrkirche, deren Turm sich majestätisch im Wasser spiegelte, näherte sich auf einer bewaldeten Anhöhe das acht Stockwerke hohe Schlosshotel Eibenstein.

Max riss sich von dem Anblick los und suchte Grozza, den er im offenen Teil des Hinterdecks fand. Er hatte richtig vermutet. Der Wirt war nicht zum Vergnügen unterwegs. Mit dem Rücken an die Reeling gelehnt, studierte er Papiere, die er aus einem Umschlag gezogen hatte. Damit war er voll beschäftigt und schenkte den Dingen um sich herum keine Beachtung. Nur dann, wenn das Schiff an einer Haltestelle anlegte, sah er kurz auf und musterte die Einsteigenden, ohne sich dadurch länger als nötig ablenken zu lassen. Der Junge suchte sich einen Platz auf dem Oberdeck, von dem aus er den Wirt unauffällig beobachten konnte. Er bereute seinen Entschluss keinen Augenblick. Ein sechster Sinn sagte ihm, dass hier etwas vor sich ging, das herauszufinden sich lohnte.

Zunächst tat sich allerdings gar nichts. Grozza war immer noch mit dem Studium der Papiere beschäftigt, die zu einem großen Teil aus Zeitungsausschnitten zu bestehen schienen. Was er da las, beschäftigte ihn; denn mitunter hieb er mit der Faust durch die Luft oder schnaubte wütend durch die Nase, sodass die neben ihm stehenden Passagiere wegrückten. Mit der Zeit wurden die Nachrichten offenbar günstiger. Die Miene klärte sich auf und machte einer Zufriedenheit Platz, die bald zur Schadenfreude hin wechselte. Max hätte viel darum gegeben, den Text mitlesen zu können. Das war aber leider nicht möglich, da er vom Oberdeck die Ausschnitte verkehrt herum sah und zu weit entfernt war.

Max blickte nochmals auf das Wasser. Zu beiden Seiten des Schiffes bildeten sich Wellen, die sich langsam aufbauten und dann als Wogen an das Ufer schlugen. Badende ließen sich hin und her schaukeln, begleitet von Enten und Schwänen, die ihnen nacheiferten. Am Ufer zog der Schafberg vorbei, der sich hinter Villen, Sommerhäusern und bewaldeten Vorbergen kahl und unwirtlich erhob. Auf der schiefen Gipfelspitze klebte ein grauer Fleck, das Schafberghotel. In Fahrtrichtung voraus kam eine hohe Felsformation in Sicht, die fast senkrecht vom See aufstieg. Der Falkenstein. Max erinnerte sich. Im Frühjahr war er - als Pilger getarnt - zu der Wallfahrtskirche dort oben unterwegs gewesen, um das aus der Pfarrkirche in St. Wolfgang gestohlene Gnadenbild des heiligen Wolfgang wiederzubeschaffen. Beinahe hätte er diesen Einsatz mit dem Leben bezahlt, als er die Klippen hinabstürzte und erst in letzter Minute Hilfe erhielt.

Der Junge war so in Erinnerung versunken, dass er nicht bemerkte, dass das Schiff inzwischen in der Station Falkenstein-Ried angelegt hatte und der größte Teil der Passagiere dabei war, das Schiff zu verlassen. Ein schneller Blick auf das Hinterdeck zeigte, dass Grozza nicht mehr da war. Max lief nach Steuerbord hinüber und fand ihn - nach einigem Suchen - unter den Menschen wieder, die über den Steg an Land strömten. Nun erwies sich der Platz auf dem Oberdeck als ungünstig. Als der Junge nach unten eilte, musste er sich durch die hereindrängenden neuen Fahrgäste hindurchkämpfen. Am Ufer war dann vom Wirt nichts mehr zu sehen. In das Gasthaus Falkensteiner an der Anlegestelle war er nicht eingekehrt, wie eine Überprüfung ergab. Er befand sich auch nicht unter den Passagieren, die dem Wanderweg auf den Falkenstein zustrebten.

Als Max zum Anleger wieder zurückkehrte, hatte das Schiff bereits abgelegt. Er glaubte seinen Augen nicht zu trauen: Auf dem Hinterdeck stand, an derselben Stelle, so als wäre er nie an Land gegangen, ... der Gesuchte! Max hatte den Wirt bisher noch nie gut gelaunt gesehen. Sein bevorzugter Gemütszustand war finsteres Vorsichhinbrüten, das sich jederzeit in Grobheit und Aggressivität entladen konnte. Jetzt war das Wunder geschehen: Der Grobian hatte so etwas wie ein Lächeln um den Mund. Nein, ... er lachte. Er machte mit der Hand eine Bewegung zum Ufer hin. Es war ein höhnisches Winken mit der Botschaft: »Da muss einer schon früher aufstehen, wenn er mich reinlegen will!« Das Schiff wendete und fuhr wieder in die Richtung zurück, aus der es gekommen war. Der Junge überzeugte sich später davon, dass es eine Sonderfahrt für Ausflügler war, die über den Falkenstein nach St. Gilgen wandern wollten. Dabei hatte er doch für die ganze Strecke gelöst.

Unter den Leuten, die dem Dampfer nachsahen, stand ein vornehm gekleideter Herr mittleren Alters, der sein Jackett trotz der Hitze nicht abgelegt hatte. Als er bemerkte, dass dem Jungen die Enttäuschung ins Gesicht geschrieben stand, sagte er mitfühlend: »Da hast du wohl gerade dein Schiff versäumt.«

»Das kann man so sagen«, antwortete Max. »Jedenfalls fährt der Mann, den ich suche, dort draußen und ich stehe hier.« Etwas leiser und mehr zu sich selber fügte er hinzu: »Und wie komme ich jetzt nach St. Wolfgang zurück?«

»Zu Fuß natürlich«, antwortete der Fremde. »Ein ordentlicher Marsch wird helfen, den Ärger zu vergessen.«

Max winkte ab. »Darauf kann ich verzichten. Es macht wenig Freude auf einer Fahrstraße zu wandern.«

»Sie ist aber nur wenig befahren, da sie in Falkenstein-Ried endet ... Und sie führt am See entlang.«

Während sich das Gespräch langsam entwickelte, hatten sich die beiden schon auf den Weg gemacht. Der Fremde hieß Franz von Telek, kam aus Wien und war von Beruf Journalist. Er machte Urlaub in St. Wolfgang und wollte hier noch eine Weile bleiben. »Es wurde auch Zeit«, erklärte er gesprächsweise. »Denn ich bin fix und fertig!« Mit seiner blassen Gesichtsfarbe sah er in der Tat erholungsbedürftig aus.

»Dann hat wenigstens die Kasse kräftig geklingelt«, äußerte Max drastisch. Mit dem Optimismus der Jugend ging er davon aus, dass sich Arbeit immer auszahlt.

»Das hängt so nicht unbedingt zusammen«, schmunzelte von Telek. »Wenn man nicht im Geschäft ist, muss man sich besonders ins Zeug legen. Aber ich will nicht klagen. Ich habe eben eine Reportage über den internationalen Zigarettenschmuggel bei einem Wochenmagazin untergebracht, an der ich über ein halbes Jahr gearbeitet habe. Ich kann mir deshalb den Urlaub leisten.«

Max hatte nur mit halbem Ohr hingehört, weil er in Gedanken noch mit dem Wirt beschäftigt war. Es ärgerte ihn, dass es Grozza mit einem einfachen Trick gelungen war, ihn abzuschütteln. Das Treffen fand jetzt vermutlich auf dem Schiff statt. Der Mittelsmann war wahrscheinlich in Falkenstein-Ried zugestiegen. Bei dem Wort ›Zigarettenschmuggel‹ wurde der Junge aus seinen Gedanken gerissen. Dieses Thema beschäftigte ihn, seit Micha und er letzte Nacht die unverzollten Tabakwaren an der Schafbergbahn sichergestellt hatten. Es war klar, dass das Zeug irgendwie auf dem Schafberg abgesetzt werden sollte. Wie aber ging das vor sich? Jetzt war er zufällig auf einen Gesprächspartner gestoßen, der Auskunft geben konnte.

»Ich habe gelesen, dass ein Drittel der Zigarettenproduktion über den Schwarzmarkt verkauft wird«, kam er unverfänglich auf das Thema. »Wie geht das vor sich?«

»Wenn du hören willst, woher diese Märkte ihre Ware beziehen und welche Transportwege für die Einschleusung benutzt werden, dann bist du bei mir richtig«, erwiderte von Telek. »Das ist Gegenstand meiner

Reportage, die zu dem Ergebnis kommt, dass es die Zigarettenindustrie selber ist, die den illegalen Handel beliefert. Es geht darum, den Absatz ...«

»Dazu habe ich auch eine Frage«, unterbrach Max. »Wie ist es möglich, dass sich unter Schmuggelware aus Osteuropa auch westliche Sorten befinden?«

»Es könnte sich um Reimporte handeln, die zuvor aufgrund besonderer Genehmigungen zollfrei ins Ausland gegangen sind. Das muss aber nicht so sein. Inzwischen produzieren die wichtigsten amerikanischen und westeuropäischen Zigarettenhersteller in Osteuropa mit ihren Label auch in eigenen Werken.«

»Ach so! ... Und wie wird die illegale Ware abgesetzt?«, kam Max auf sein eigentliches Anliegen.

Von Telek schüttelte bedauernd den Kopf. »Da muss ich passen. Darauf haben sich meine Nachforschungen nicht erstreckt.«

»Aber Sie haben sich doch bestimmt ein Bild darüber gemacht. Erzählen Sie. Das ist ein gutes Gesprächsthema.«

»Du gibst wohl nie auf! ... Aber beklag' dich nicht, wenn ich dich nicht zufrieden stelle ... Von dem sogenannten grauen Markt hast du sicherlich schon gehört?!«

»Sie meinen die Händler, die auf der Straße verkaufen und verschwinden, wenn die Polizei kommt.«

»Richtig. Es ist ein Verkauf, der sich außerhalb jeder Kontrolle vollzieht. Er ist verboten, wird aber oft stillschweigend geduldet.«

»Lässt sich illegale Ware nicht auch regulär absetzen? Zum Beispiel in einem Verkaufsstand auf dem Schafberg?«

»Du denkst an einen ›Verkauf unter dem Tisch‹? Nein. Darauf wird sich niemand einlassen. Da man dort oben keine Stammkunden hat, wird man über kurz oder lang auffliegen. Das ist das Risiko nicht wert.«

»Oh! Sie vergessen die Ausländer, die in Scharen hinaufströmen. Sie werden schon wegen der Sprache keine Anzeige erstatten, abgesehen davon, dass sie dafür keine Zeit haben. Das wird auch für die vielen Gruppen gelten.«

Von Telek lachte. »Du meinst, dem Touristen auf einer Stippvisite ist es egal, ob der Besucherstaat um die Steuer betrogen wird? Da ist was dran! Trotzdem bleibt es ein Risiko, bei dem man mehr verlieren als gewinnen kann.«

Dagegen ließ sich eigentlich nichts sagen. Aber Max wusste, dass dort oben unverzollte Zigaretten umgesetzt wurden. »Und wenn es sich um Aushilfskräfte handelt, die hinter dem Rücken des Inhabers auf eigene Rechnung arbeiten? So was wäre doch möglich.«

Von Telek schaute überrascht auf. »Das wäre allerdings etwas anderes. Da sie mit dem Unternehmen nicht verbunden sind, können sie sich aus dem Staube machen, wenn die Sache auffliegt. Insofern ist die Sache nicht viel anders als bei den Straßenhändlern.«

Max nickte. »Das würde bei Ausländern noch besser funktionieren«, sagte er. »Wenn sie illegal im Gastland leben, können sie von einer Minute auf die andere verschwinden, um dann an anderer Stelle weiterzumachen.«

»Du bist wirklich ein gefährlicher Kopf!«, scherzte von Telek. »Ich hoffe, dass du für die richtige Seite arbeitest.«

»Das hoffe ich auch«, nahm Max den Scherz auf. Ich weiß jetzt, wo und wonach ich suchen muss, dachte er, und dass dies bald geschehen muss!

Kapitel 11: Unerwünschter Besuch

»Das Licht im Turm brennt! Da ist was faul, nein oberfaul, fauler geht es nicht mehr! Es stinkt zum Himmel!«

Max hatte Micha versprechen müssen, in seiner Abwesenheit nach Vercingetorix zu sehen. Vercingetorix war ein großer schwarzer Kater, der sich im Turm eingenistet hatte. Er hatte eines Abends vor der Tür gesessen, eine tote Maus als Geschenk auf der Schwelle. Micha hatte das so verstanden, dass sich der Besucher damit den Eintritt erkaufen wollte. Mehr aus Spass war er darauf eingegangen, ohne dass es später gelungen wäre, den neuen Bewohner wieder loszuwerden. Er ging zwar tagsüber seiner eigenen Wege, kehrte aber abends regelmäßig zum Turm zurück, wobei er immer etwas von der Jagd mitbrachte. Micha hatte am Anfang den Versuch gemacht, das Tier auszusperren. Dann miaute und kratzte es aber solange an der Tür, bis er weich wurde und es wieder einließ. Inzwischen kam der Kater schon selbst durch einen offenen Lüftungsschlitz herein, der über die Gartenmauer zu erreichen war.

Das Zusammenleben mit Vercingetorix verlief harmonisch. Micha erklärte zwar, dass er ihn nur zu Studienzwecken bei sich dulde. In Wirklichkeit aber hatte er den Kater inzwischen so ins Herz geschlossen, dass er nicht mehr wusste, wie er vorher ohne ihn ausgekommen war. In ihm hatte er einen Zuhörer, der auch bei schwierigen Darlegungen nicht die Geduld verlor. Was die Geschenke anging, hatte man sich zur beiderseitigen Zufriedenheit dahin geeinigt, dass der Junge den guten Willen für die Tat nahm und Vercingetorix seine Beute selber fraß.

Max war nicht umhingekommen, nach dem Tier zu sehen, obwohl ihm der schwarze Geselle unheimlich war. Mit seinem dunklen Fell und den gelb-roten Augen sah er aus, als habe ein böser Geist Gestalt angenommen. Vercingetorix schien in punkto Zuneigung genauso zu empfinden. Er hatte gar nicht erst den Versuch gemacht, sich mit dem Besucher anzufreunden, sondern ihn mit Nichtachtung gestraft. Es war vielleicht so was wie Eifersucht, das das Tier veranlasste, sich zu entfernen, sobald der Junge aufkreuzte.

Jetzt war Max alarmiert, als er sah, dass das Licht im Turm brannte. Micha hatte es bei seiner Abreise sicherlich ausgemacht, da er mit der selbst erzeugten Energie sparsam umging. Jemand aus dem Hof konnte es nicht sein. Die Bestmanns waren mit Mark ebenfalls unterwegs. Und das Gesinde betrat den Turm nicht. Schon wegen der Gefahren, die dort lauerten ... Also waren es Fremde! Vermutlich Leute aus der Bande, denen sie auf der Spur waren. Man hatte durch die Polizei von Michas Rolle bei der gescheiterten Übergabe der Schmuggelware erfahren und wollte sich jetzt revanchieren.

Der Junge sah nach dem Schlüssel. Er lag nicht, wie verabredet, unter dem Blumenkasten. Offenbar hatte man sich damit Einlass verschafft. Jetzt war die Tür von innen abgeschlossen, wie er feststellte. Langsam wurde es draußen dunkel. Während Max noch unschlüssig vor dem Turm stand und überlegte, was er unternehmen sollte, strich etwas Weiches, Warmes um seine Beine und schnurrte. Vercingetorix hatte seine Beute auf der Türschwelle abgelegt, scheute aber offenbar davor zurück, das Innere aufzusuchen. Wahrscheinlich hatte er festgestellt, dass sich dort Unbekannte aufhielten. In dieser Situation hielt er den Jungen wohl für das geringere Übel.

Max bückte sich und nahm den Kater auf den Arm, was der sich hoheitsvoll gefallen ließ. »Du magst sie nicht?«, flüsterte er und kraulte dem Tier den Kopf. »Hast du eine Idee, wie wir sie vertreiben können?« Der Kater schwieg. Was sollte die Frage auch? Eine Antwort war von ihm nicht zu erwarten. Max ließ ihn wieder auf die Erde gleiten.

Plötzlich ertönte neben ihm ein fürchterliches Jaulen, als schriee ein aufgespießter Waldgeist in Todesnot. Als Max erschrocken zu Boden schaute, sah er Vercingetorix stolz und erwartungsvoll zu ihm emporblicken. »Aha! Du willst ihnen Angst machen«, flüsterte Max. »Das könnte klappen! Vielleicht laufen sie dann von selbst davon. Die Bremer Stadtmusikanten hatten schließlich Erfolg damit.«

Er wusste auch, wie das zu bewerkstelligen war. Zunächst musste im Turm das Licht ausgehen. Das konnte Vercingetorix besorgen. Micha benutzte zur Steuerung der Beleuchtung eine Dimmerscheibe im Erdgeschoss, die auf Druckimpulse reagierte. Damit ließ sich die Helligkeit bis auf Null herunterregeln, wenn man den Druck lange genug ausübte. Das hatte der Kater bereits herausgefunden. Es machte ihm Spaß, sich auf die Sensorplatte zu setzen und mit dem Licht zu spielen, obwohl er das nicht durfte. Das konnte man sich zunutze machen.

Max nahm den Kater nochmals hoch und sagte: »Vercingetorix pass auf! Du gehst hinein und sorgst dafür, dass es dunkel wird!« Leider hatte das Tier nicht die geringste Lust, seinen bequemen Platz auf dem Arm wieder aufzugeben. Es gähnte demonstrativ, um zu zeigen, dass es sich nicht angesprochen fühlte. Der Junge erkannte, dass er eine Entscheidungshilfe geben musste. Er stieg über einen Komposter auf die Mauer hinauf und setzte den Kater in den schmalen Lüftungsschlitz, der diesem auch sonst als Einlass in den Turm diente. »Los!«, ermunterte er. »Spring hinein und mach es dunkel!« Vercingetorix versuchte, sich umzudrehen; aber Max hielt ihn fest. »Sei kein Spielverderber!«, raunte er ihm zu. »Du wirst sehen: Es macht Spaß, wenn das Licht ausgeht. Dann kommen die Mäuse auf Touren!« Der Hinweis auf die Mäuse wirkte dann wohl doch. Vercingetorix gab nach und glitt, durch einen Schubs ermuntert, geräuschlos in das Innere.

Jetzt konnte man nur noch hoffen, dass der Kater seine Schuldigkeit tat. Die Erfolgschancen waren leider nicht groß. Max wusste, dass Katzen als frühere Wildgeschöpfe eigenwillig sind. Hoffentlich hatte der Hinweis auf das Mäusejagen die natürlichen Jagdinstinkte geweckt.

Eine Weile geschah gar nichts. Dann begann das Licht abzunehmen, bis der Turm in Dunkelheit versank. »Braver Vercingetorix!«, flüsterte Max begeistert. Man konnte sich also auf ihn verlassen! Aber der Beifall kam zu früh. Denn es wurde langsam wieder heller, bis das Innere des Turmes im lichten Glanz erstrahlte. Der Junge verstand, was sich da ereignete. Der Impuls auf der Sensorscheibe brachte die Glühkörper wieder zum Leuchten, wenn er nicht abgebrochen wurde. Als es zum zweiten Male dunkel wurde, befahl Max in Gedanken: »Jetzt runter von der Scheibe!« Aber das Tier hatte seine eigene Vorstellung davon, wie das Spiel weitergehen sollte. Es blieb auf dem Sensor sitzen und ließ das Licht wieder heller werden.

Max erkannte, dass er seinen Plan ändern musste. Der ständige Wechsel vom Hell nach Dunkel würde wie Geisterspuk erscheinen, wenn man es richtig anfing. Er wusste auch, was zu tun war. Auf der Tonne mit dem Wunderwasser lag eine Flüstertüte. Micha brauchte sie zum

›Energetisieren‹. Max hatte einmal zusehen dürfen. Sein Freund hatte Tonleitern in das Wasser hineingesungen, was Geräusche erzeugt hatte, die nicht von dieser Welt zu sein schienen. Etwas Ähnliches brauchte er hier. Er hoffte, dass die Akustik des Turms die Töne genauso verzerren würde.

Der Junge holte das Sprachrohr und steckte es in den Lüftungsschlitz des Turms. Dann begann er mit der Geistermusik, anfangs noch zaghaft, dann in der Lautstärke steigernd, bis die Töne donnernd durch den Raum schallten. Von den Wänden hin und her geworfen, gebrochen und verstärkt, stiegen sie erst hinauf, wo sie wie ein Musikgewitter schaurig niederbrachen. Dabei kam Max auf den Einfall, die auf- und absteigenden Tonfolgen dem Auf- und Abschwellen des Lichtes anzupassen, was den Eindruck erweckte, als werde dies vom Klang bewegt, und das Ganze noch Furcht erregender machte.

Gerade hatte erneut Finsternis eingesetzt. So war es richtig! Jetzt galt es dafür so sorgen, dass es im Turm dunkel blieb. Das Tier musste die Sensorplatte verlassen. Max füllte seine Lungen bis oben hin mit Luft und intonierte einen langgezogenen herausfordernden Kampfschrei, wie er ihn vorhin von dem Kater gehört hatte. Das hatte die beabsichtigte Wirkung. Vercingetorix konnte nicht umhin, sich dem vermeintlichen Nebenbuhler zu stellen. Er gab seinen Standort frei, auf dem er allzu lange ausgeharrt hatte. Der Turm blieb in rabenschwarze Finsternis gehüllt.

»A h a a h u i h!«, »A h a a h u i h!«, »A h a a h u i h!«, schallte der Kampfruf aus dem Turm, worauf es unheilvoll »U h u u h i i o!«, »U h u u h i i o!«, »U h u u h i i h o!« von draußen antwortete.

Das war dann doch zu viel für die Besetzer. Im Innern des Turms wurde Gepolter hörbar, Menschen eilten in wilder Hast die Treppe herunter, stießen sich im Dunkeln und suchten nach dem Ausgang. Das Ganze wurde begleitet von Rufen und Flüchen der Flüchtenden, die in Panik geraten waren. Die Außentür wurde aufgerissen und zwei Gestalten stürzten heraus, von einem kratzenden und beißenden Ungeheuer verfolgt. Sie flüchteten durch den Garten und verschwanden durch den Torweg. Etwas später war das Anspringen eines Wagens zu hören, der eilig davonfuhr.

Max, der den lärmenden Auszug von der Mauer aus miterlebt hatte, war sich bewusst, dass die Operation ›Sauberer Turm‹ ein voller Erfolg geworden war. Die Allianz zwischen Mensch und Tier hatte prächtig funktioniert.

Allerdings bedauerte er dann doch, dass es so finster gewesen war. So hatte er nur zwei dunkle Gestalten vorbeieilen sehen. Einen großen breitschultrigen Mann und eine kleinere schlanke Frau. Nach ihrer Wendigkeit handelte es sich um jüngere Leute. Wieso musste Max in diesem Zusammenhang an Zigahn und Ivy denken? Sollte er sich in dem Mädchen derart getäuscht haben? Vielleicht war sie beim Angeln nur deshalb so zugeknöpft gewesen, weil sie auf der anderen Seite stand.

»Du hast deinem Namen alle Ehre gemacht«, lobte der Junge, als Vercingetorix schließlich erschöpft von seiner Verfolgung zurückkam. Die beiden nahmen als Sieger vom Turm Besitz und veranstalteten ein Freudenmahl. Verxi, wie Max den schwarzen Kämpfer liebevoll nannte, verzehrte die mitgebrachte Maus und Max Michas Vorräte.

Die Freude sollte aber nicht ungetrübt bleiben. Als Max sich später im Turm umsah, machte er eine bestürzende Entdeckung: Die Brosche aus der Höhle sowie der Zettel mit dem Hilferuf fehlten. Die Holzkassette, in der sie verwahrt waren, war leer.

Kapitel 12: Drama auf dem Schafberg

Am Freitag ging Max früher als gewöhnlich zu seiner Arbeit in der Schlottermühle. Er hatte nämlich danach noch etwas vor, das keinen Aufschub duldete. Eigentlich hätte er sich den Tag freinehmen müssen. Er wollte aber sehen, welches Gesicht der Wirt machte, wenn er ihm nach dem Vorfall auf dem Schiff wieder unter die Augen trat.

Die Begegnung verlief dann aber nicht anders als an anderen Tagen. Grozza wurde seinem Ruf als Grantscherben wieder einmal voll gerecht. Obwohl Max früher als gewöhnlich eintraf, schimpfte der Wirt, dass der Junge zu spät käme, überhäufte ihn mit eiligen Aufträgen und achtete darauf, dass er ständig auf Trab blieb. »Es fehlt bloß noch«, seufzte Max, »dass er mich die Klärgrube leeren lässt.« Ansonsten ließ sich Grozza in keiner Weise anmerken, dass er den Jungen gestern auf dem Schiff erfolgreich ausgetrickst hatte. Es gab keine spöttische Bemerkung, keinen höhnischen Blick oder einschüchterndes Mustern, das sich von dem sonstigen groben Auftreten unterschieden hätte. Max fragte sich schon, ob er sich nicht getäuscht hätte. Vielleicht hatte ihn ein Doppelgänger genarrt. Als er dann aber feststellte, dass Grozza dieselbe Kleidung wie auf dem Schiff trug, verwarf er das. Vermutlich hatte der Wirt die Anwesenheit des Jungen doch nicht bemerkt. Wie hätte das auch geschehen können? Er, Max, hatte sich die ganze Zeit im Hintergrund gehalten und genau darauf geachtet, unsichtbar zu bleiben.

Das Winken bei der Abfahrt hatte also einem anderen gegolten. Mein Gott, das bedeutete, dass die Dokumente doch an der Landungsstelle übergeben worden waren, während Max sich durch die hereinströmenden Passagiere durchkämpfen musste. An Land war der Umschlag dann sogleich in einer Jacke, Tasche oder einem Rucksack verschwunden, sodass nichts mehr davon zu sehen war. Die Übergabe hatte aber stattgefunden. Denn die Hände Grozzas waren leer gewesen, als er mit dem Schiff zurückfuhr.

Nachdem Max doch noch rechtzeitig mit der Arbeit fertig geworden war, stand er gegen Mittag an der Talstation der Schafbergbahn und wartete auf den Zug. Das Wetter war für die Unternehmung optimal. Der Frühnebel hatte sich gelichtet und die Sonne strahlte vom blauen Himmel. Der Junge war bisher noch nie auf dem Schafberg gewesen, obwohl es ein bevorzugtes Ausflugsziel war. Wenn er mit Micha an einem Fall arbeitete, blieb keine Zeit für Touren. Und auch jetzt waren es ja Ermittlungen, die ihn auf den Gipfel hinaufführten.

Max dachte nochmals über seinen Entschluss nach. Es war richtig, dass er dieser Spur nachging. Zigarettenschmuggel und Mädchenhandel hingen zweifellos zusammen. In der Höhle hatten sie ja außer dem Hilferuf auch entwertete Fahrkarten der Schafbergbahn gefunden. Man war sicherlich nicht allein wegen der Aussicht auf den Berg gefahren. Micha lag falsch, wenn er die Nachforschungen dem Zoll und der Polizei überlassen wollte. Dota konnte das nicht helfen, da ihr Hilferuf den Behörden gar nicht bekannt war. Die Suche nach dem Draisinenfahrer durfte auch nicht aufgeschoben werden. Nach der gescheiterten Übergabe der Zigaretten in der Nacht würde der Bursche kein Risiko eingehen und untertauchen, sobald alle Beweismittel beseitigt waren. Die dreiste Aktion in Michas Turm gestern hatte das hinreichend deutlich gemacht.

Es dauerte nicht lange, bis die Bahn, vom Berg kommend, einfuhr. Der Junge staunte. Sie hatte eine richtige Dampflok wie zu Großvaters Zeiten. Mit Zischen und Schnaufen kam sie, große Dampfwolken ausstoßend, rückwärts eingefahren. Sie zog zwei Personenwagen hinter sich her oder besser gesagt, bremste sie ab. Die Wagen waren ebenfalls wie aus dem Museum. Jedes Abteil hatte auf beiden Seiten eine eigene Tür, über Tritte erreichbar, und die Sitzbänke waren aus Holz. Nachdem die Passagiere ausgestiegen waren, wollte Max da zusteigen, wo er stand. Eine Hand hielt ihn zurück. Es war sein Wanderfreund vom Vortag. »Wir gehen besser ans Zugende«, sagte von Telek freundlich. »Bergaufwärts ist das ganz vorn.«

»Sieht man dort vor lauter Dampf etwas?«, fragte Max, während sie dem neuen Ziel zustrebten.

»Freilich! Das ist ja gerade der Clou! Die Lok bleibt da, wo sie jetzt ist, nämlich hinter dem Zug. Bergauf zieht sie nicht, sondern schiebt.

Deshalb hat man vorn eine Sicht wie in einer Seilbahngondel.«

Max war froh über das Zusammentreffen. Der Journalist war weit herumgekommen und konnte fesselnd erzählen. Er würde auch helfen, wenn sich das auf dem Schafberg als notwendig erwies. Dann ging die Fahrt los: Die Bahnstrecke führte steil empor. Kaum vorstellbar, dass die Lok eine solche Steigung bewältigen konnte. Aber sie schaffte es. Es ging ein Ruck durch die Wagen. Große Dampfwolken ausstoßend, setzte sich der Zug in Bewegung. Der Horizont veränderte sich. In einem Meer von Bäumen rauschte eine grüne Welle nach der anderen heran.

Nach einer Weile war Max so weit, dass er Einzelheiten sah. Sie kamen gerade an der Stelle vorbei, an der vorgestern Nacht die Übergabe des Schmuggelguts gescheitert war. Aber, was war das? Vor der Einmündung des Steigs, der zur Schlottermühle hinunterführt, stand der kleine Mann im schwarzen Regenmantel, die Baskenmütze auf dem Kopf. Er hatte gerade die Gleise überquert und schaute nun interessiert auf die vorbeifahrende Bahn. Als er den Jungen erkannte, winkte er. »Ich möchte wissen, woher der kommt«, sagte Max nachdenklich zu seinem Begleiter, der dem Blick gefolgt war.

»Vermutlich vom Aschinger«, sagte von Telek. »Wir fahren gleich daran vorbei. Der Weg über die Schlottermühle wird oft als Abkürzung in den Ort genommen.«

Das könnte die Erklärung dafür sein, dachte Max, warum der Kleine so oft in diesem Teil der Schlucht anzutreffen war. Warum aber hatte er diesen Weg vorletzte Nacht in der falschen Richtung passiert, noch dazu zu einer Stunde, wo andere schon lange schliefen? Hatte er - Höllenhund hin, Höllenhund her! - es doch noch nicht aufgegeben, den Geisterumzügen auf die Spur zu kommen?

Inzwischen passierten sie die Jausenstation, ein aus mehreren Gebäuden bestehendes Anwesen, das auf einer Wiese vor dem nächsten Waldstück lag. Man konnte dort auch übernachten, wie Max erfuhr. Der ideale Ort, wenn man die Umtriebe in der Schlucht beobachten will, dachte er. Vielleicht hatte der Kleine sich deshalb dort einquartiert. Der Junge sah Ausflügler auf Holzbänken vor dem Haupthaus sitzen, während Kinder herumtollten oder sich begeistert mit den Spielgeräten befassten. Ein kleines Mädchen kam gerade auf einem Autoreifen herabgerutscht, der auf einer Rolle über ein Seil lief. Sie jauchzte vor Freude und lachte nur, als der Gummibauch, der ihre Fahrt stoppte, einen Schwall Regenwassers über sie ausgoss. So ähnlich musste Dota aussehen, ging es Max durch den Kopf. Nur dass sie die Freiheit nicht genießen konnte.

»Schau doch, Junge!«, wurde Max aus seinen Gedanken gerissen. Als er sich auf den Zuruf seines Begleiters umdrehte, sah er hinter sich den Wolfgangsee immer kleiner werden, bis er schließlich hinter den Bäumen verschwand. Eine Weile ging es steil durch den grünen Tunnel, wobei die Bahn in Richtung St. Gilgen ausholte und den Berg schräg anschnitt. Später lichtete sich die Bewaldung. Die Bäume wurden kleiner, windschiefer und verschwanden dann ganz. An ihre Stelle traten Fels und Geröll und gaben nochmals den Blick zum See frei, der aus der Waagerechten gerutscht zu sein schien und schräg stand. Nachdem der Zug im geraden Anstieg einen Grad genommen hatte und eine Bergtafel erreichte, hielt er an.

»Sind wir schon da?«, fragte Max.

»Nein«, erwiderte von Telek. »Das ist eine Zwischenstation, die Schafbergalm. Die Bergspitze liegt dort oben.« Er zeigte auf einen Punkt direkt unter dem Himmel. Auf dem kahlen Bergkegel, der sich unwirtlich aus der Hochebene erhob, klebte ein Spielzeughaus. So sah es von unten aus. Wie sollte der Zug diesen Anstieg bewältigen?

Und dann ging es weiter. Die Gleise, die teilweise durch den Felsen gesprengt waren, schnitten in einer Rechtskurve den Kegel seitlich an. Danach hatte man nochmals einen atemberaubenden Blick auf den Wolfgangsee und St. Gilgen, während sich der Zug an steilen, mit Krüppelkiefern bewachsenen Steinformationen vorbeiquälte. Zum Schluss kam nach einem langen Tunnel eine Kehre nach links und dort lag die Bergstation.

Das letzte Stück mussten sie zu Fuss aufsteigen. Von Telek kannte sich aus und spielte den Fremdenführer. Oben angekommen, schauten sie durch Nebelbänke auf das blaue Wasser eines Sees. Es war der Attersee im nächsten Tal. Als sie nach links zur schmalen Seite des Gipfels gingen, erblickten sie den Mondsee und weiter hinten den Fuschlsee. Am Ende der Runde glitzerte der Wolfgangsee friedlich im Sonnenlicht.

Max erinnerte sich, weshalb er heraufgekommen war. Als er sich mit den Worten verabschiedete, dass er noch Nachforschungen anzustellen habe, sah von Telek ihn an. »Sag nur, wenn ich helfen kann«, sagte er aufmunternd. »Du weißt, dass Ermittlungen meine Spezialität sind.« Der Junge musterte die aufrechte Gestalt und blickte in zwei unternehmungslustige Augen. Ein gepflegter kurzgehaltener Backenbart zierte das gut geschnittene Gesicht, dessen bleiche Farbe langsam einer gesunden Bräune wich. Eine kräftige leicht gekrümmte Nase unter dichten Augenbrauen offenbarte Charakter und Durchsetzungskraft. Sein neuer Bekannter flößte in jeder Hinsicht Vertrauen ein. Max nahm deshalb das Angebot dankbar an. »Es darf aber über meine Aktion morgen nichts in der Zeitung stehen«, verlangte er. »Das könnte schlimme Folgen haben.« Das versprach der Journalist. »Ich bin doch im Urlaub«, erklärte er, »und habe nicht vor, daran etwas zu ändern.«

Der Berggipfel bestand aus einem zur Spitze hin abfallenden Dreieck, das zwei Gebäuden Platz bot. Die beiden suchten zunächst die ›Schutzhütte zur Himmelspforte‹ auf, die unmittelbar vor dem Steilabfall zum Mondsee stand. Max hoffte, den Draisinenfahrer wiederzuerkennen. Er hatte ihn im Licht des Suchscheinwerfers gesehen und auch sprechen gehört. Das musste eigentlich reichen. Im Gastraum saßen ein paar Leute an Holztischen vor Fenstern, aus denen man auf den See hinunterblicken konnte. Eine Holztür auf der linken Seite führte in eine kleine Stube mit einem Tellerbord und einem Kanonenofen.

Als sie wieder vor der Gaststätte standen, fragte von Telek, was sie denn suchen würden. »Einen Zigarettenverkaufsstand«, erwiderte Max. Er erinnerte sich zu spät daran, dass sein Begleiter die Äußerung sicherlich mit dem gestrigen Gespräch in Verbindung brachte. Der äußerte sich nicht dazu. Ein kurzes Aufblitzen der Augen zeigte aber, dass er sich einen Reim darauf machen konnte. »Der ist draußen. Wir sind daran vorbeigekommen.« Als sie zu dem Stand zurückkehrten, sah Max, dass der Verkäufer ein Einheimischer war, also sicher nicht der Draisinenfahrer.

Auf Vorschlag von Teleks gingen sie zum Schafberghotel hinüber, wo es noch einen Kiosk gab. Doch auch dort wartete eine Enttäuschung. Es bediente ebenfalls ein waschechter Österreicher. Max war ratlos. Sollte er hier oben kein Glück haben?! Vielleicht musste er es auf der Schafbergalm versuchen, wo es auch Gastronomie gab. Er wollte sich schon zum Gehen wenden, als von Telek den Verkäufer fragte, ob er einen Kollegen habe, der aus Rumänien komme. Der Österreicher lachte breit: »Ach, den Basi meint's. Der fuchst sich heuer nimmer. Der hat heut' früh den Krempel hing'schmissen und es mächtig eilig gehabt. Ich glaube nicht, dass er noch hier ist!«

Sie waren also zu spät gekommen! Max hatte so etwas schon befürchtet. Aber nachsehen musste man trotzdem. Die beiden stiegen die Stufen zu dem mit Schiefer verkleideten Hauptgebäude hinauf und schauten in den rechten Gastraum. Er war riesengroß, ringsherum mit Holz vertäfelt und mit Panoramafenstern versehen, aus denen man zum Wolfgangsee hinunterschauen konnte. Obwohl das schöne Wetter zum Draußensitzen einlud, war der Saal gut besetzt. Von Telek wartete an der Tür. Max ging hinein und ließ den Blick über die Gäste schweifen, die in sommerlicher Kleidung durcheinander redeten. Er konnte den Rumänen aber nicht entdecken.

Enttäuscht wollte er sich zum Gehen wenden, als er hinter sich eine gutturale Stimme vernahm, die ihm bekannt vorkam. Jemand redete in einer fremden Sprache heftig auf einen anderen ein. Der Junge drehte sich um und erblickte einen großen, kräftigen Kerl mit dichtem krausem Haar, groben Gesichtszügen und olivbrauner Haut. Er erkannte ihn sofort wieder: Es war der Bursche, der vorletzte Nacht die Draisine gesteuert hatte. Er debattierte gerade mit einem kleinen Kerl mit spitzer Nase und gelocktem schwarzen Haar, offenbar einem Landsmann von ihm. Sie hatten eine Handzeichnung vor sich auf dem Tisch liegen, auf der der Riese dem anderen etwas lautstark erklärte.

Als ›Basi‹ bemerkte, dass der Junge ihn musterte, wurde er unruhig. Schließlich erhob er sich und fragte unwirsch: »Was starrst du!? ... Willst was?« Dabei funkelten seine schwarzen Augen bedrohlich.

Max wusste, wo seine Chance lag. »Ich suche Basi. Habe eine Nachricht für ihn!«, flüsterte er verschwörerisch.

»So«, erwiderte der andere misstrauisch, und vergewisserte sich, dass sie keine Zuhörer hatten. »Vielleicht hast gefunden, vielleicht auch nicht. Kommt an, was ist Nachricht und kommt von wem.«

»Von Scharosch' Nachfolger«, antwortete Max, wobei er die Losung verwendete, die Zigahn vorletzte Nacht dem Draisinefahrer gegeben hatte. »Es ist wichtig!«

Basi warf nochmals einen Blick hinter sich und zog dann den Jungen in eine Ecke, wo man ungestörter sprechen konnte. »Dann sag Nachricht, ich nix hab Zeit«

»Der neue Mann will wissen, wohin die nächste Lieferung gehen soll. Wieder hier herauf?«

»*Oh, in nici un caz* ... auf keinen Fall! *Este periculos prea mult* ... zu viel gefährlich!« äußerte Basi ängstlich, wobei er unruhig herumblickte. »Soll liefern an Bolliac, *in fortareata* ... Festung Salzburg!«

Max wusste, dass man den Bogen nicht überspannen durfte, versuchte aber doch, den Rumänen zu überrumpeln, indem er alles auf eine Karte setzte: »Wo ist das Mädchen aus der Höhle?«, fragte er. Er merkte sogleich, dass dies ein Fehler gewesen war. In Basis Augen blinkten Warnlampen auf. »*Nu interleg nimic* ... nix verstehen!«, murmelte er. Dann setzte er noch hastig »Kein Zeit!« hinzu und wandte sich zum Ausgang. Es half nichts, dass der Junge »Halt!« rief und ihm folgte. Das führte nur dazu, dass Basi schneller wurde und fluchtartig das Gebäude verließ.

Als Max den Ausgang erreichte, sah er, wie der Rumäne den Berg hinuntereilte. Der Junge war nicht bereit, den Schmuggler entkommen zu lassen. Es wurmte ihn immer noch, dass sie gestern Zigahn nicht an der Flucht gehindert hatten. So nahm er die Verfolgung auf, ohne sich die Zeit zu nehmen, dem Journalisten mehr als einen Blick zuzuwerfen. Basi war schon ein ganzes Stück voraus. Er hatte die Schienen des Bergbahnhofes überquert und verschwand gerade hinter der jenseitigen Böschung. Max folgte ihm entschlossen, wobei er keinen Gedanken daran verschwendete, ob er den steilen Abstieg in diesem Tempo bewältigen konnte. Er konzentrierte sich ganz auf den Weg, der in Spitzkehren den steilen Bergkegel hinunterführte.

Der Rumäne lief, seine Kräfte einteilend, mit ruhigen gleichmäßigen Sprüngen. Er achtete genau darauf, wohin er seine Füße setzte. Und war trotz aller Eile darauf bedacht, kein Risiko einzugehen. Max konnte es ihm nicht gleichtun. Obwohl er für sein Alter groß war, hatten seine Beine längst nicht die Reichweite des vor ihm eilenden Riesen. Er musste für jeden Satz, den Basi tat, zwei kleine machen. Der Atem wurde bald knapp und der Schweiß lief in Strömen. Dabei war erst ein kleines Stück vom Abstieg geschafft. Als der Junge kurz nach unten schaute, bemerkte er, dass sie sich noch hoch am Berggipfel befanden.

Langsam sah er ein, dass sein Entschluss falsch gewesen war. Der Abstieg im Eiltempo war viel beschwerlicher, als er erwartet hatte. Schon jetzt taten ihm alle Glieder weh. Aber zum Umkehren war es zu spät. Außerdem wollte er keinesfalls die Chance verpassen, den Flüchtigen zu stellen. Also sprang er weiter, von Fels zu Fels, von Kehre zu Kehre. Wie viele davon hatte er bereits hinter sich gebracht? Er konnte sie nicht mehr zählen. Für ihn war nur noch wichtig, dem Vordermann auf den Fersen zu bleiben.

Als Basi merkte, dass der Verfolger so nicht abzuschütteln war, wechselte er auf einen Steig, der wieder emporführte. Wie eine Gemse kletterte er die Felsvorsprünge hinauf, wobei man ihm keine Erschöpfung anmerkte. Max riss sich zusammen und setzte die Hetze auf dem neuen Pfad verbissen fort. Doch die Rechnung des Rumänen ging auf: War der Junge schon mit dem Abstieg überfordert gewesen, der erneute Aufstieg ging endgültig über seine Kräfte. Er fing zu taumeln an und musste immer wieder anhalten, um Luft zu holen. Dabei wurde er langsamer und langsamer. Die Oberschenkel verkrampften sich mit jedem neuen Schritt zu einem stechenden Schmerz. Die Beine zitterten und drohten, ihren Dienst zu versagen.

Aber Max war zu erschöpft, um etwas anderes zu machen als weiterzuklettern. Er konzentrierte sich darauf, ein Bein vor das andere zu setzen, und sah nichts als Felsstufen und Vorsprünge, die ihn bald rechts, bald links über den Berg führten. Er hatte das Denken ganz ausgeschaltet und war nur noch Körper, der sich vorwärts quälte. Wie ein Roboter vollzog er - schwankend und strauchelnd - das eingegebene Programm, zu einer Änderung nicht fähig: Das linke Bein hochsetzen, das Gewicht auf den Oberschenkel bringen, das rechte Bein nachziehen, Gewicht nach rechts verlagern und das Ganze von vorn. Er hatte aufgehört zu schwitzen, weil der Körper bereits ausgetrocknet war. Stattdessen wurde ihm heiß und heißer und der Abstand zu dem Verfolgten immer größer, bis Basi oben an einer Felskante aus dem Blickfeld entschwand.

Schwankend und taumelnd, sich mit letzter Kraft dahinschleppend, bemerkte Max das nicht einmal. Er war sich nicht sicher, ob er noch wusste, was er tat. Als er ächzend und stöhnend, dem Zusammenbruch nahe, den Felsgrat erreichte, hielt er inne. Er befand sich an einem Steilabfall, an dem der Felsen senkrecht in die Tiefe stürzte. Keuchend, nach

Luft ringend und am ganzen Körper zitternd, stand er da. Das Herz pochte wie ein Hammer, der Puls raste und in den Ohren klopfte es, als wolle der Kopf zerspringen. Sein überhitzter Körper war wie ein Dampfkessel, der gleich explodieren würde.

Am liebsten hätte Max sich auf den Boden fallen lassen und wäre für immer liegen geblieben. Wenn er irgendwie noch gehofft hatte, den flüchtigen Rumänen einzuholen, war jetzt der Zeitpunkt gekommen, es endgültig zu begraben. Er realisierte auch nicht, wie gefährlich es war, am Abgrund zu verharren. Wahrnehmung und Denken waren abgeschaltet, solange der Organismus noch darum rang, seine Grundfunktionen zu normalisieren.

Aber irgendwas im Unterbewusstsein, eine vom Gehirn unabhängige Gefahrenzentrale, arbeitete noch. Vielleicht war es ein Urinstinkt, der noch aus der Vorzeit stammt, als die Menschen auf Bäumen saßen und tausend Gefahren ausgesetzt waren. Auf das Geräusch rollender Steine reagierte er blitzschnell. Oder war es die totale Erschöpfung, die den Jungen zu Boden zwang? Er fiel, wie vom Blitz getroffen, seitwärts auf den Felsen.

Im selben Moment begann das Gehirn wieder zu arbeiten. Er sah, wie eine Gestalt auf die Stelle zustürzte, an der er gerade gestanden hatte, dort nicht mehr anhalten konnte, weil sie den erwarteten Widerstand nicht fand, und mit einem Schrei kopfüber in den Abgrund stürzte. Max wälzte sich zum Rand hin und musste mit ansehen, wie der Körper unten aufschlug und mit verrenkten Gliedern liegen blieb.

Er brauchte eine ganze Weile, bis er die Dinge richtig einordnen konnte. Dann begriff er: Der Mann, der sich gerade zu Tode gestürzt hatte, war Basi! Der Rumäne hatte sich hinter den Krüppelkiefern versteckt gehalten und hier das Ende gefunden, das er seinem Verfolger zugedacht hatte. Basis Plan war perfekt gewesen. Wenn er funktioniert hätte, läge jetzt ein zerschmetterter Tourist in der Tiefe, ohne dass jemand Verdacht schöpfen würde, dass es nicht Ortsunkundigkeit, Unerfahrenheit und falscher Wagemut gewesen waren, die zum Absturz geführt hatten.

Kapitel 13: Hochwasser

Max hatte bisher nicht gewusst, wie viele Muskeln ein Mensch besaß: Jetzt konnte er sie einzeln zählen!

Der Samstagmorgen sah ihn wieder auf dem Weg zur Schlottermühle. Er war nicht nur körperlich am Ende, sondern auch seelisch. Schließlich ging der Tod eines Menschen auf sein Konto. Da war es kein Trost, dass Basi nur das widerfahren war, was er einem anderen zugedacht hatte. Die Dinge waren wieder einmal völlig aus dem Ruder gelaufen. Es war purer Leichtsinn gewesen, die Verfolgung allein aufzunehmen. Was hätte er schon gegen den körperlich überlegenen Rumänen ausrichten können? So war eine Katastrophe vorprogrammiert. Er konnte froh sein, mit heiler Haut davongekommen zu sein. Und der Sache hatte es auch nicht gedient. Mit dem Ende Basis war die Spur auf den Schafberg tot.

Wenigstens hatte es keine Schwierigkeiten mit den Behörden gegeben. Es war Glück im Unglück, dass von Telek nachgekommen war und sich seiner angenommen hatte. Mit ihm hatte er einen Zeugen, der bestätigen konnte, dass ihn keine Schuld traf. Er hatte dankbar zugelassen, dass sein Begleiter die Formalitäten für ihn erledigte. Die amtliche Nachprüfung hatte die Vermutungen des Jungen bestätigt. Basi, dessen voller Name Popa Basarab lautete, kam aus Rumänien und hielt sich illegal in Österreich auf. Er hatte seine Aushilfstätigkeit im Schafberghotel erst vor einigen Monaten aufgenommen und mit der geschmuggelten Ware ohne Wissen und Billigung des Gastwirts auf eigene Rechnung gearbeitet. Die Draisine hatte er unberechtigt aus dem Depot der Bahn entnommen.

Das alles ging Max durch den Kopf, als er sich mit Schmerzen am ganzen Körper den steilen Pfad zur Schlottermühle hinunterquälte. Der Weg war durch umgestürzte Baumstämme sowie herabgefallene Äste versperrt, über die er klettern musste. Es waren die Auswirkungen eines Unwetters, das in der Nacht stundenlang getobt hatte. Der Bach führte

Hochwasser und war dabei, über die Ufer zu treten. Holz und entwurzelte Bäume kamen in den brodelnden Fluten heruntergetrieben.

Das Haus war menschenleer. Weder in der Gaststube noch in der Küche oder in den hinteren Räumen war jemand zu sehen. Sogar Donka glänzte durch Abwesenheit. Max atmete auf. Es war keine Frage: Das Tier machte ihm am meisten zu schaffen. Hinter ihm trat sogar der grobe Gastwirt zurück. Wann immer der Junge seinen Fuß in den Flur setzte, war sein Bewacher zur Stelle. Es war schon unheimlich, wie er alles strikt befolgte, was ihm aufgetragen wurde. Es hieß zwar, dass Hunde nicht die Bedeutung der Worte verstehen, sondern sich nach ihrem Klang richten. Das war aber, was Donka betraf, schwer zu glauben. Er reagierte auf jeden Satz, auch wenn er nicht von seinem Herrn kam. Der verständigte sich mit ihm meistens wortlos. Ein Blick oder eine entsprechende Geste reichten schon. Es schien tatsächlich so, als wenn der Hund telepathische Fähigkeiten besaß. Also doch ... ein Wesen aus der Hölle? Max schauderte.

Die pausenlose Überwachung hatte bisher jede Nachforschung im Hause verhindert. Seine Versuche, sich mit dem Tier anzufreunden, waren erfolglos geblieben. Donka zeigte sich so unnahbar und unzugänglich wie sein Herr. Mit einem Schmäh, den Micha empfohlen hatte, war bei ihm nichts zu erreichen. Die Bockwurst, die Max zur Bestechung mitgebracht hatte, war von ihm keines Blickes gewürdigt worden. Jeder Versuch in dieser Richtung war zwecklos. Das Tier war unbestechlich.

Inzwischen war Max klar geworden, wo sich die Bewohner der Mühle aufhielten. Sie waren draußen gegen das Hochwasser im Einsatz. Der Junge wollte gerade zu Hilfe eilen, als ihm einfiel, dass er jetzt ungehindert die Räume im Obergeschoss untersuchen konnte. Das war die lang erwartete Gelegenheit, die so rasch nicht wiederkehren würde. Er musste sie nutzen. Dazu war er doch hier! Max eilte die Holztreppe empor. Oben inspizierte er zunächst die Räume im vorderen Teil des Hauses. Sie grenzten an einen langen Flur, der nur durch ein Fenster im Treppenhaus erhellt wurde. Es handelte sich um Gastzimmer, die tatsächlich zurzeit leer standen. Eines war verschlossen. Wahrscheinlich gehörte es Kelling.

Im hinteren Teil des Hauses lagen die Privaträume des Wirtes. Sie hatten eine eigene Tür, die jetzt aber offen stand. Da hatte man es wohl sehr eilig gehabt, dachte Max. Er ließ die Tür geöffnet, damit er merkte, falls jemand zurückkehrte. Das Zimmer zur rechten Hand hatte eine geblümte Tapete und geraffte Gardinen an den Fenstern, die zu der dem Bach abgewandten Schluchtseite hinausgingen. Die mustergültige Ordnung zeigte, das hier Theresa Schrempp wohnte. Das Zimmer gegenüber war bescheidener möbliert und gehörte Ivy, wie aus der herumliegenden Kleidung zu ersehen war. An der Rückwand des Hauses lagen zwei mit einander verbundene Räume, die Ausblick nach beiden Seiten gewährten. Sie waren mit antiken Möbeln ausgestattet. Neben einem alten Kachelofen und einem geschwungenen Biedermeiersofa fiel im Wohnraum ein schöner Sekretär aus mehrfarbigem Nussbaumholz ins Auge. Das war zweifellos Grozzas Reich.

Max öffnete die Schreibklappe und sah flüchtig die Fächer durch. Ein grauer Hefter erregte seine Aufmerksamkeit. Er enthielt eine Sammlung loser Seiten, die wohl die Buchhaltung darstellte. Eine Fülle unbezahlter Rechnungen und Mahnungen zeigten, dass das Geschäft nicht gut lief. Vermutlich diente der Gastbetrieb nur zur Tarnung des Schmuggels. Es traf wohl zu, dass der Wirt bei der Flucht aus seiner Heimat alles zurücklassen musste. Denn so gut wie nichts erinnerte daran. Schließlich fand sich doch noch eine verblichene Fotografie, die einen Mann zeigte, der ein kleines Mädchen auf ein Pony setzte. Grozza und Ivy? Die Aufnahme musste vor Jahren bei einem Besuch Ivys in Rumänien entstanden sein. Im Hintergrund war ein hochherrschaftliches Gebäude zu sehen. Es war also richtig, dass der Wirt ein bedeutender Mann gewesen war. Schade, dass man nicht mehr darüber wusste.

Der Junge wusste, dass er zum Ende kommen musste. Aber er fühlte, dass dies nicht alles gewesen sein konnte: Alte Sekretäre, die so kunstvoll gearbeitet waren, hatten manchmal ein Geheimfach. Er begann aufs Geratewohl Schubfächer und Griffe zu bewegen, ohne damit etwas zu erreichen. Schließlich versuchte er es mit koordinierten Bewegungen beider Hände. »Da wird der Hund in der Pfanne verrückt!«, entfuhr es ihm plötzlich. Nach einigem Herumprobieren hatte er zwei kleine Schubladen gleichzeitig aufgezogen, die rechts und links der Schreibklappe angebracht waren. Wie von Zauberhand gelenkt, sprang ein Fach in der Rückwand auf. Es enthielt ein Couvert mit der Aufschrift: »Von meinem Erben zu öffnen.« Letzteres war bereits geschehen. Das Siegel war erbrochen und der Umschlag aufgemacht worden. Das oberste Schreiben lautete:

»Mein lieber Neffe!
Nur für dich ist der Inhalt dieses Briefs bestimmt, der dich in Geheimnisse einführt, die bereits jahrhundertelang im Besitz unserer Familie sind.
Nicht immer ist davon der richtige Gebrauch gemacht worden. Einige unserer Vorfahren hatten ihre eigene Vorstellung von dem, was Recht und Unrecht ist.
Entscheide selbst, was du mit dem Wissen anfängst, das ich dir weitergebe und du später deinen Erben übermitteln sollst. Ich hoffe, dass dies zu deinem Besten geschieht.
Die Hinweise sind zu ihrem Schutz verschlüsselt.
Dein dich liebender Onkel

Mit vor Aufregung zitternden Händen zog Max ein altes Pergament aus dem Umschlag hervor, auf dem folgende Verse standen:

> *Das uralt Haus, an Jahren reich,*
> *birgt ein Geheimnis, hör jetzt gleich:*
> *Es liegt in seiner Mauern Tiefe*
> *so gut, als wenn es da noch schliefe,*
> *ein Versteck für Zeiten Not,*
> *wenn andre wünschen, du seist tot.*
>
> *Den Zugang birgt, klug ausgedacht,*
> *ein etwas, das dir Freude macht:*
> *Es dienet dir, tagaus, tagein,*
> *ohn´ müde jemals nur zu sein.*
> *Es stehet dort, was halb gelogen,*
> *wo Kugel kommt hoch angeflogen.*
>
> *Falls Du´s nicht findest von allein,*
> *so will ich dir behilflich sein:*
> *Den Raum, der ward zum Abgang dann,*
> *man anderswo nicht finden kann.*

Wo Platz wird heimlich abgezweigt,
sich dies woanders sichtbar zeigt.

Ein Mechanismus, habe Acht,
öffnet den Zutritt mit Bedacht:
Er ist verborgen gar nicht schwer,
wo täglich geht dein Fuß einher.
Ein Freund, der lebt in dunkler Nacht,
für dich die Arbeit gänzlich macht.

Wow! Es war, als wenn Ostern und Weihnachten zusammenfielen! So was hatte er gesucht! Es entschädigte für manches. Aber Achtung: Er durfte den Zettel natürlich nicht mitnehmen. Sonst wusste man, dass das Geheimnis entdeckt worden war. Es blieb also nur die Möglichkeit, eine Abschrift anzufertigen. Papier und Bleistift lagen im Sekretär. Er machte sich sogleich an die Arbeit.

Als er damit fertig war, sah er die restlichen Papiere aus dem Umschlag durch. Er fand noch eine Katasterkarte von der Schlottermühle. An der Stelle, wo sich der hintere Wasserfall befand und Micha die Höhle entdeckt hatte, war ein rotes Kreuz eingezeichnet. Hinter der Karte lag ein Papier, das wohl noch weitere Anweisungen enthielt. Bevor Max es sich ansehen konnte, hörte er seinen Namen rufen. Unten wurde nach ihm gesucht. Mit einem Fluch schob er die Papiere hastig wieder in den Umschlag zurück. Dann schloss er Geheimfach und Sekretär und huschte hinaus.

Er hatte sich nicht getäuscht. Ein Mann rief laut und energisch nach ihm und kam jetzt die Treppe hinaufgestiegen. Einen Moment überlegte Max, ob er sich in einem Fremdenzimmer verbergen sollte. Zum Glück fiel ihm noch rechtzeitig ein, dass er seine Jacke im Flur aufgehängt hatte. Seine Anwesenheit war also bekannt. Er trat deshalb die Flucht nach vorn an und eilte die Stufen hinab. Das ging gerade noch einmal gut. Der Rufer befand sich bereits auf dem oberen Teil der Treppe. Es war gottlob nicht der Wirt, wie Max befürchtet hatte, sondern Kelling, der mitgenommen wirkte und einen seltsamen Anblick bot. In der rechten Hand hielt er eine Axt und in der linken einen großen eisernen Haken, wie ihn die Flößer zum Einfangen der Stämme verwenden.

Sein Haar hing zerzaust im Gesicht und seine Wangen waren zerkratzt.

Ohne auf die verräterische Situation einzugehen, in der er den Jungen vorfand, rief er nur ärgerlich: »Wo bleibst du? Wir benötigen deine Hilfe!« Während sie die Treppe hinuntergingen, erklärte er die Lage. Der Wirt, Theresa und Makkai waren mit Ivy weiter oben am Bachlauf tätig, um eine Stauung zu beseitigen. Kelling hatte geholfen und war jetzt zur Mühle zurückgeschickt worden, um zu verhindern, dass das Holz hier ein neues Hindernis aufbaute. Das hatte er aber, wie er beklagte, allein nicht geschafft.

Als sie das Haus verlassen wollten, hörten sie aus der Gaststube ein Geräusch. Vor dem Tresen, mit dem Rücken zur Tür, saß der kleine Mann mit Regenmantel und Baskenmütze, dem die Jungen schon zweimal begegnet waren. Als sie sich bemerkbar machten, erschrak er. Nur ein rascher Zugriff verhinderte, dass er vom Hocker fiel. »Eine Tasse Kakao und zwei Honigbrötchen, bitte«, äußerte er unbekümmert, als sei es selbstverständlich, trotz der Naturkatastrophe bedient zu werden.

»Darauf werden Sie wohl verzichten müssen!«, sagte Kelling grob, dem die Liebenswürdigkeit abhanden gekommen zu sein schien. »Der Betrieb ist wegen des Hochwassers geschlossen. Sie würden gut daran tun, sich davonzumachen, bevor Sie ertrinken.«

»Ich merke schon, dass ich fehl am Platz bin. Auf ein Bad am frühen Morgen habe ich in der Tat keine Lust.« Mit diesen Worten verließ der Kleine das Haus, nicht ohne Max freundlich zugewinkt zu haben.

Der hatte den Zwischenfall dazu benutzt, die Abschrift in seine Jacke zu stecken, die im Flur hing. Er wollte nicht riskieren, dass sie mit dem Wasser in Berührung kam.

»Kennst du den Burschen?«, fragte Kelling, während sie nach draußen traten. »Ich wette, er wollte spionieren.«

Max hielt es für besser, seine Erlebnisse mit dem Kleinen nicht zu erzählen. Inzwischen waren sie draußen angekommen, wo der Pfad neben dem Haus bereits unter Wasser stand. Das Schwemmholz hatte einen Damm gebildet, an dem sich jetzt das Wasser staute. Die Stämme wurden vom Wasser mit großer Kraft aufeinander gepresst, sodass sie sich nur schwer aus der Verbindung reißen ließen. »Wir müssen die Stauung in der Mitte lösen!«, sagte der Geologe, wobei er Mühe hatte, das Getöse der Strömung zu übertönen. »Dann erledigt die Flut den Rest.

Meinst du, dass du hinauskommst?« Das war keine Aufgabe, nach der Max sich drängte. Er sah aber ein, dass es nicht anders ging. Wie ein Seiltänzer setzte er Fuß vor Fuß und ließ sich auch dadurch nicht beirren, dass seine Schuhe überspült wurden. Rechts von der Mitte machte er Halt.

»Jetzt Sie!«, rief er zu dem am Ufer stehenden Geologen. »Gemeinsam können wir mehr ausrichten.« Kelling zögerte. Als Urheber des Plans musste er aber dem Beispiel des Jungen folgen. Ungeschickt turnte er über den Damm auf den Bach hinaus. Schließlich nahm er links von der Mitte Aufstellung. Gemeinsam schlugen sie ihre Haken in den vordersten Stamm. Von beiden Seiten aus der Verankerung gerissen, löste sich der Baum, drehte längsseits und wurde über den Rand des Wehrs davongetragen. Ein zweiter Stamm erlitt das gleiche Schicksal. Dadurch kam Bewegung in die Barriere. Das Wasser war dabei, den Rest der Arbeit allein zu verrichten. »Es klappt«, rief Max freudestrahlend. »Jetzt rasch an Land!«

Er wandte sich dem jenseitigen Ufer zu, das für ihn besser zu erreichen war. Da erklang ein Warnruf von hinten, dem ein Stoss folgte. Der Junge tauchte jenseits der Sperre in den Bach ein. Als er zurückschaute, sah er, wie auf die Stelle, an der er eben noch gestanden hatte, ein Stamm aufschlug, der vom Abhang herabgestürzt kam. Kelling hatte noch rechtzeitig eingegriffen. Damit hatte Max allerdings nur ein Übel gegen das andere getauscht.

Gerade jetzt brach der Damm. Die aufgestaute Flut erfasste den Jungen und trug ihn auf den Wasserfall zu, der jenseits der Brücke in die Tiefe stürzte. Max versuchte vergeblich, sich aus den Fluten zu befreien. Von Baumstämmen eingekeilt, war dies nicht möglich. So trieb er wehrlos dem Bachabsturz entgegen. Das war das Ende! Ihm schoss durch den Kopf, dass Micha scherzhaft davon abgeraten hatte, dort hinunterzufallen, da man das schlecht überleben würde. Das Beispiel des Holzknechts, der auf diese Weise zu Tode gekommen war, hatte er vor Augen. Jetzt war es wohl für ihn so weit. Viel Zeit bis zum Sturz in die Tiefe blieb nicht mehr. Es fehlten nur noch wenige Meter. Wenn Rettung kommen sollte, musste das jetzt sein.

Da tauchte ein Seilende auf, das ihm von der Brücke aus zugeworfen worden war. Er befand sich schon in der Woge, die über die Klippe in die Tiefe donnerte, als er es buchstäblich in letzter Sekunde noch zu fassen bekam. Ein Kampf zwischen der Gewalt des Baches und der Menschenkraft begann. Lange Zeit war der Ausgang ungewiss. Aber der unbekannte Helfer gab nicht nach. Stück für Stück wurde Max zurückgezogen, bis er sich schließlich am Pfeiler der Brücke festhalten konnte.

Als er erschöpft nach oben blickte, erwartete ihn eine Überraschung. Sein Retter war jemand, mit dessen Eingreifen er am wenigsten rechnen konnte. Auf dem Holzsteg stand, am Ende ihrer Kraft und völlig aufgelöst, Ivy. Sie schrie: »Halt aus! Ich hole Hilfe!«, während sie das Seil am Geländer festband. Auf ihre Rufe kam Kelling mit triefenden Kleidern herbeigeeilt. Er hatte, wie Max später erfuhr, dem Baum nur dadurch ausweichen können, dass er sich rückwärts ins Wasser fallen ließ. In dem gestauten Teil des Baches konnte er sich am Holz festhalten und aus eigener Kraft das Ufer erreichen.

Gemeinsam gelang es den beiden, Max mit dem Seil auf die Brücke zu ziehen. »Das ist noch einmal gut gegangen!«, seufzte Kelling erleichtert. Dann bemühte er sich darum, dem Jungen die braune Brühe aus dem Leib zu pressen. Es dauerte lange, bis der sich einigermaßen erholt hatte. Ivy hatte ihn in eine Decke gehüllt und kümmerte sich rührend um ihn. Am ganzen Körper geprellt und geschunden, bot er alles andere als einen schönen Anblick. Als sie einen Moment unbeobachtet waren, umarmte sie ihn stumm. Dabei kamen ihr Tränen in die Augen.

Max war so geschwächt, dass er sich nicht einmal für seine Rettung bedanken konnte. So erwiderte er nur den Druck und fühlte sich auf einmal sicher und geborgen.

Kapitel 14: Ein nächtliches Rendezvous

Es sieht so aus, als könnte ich nicht genug kriegen! Max verzog das Gesicht. Die Nacht sah ihn schon wieder an der Stelle, wo er am Vormittag beinahe den Löffel abgegeben hätte. Er war aber nicht lebensmüde. Nein! Es waren besondere Umstände, die ihn zwangen, zur Mitternacht wieder an den Ort des Schreckens zurückzukehren.

Es hatte lange gedauert, bis er sich so weit erholt hatte, dass er die Mühle verlassen konnte. Kelling hatte ihm trockene Kleidung ausgeborgt und sich erboten, ihn mit dem Wagen heimzubringen. Das hatte er aber abgelehnt. Es hätte nur seine Eltern erschreckt und unnötiges Aufsehen erregt. Als er sich von Ivy verabschiedete, hatte sie ihm die Hand gedrückt und zugeflüstert: »Heute Nacht um zwölf hinter dem Haus!« Obwohl der Junge in denkbar schlechter Verfassung war, hatte er keinen Augenblick gezögert zu kommen. Das war die Chance, das verpatzte Gespräch beim Fischen wiedergutzumachen. Die Todesgefahr und sein Mitleid erregender Anblick mochten dazu beitragen, das Eis zu brechen. Oder war es mehr? Er dachte immer noch an die Umarmung und den Händedruck beim Abschied, die nichts oder vieles versprachen.

Trotzdem sah er dem Stelldichein nicht ohne Sorge entgegen. Zu der freudigen Erwartung, die ihn ergriffen hatte, gesellte sich ein ungutes Gefühl. Nicht, dass er Angst hatte, von Ivy in eine Falle gelockt zu werden. Den Verdacht, dass sie an dem Überfall auf Michas Turm beteiligt gewesen sein könnte, hatte er fallen gelassen. Wenn das Mädchen zu der Bande gehörte, hätte sie ihn wohl kaum vor dem Ertrinken gerettet. Es war aber gefährlich, sich des Nachts allein zur Mühle zu begeben. Schließlich wusste man, dass er Basarab auf dem Gewissen hatte.

Jetzt saß Max zu der verabredeten Zeit hinter den Gebäuden, in den Schatten der Mauern gedrückt, und sah auf das glitzernde Wasser, das wieder in sein Bett zurückgekehrt war. Er brauchte nicht lange zu warten. Pünktlich um Mitternacht huschte eine Gestalt in einem grauen

Umhang herbei. Als er ihr entgegentrat, sank sie an seine Brust und flüsterte: »Ich hatte solche Angst: Um ein Haar wäre es vorbei gewesen!«

»Du sagst es!« Max drückte Ivy dankbar an sich. »Das Seil kam keine Sekunde zu früh. Sieht so aus, als stünde ich schwer in deiner Schuld.«

»Du hättest für mich doch das gleiche getan«, erwiderte sie verlegen. Die alte Vertrautheit war wieder da.

»Wie kommt es, dass du rechtzeitig zur Stelle warst?« Max schaute gespannt. Darüber hatte er lange nachgedacht.

Das Mädchen machte sich errötend los: »Ich war zurückgekommen, um nach dir zu sehen ... Ich hatte so eine Ahnung, dass dir was zustoßen könnte.«

»Nanu!«, äußerte Max überrascht. »Wieso denn?«

»Weil du dich nach dem, was du mir anvertraut hast, um Sachen kümmerst, die dich nichts angehen sollten.«

»Dann glaubst du mir jetzt?« Max Herz schlug schneller.

Sie nickte verlegen: »Als ich darüber nachdachte, fiel mir manches ein. Ich hatte dem keine große Bedeutung zugemessen, sehe das aber jetzt mit anderen Augen.«

»Was denn?«, drängte Max. »Nun erzähl´ schon!«

Ivy setzte sich auf einen Stein und drückte sich zum Schutz gegen die Kühle der Nacht an die Hauswand. Max nahm neben ihr Platz und ergriff ihre Hand. »Seit einiger Zeit kommen nachts Ausländer aus dem Osten«, begann sie. »Wenn ich morgens nachfrage, heißt es meist, der Gast sei schon wieder abgereist. Und mein Onkel hat Sorgen. Seine Stimmung wird von Tag zu Tag gereizter. Es ist noch nicht lange her, dass ich hörte, wie er zu Theresa sagte, den Schlamassel habe er dem ›Conducator‹ zu verdanken. Es werde noch damit enden, dass er - also der Onkel - auch die neue Existenz verliere.«

»Weißt du, wer der Conducator ist?«, unterbrach Max.

»Nein! Ich hatte diesen Namen bis dahin noch nicht gehört. Allerdings habe ich einige Zeit danach unseren Kellner Scharosch überrascht, wie er eine Nachricht las, die so unterzeichnet war. Er hat sich sehr darüber aufgeregt. ›Er schreibt, er dulde keinen Ungehorsam‹, murmelte er. Als ich ihn fragte, was los sei, erwiderte er unwillig, ich solle nicht so neugierig sein. Gleich darauf tat es ihm leid, dass er mich so angefahren hatte. Er fügte deshalb leise hinzu: ›Bete, Mädchen, dass du diesen

Teufel nie kennen lernst. Wer sich ihm widersetzt, kann sein Testament machen!‹«

Ivy brach ab, um zu sehen, wie Max ihren Bericht aufnahm. Dann sagte sie mit einer Stimme, in der Furcht und böse Vorahnung mitschwangen: »Inzwischen glaube ich, dass der Conducator hinter all den schlimmen Dingen steckt, die hier passieren. Er wird Unglück über uns alle bringen! ... Scharosch´ Schicksal beweist es!«

»Dann meinst du, sein Verschwinden hat damit zu tun?«

»Was sonst? Der Conducator hat etwas von ihm verlangt, und als er es nicht tun wollte, ist er verschwunden. Er ist sicher für den Ungehorsam bestraft worden!« Ivy brach ab und konnte die Tränen nicht unterdrücken.

Als sie sich wieder etwas beruhigt hatte, fuhr sie fort: »Ich habe im Übrigen noch etwas gehört, das in die gleiche Richtung weist. Kurz bevor Scharosch verschwand, wachte ich nachts durch Stimmen auf, die vom Bach durch das geöffnete Fenster heraufdrangen. Ich sah, dass es zwei Männer waren. Einer von ihnen, ein kleiner, sprach nur gebrochen deutsch und wurde mit Goga angesprochen. Er sagte, er hätte neue Ware gebracht. Der andere ...«

»Hast du gesehen, wer das war?«, unterbrach Max.

Das Mädchen schüttelte den Kopf: »Er kehrte mir den Rücken zu. Aber es schien jemand aus der Mühle zu sein.«

»Konntest du ihn nicht an der Stimme erkennen?«

»Nein! ... Nachdem er den anderen ermahnt hatte, redeten beide nur noch ganz leise. Ich war froh, später noch ein paar Worte aufzuschnappen.«

»Ja? Was denn?« Max war ganz Ohr.

»Die beiden schienen sich zu streiten, wobei sie unvorsichtig wurden und lauter redeten. Der Mann aus dem Hause sagte, er wolle aussteigen, worauf der andere erwiderte: ›Das geht nicht! ... So was wird mit dem Tode bestraft!‹«

»Und weiter?«, drängte Max.

»Dann war es vorbei ... Die beiden entdeckten das geöffnete Fenster und brachen die Unterhaltung ab.«

»Hast du den Hausbewohner beim Weggehen erkannt?«

»Nein!« Ivy war anzumerken, dass sie nicht gerne darüber redete.

Max war sich aber sicher, dass es Scharosch gewesen war, der sich um Kopf und Kragen geredet hatte.

»Hast du gesehen, wie die ›Ware‹ abgeholt wurde?«

Das Mädchen nickte: »Ein oder zwei Tage später vernahm ich nachts erneut Geräusche am Bachufer. Ich dachte gleich, dass das dieselben Leute wären, und blickte vorsichtig aus dem Fenster. Zwei vermummte Gestalten trugen einen in einen Teppich eingewickelten Gegenstand am Haus vorbei. Sie kamen vom Wasserfall oben. Ich bin hinunter zur Haustür geeilt und habe vorsichtig hinausgespäht. Dabei sah ich, wie die Männer ihre Last auf dem Fußweg zur Fahrstraße hochtrugen. Nach einiger Zeit hörte ich ein Auto anspringen und wegfahren.«

»Hast du gewartet, ob einer von ihnen zurückkam?«

»Nein, ich wollte nicht beim Horchen erwischt werden.«

»Was war im Teppich? ... Hast du was bemerkt?«

Ivy zögerte. Dann sagte sie niedergeschlagen: »Nein, aber als der Teppich vorbeigetragen wurde ...«

»Jaaa?« ... ermunterte Max.

»... war es mir, als wenn aus ihm ein Stöhnen kam ... Ich bin mir aber nicht sicher. Vielleicht habe ich mich getäuscht ... Kannst du mit der Geschichte etwas anfangen?«

»Ich glaube schon.« Max strich sich nachdenklich mit der Hand über die Stirn. »Wir sind auf der richtigen Spur. Mädchenhändler benutzen die Mühle als Umschlagplatz und werden oder wurden zumindest von einem aus dem Haus unterstützt. Du hast zwei Namen genannt, die uns unbekannt waren: Goga, den Zulieferer, und Conducator, den Anführer, der offenbar Scharosch auf dem Gewissen hat.«

»Dann sei vorsichtig, dass dir nicht auch was passiert. Du weißt doch, dass das heute kein Unglück gewesen ist!«

»Wieso? Hast du beobachtet, dass jemand ein bisschen nachgeholfen hat?«

»Ich selbst nicht. Aber Theresa hat gesehen, dass der Stamm von einem Mann losgetreten worden ist.«

»Hat sie ihn erkannt?«, fragte der Junge gespannt.

Ivy zögerte und sagte dann leise: »Sie war sich nicht sicher. Dazu war die Entfernung zu groß. Sie meinte, es könnte Zigahn gewesen sein!«

Mit diesen Worten hauchte sie dem Jungen einen Kuss auf die Wange und eilte davon.

Max ließ sie gehen, weil er das Gefühl hatte, dass er heute doch nicht mehr erfahren werde. Außerdem war es vor dem Haus für eine Fortsetzung der Unterredung zu gefährlich. Wenn Ivy die Männer von oben belauscht hatte, konnte ihnen dasselbe passieren. Der Junge blickte am Gebäude empor, ob eines der Fenster geöffnet war, entdeckte aber nichts. Dann machte er, dass er davonkam. Denn er war völlig erledigt, hundemüde und hatte nur den Gedanken, schnell ins Bett zu kommen.

Kapitel 15: In der Feste Hohensalzburg

Am nächsten Tag, Sonntag, saßen die Jungen im Vorraum des Salzmagazins der Festung Hohensalzburg und warteten mit einer rumänischen Reisegruppe auf die Führung.

Micha war am frühen Vormittag von seiner Reise zurückgekehrt. »Ich bin fix und fertig«, äußerte er am Telefon zu Max, ohne auf das Ergebnis seiner Mission einzugehen. »Nimm es mir nicht übel, ich muss jetzt erst mal schlafen.« Als er dann aber von den Gefahren erfuhr, die sein Freund in der Zwischenzeit überstanden hatte, erschrak er. »Aber hallo!«, sagte er betroffen, »das ist ja bärig, was du wieder eigenmächtig ausgekocht hast! Hoppertatschigger - ungeschickter - ging es wohl nicht mehr!« Den Überfall auf den Turm nahm er dann aber gelassener hin und selbst der Verlust der Brosche und des Hilferufes aus der Höhle schienen ihn nicht echt zu berühren. Er ging darüber mit einem bloßen ›Lercherlschas!‹ hinweg - na, wenn schon, keine Sache von Bedeutung!

Aus einer Ruhepause für Micha war dann nichts geworden. Max hatte darauf bestanden, dass sie sich sogleich nach Salzburg aufmachten. Nach der Unterredung mit Ivy in der vergangenen Nacht war er überzeugt, dass Dota sich in der Festung Hohensalzburg aufhielt, wo Bolliac vermutlich ein Versteck hatte. Basarab hatte den Namen vorgestern bei dem Gespräch genannt, als er Max noch für ein Mitglied der Bande hielt. Das deckte sich mit der Tatsache, dass sie in der Höhle entwertete Fahrkarten für die Festungsbahn, Tickets für die Schlossführung und Rechnungen aus dem Restaurant gefunden hatten. Micha blieb nichts anderes übrig, als auf den Plan einzugehen, wenn er nicht wollte, dass sein Freund auf eigene Faust handelte.

Max meldete sich in der Schlottermühle krank. In der Tat ging es ihm nicht besonders gut. Er fühlte er sich zerschlagen und hundemüde. Der Kampf mit dem Wasser hatte seine Spuren hinterlassen und das Treffen mit Ivy Schlaf gekostet. Er hatte aber der Versuchung tapfer widerstanden, sich ins Bett zu legen und pflegen zu lassen.

Zum Glück fanden die Jungen eine Mitfahrgelegenheit, sodass sie gegen Mittag in Salzburg eintrafen. Eine inzwischen elektrifizierte Standseilbahn, brachte sie in wenigen Minuten zur Festung hinauf. »Das ist die größte vollständig erhaltene Burg Mitteleuropas«, erklärte Micha stolz. Er hatte sein Tief überwunden und gefiel sich in der Rolle des Fremdenführers. Von einer Bastei hatten sie einen wunderbaren Blick auf den Dom und die zahlreichen Kirchen der Altstadt sowie den Kapuzinerberg gegenüber. Als sie sich dann umdrehten und die Festung in Augenschein nahmen, blickten sie auf unterschiedliche Baustile. Micha wusste auch dazu was zu sagen. Der älteste Teil der Burg war der bis 1460 fertig gestellte ›Hohe Stock‹ mit dem später angebauten ›Stockhaus‹. Er bildet eine Innenburg mit eigenem Schlossgraben und durch Rondelle verstärkter Ringmauer. Den Komplex schützte ursprünglich nur ein weiterer Mauerring. Im Laufe der Jahrhunderte wurde dieser mit Gebäuden, Türmen und Basteien versehen und ausgebaut, sodass die heutige Festungsanlage entstanden war.

Wider Erwarten war es nicht schwer, Bolliac aufzuspüren. Wegen der in der Höhle gefundenen Rechnungen aus dem Festungsrestaurant fragten die Jungen zunächst dort nach, zumal es direkt neben der Bergstation der Seilbahn lag. Zu ihrer Verblüffung wurden sie gleich fündig: Bolliac war hier nicht nur bekannt, sondern gewissermaßen zuhause. Er hatte den Kiosk auf der Sonnenterrasse unter sich, in dem unter anderem auch Tabakwaren vertrieben wurden. Er war allerdings nicht anwesend, da er eine Gruppe aus Rumänien durch das Schloss führen sollte. Wegen seiner Sprachkenntnisse wurde er schon seit einiger Zeit für solche Aufgaben eingesetzt. Die beiden entschlossen sich, an der Führung teilzunehmen. Dabei ergab sich sicherlich die Möglichkeit zu einem Gespräch mit Bolliac. Außerdem wollten sie sich nach dem Versteck umsehen, das er für die Mädchen in der Burg gefunden haben musste.

Die Führung begann im ehemaligen Salzmagazin. Dieser Festungsteil, in dem früher die Stallungen untergebracht waren und das Obergeschoss als Salzlager diente, liegt an dem westlichen Teil der Burgmauer und wird im Norden vom Reckturm und im Süden vom Hasenturm begrenzt. Im Vorraum warteten schon die Rumänen, die sich lebhaft in ihrer Muttersprache unterhielten. Es dauerte einige Zeit, bis auf einer

Empore eine Tür aufgeschlossen wurde, Bolliac erschien und zum Eintreten aufforderte. Er war ein dunkelhaariger Mann mittleren Alters mit einem Schnurrbart und jovialen Umgangsformen. Als das geschehen war, schien ihm noch etwas einzufallen. Er winkte einem Burschen zu, sich der Gruppe anzuschließen.

Auf Holzstiegen ging es den Reckturm empor, in dem einst die Inhaftierten peinlich verhört wurden. Im ersten Geschoss betrat man das frühere Salzmagazin, das an den älteren Turm angebaut worden war. Hier hingen die Porträts der siebzehn Fürsterzbischöfe, die an dem Bau der Anlage beteiligt gewesen waren. Holzmodelle zeigten, wie die Festung nach und nach gewachsen war. Als Micha das erklären wollte, sagte Max: »Verschon´ mich! Wir haben Besseres zu tun.« Da wusste er noch nicht, wie sehr er sich irrte.

Nach dem Salzmagazin wurde die Folterkammer besichtigt, die noch vollständig eingerichtet war und mit wohligem Gruseln betrachtet wurde. Dann ging es die Holztreppe weiter empor, von der man ohne Weiteres glaubte, dass sie über 100 Stufen hatte. Die Turmplattform bot einen wunderbaren Rundblick bis hin zum Dachstein, Tennengebirge und den Reichenhaller Bergen. Bolliac war voll damit beschäftigt, die Aussicht zu erläutern. Es fand sich keine Möglichkeit, ihn unter vier Augen zu sprechen.

Nach diesem Stopp ging es einen anderen Abgang hinab. Dieser brachte die Gruppe - viele Stufen tiefer - in einen nach Nordosten führenden Wehrgang, von dem sie am Glockenturm vorbei zu der nördlichen Burgmauer gelangten, an die der ›Hohe Stock‹ später angeschlossen worden war. Nach einer ganzen Weile erreichten sie in einem hölzernen Anbau ein Hornwerk mit 200 zinnernen Pfeifen. »Das ist der Krautturm mit dem ›Salzburger Stier‹, der nach dem stierhaften Gebrüll benannt wird, mit dem jedes Stück schließt«, erklärte Micha. »Die älteste erhaltene gotische Orgel weltweit. Er antwortet täglich dreimal dem Glockenspiel auf dem Residenzplatz.«

Bolliac gab nun seinen Landsleuten auf Rumänisch eine Erklärung, die die Jungen nicht verstanden. Es war aber etwas Positives, das er ankündigte. Denn sie wurde mit beifälligem Gemurmel aufgenommen. Dann schloss er die Tür zu einem weiterführenden Wehrgang auf und legte den Umstehenden nahe, sich in den Gängen auf beiden Seiten des

Hornwerks zu verteilen. Inzwischen hatte der dunkelhaarige Bursche, den er aus der Vorhalle mitgenommen hatte, sich zu der Orgel begeben und Ohrenschützer aufgesetzt. »Jetzt wirst du den ›Stier‹ brüllen hören«, erklärte Micha. »Da hat wohl jemand ein tüchtiges Trinkgeld springen lassen.« Als sich alle in gebührender Entfernung aufgestellt hatten, setzte der junge Mann das Hornwerk in Betrieb, das über eine Walze gesteuert wurde.

Bolliac hatte sich wie einige andere aus der Gruppe in den weiterführenden Gang zurückgezogen. Micha forderte Max mit einer Handbewegung auf, dem Rumänen nachzugehen. Bei dem ohrenbetäubenden Lärm der Orgel war in unmittelbarer Nähe eine Verständigung nicht möglich. Als sie sich ein gutes Stück entfernt hatten, schrie Max seinem Freund ins Ohr: »Das ist ja ein fürchterliches Getöse. Kann man kaum noch Musik nennen.« Micha lachte. »Mit diesem Urteil befindest du dich in bester Gesellschaft! Mozarts Vater Leopold nannte die Töne ein ›Geschrey‹.«

Die Jungen fanden Bolliac an der Stelle, wo der Wehrgang durch ein weiteres Tor versperrt wurde. Er war allein und gerade dabei, sich eine Zigarette anzuzünden. Das war der Augenblick, auf den die beiden gewartet hatten. Sie traten zu ihm heran. Max versuchte, den Lärm der Orgel zu übertönen, der auch hier noch so laut war, dass man sich mit normaler Stimme nicht verständigen konnte: »Wir überbringen eine Nachricht vom Conducator«, sagte er. »Es hat sich etwas ereignet: Basarab ist aufgeflogen und tot.«

Der Rumäne musterte die Jungen und erwiderte dann abwehrend: »Nix hier vor alle Leute, wenn Sache ist geheim!« Er sah sich um. Als er sich überzeugt hatte, dass niemand hersah, schloss er das Tor auf und gab den Jungen mit einer Handbewegung zu verstehen, dass sie hineingehen sollten. Verblüfft gehorchten die. Der Rumäne folgte aber nicht nach, sondern äußerte stattdessen: »Ihr hier wartet! Ich kommen, wenn Ende ist Führung bald!« Ehe noch ein Einwand möglich war, hatte er die Tür schon wieder geschlossen. Die beiden hörten überrascht, wie der Schlüssel im Schloss herumgedreht wurde.

Max erste Reaktion war, protestierend an das Tor zu klopfen. Micha hielt ihn aber davon ab. »Was hast du erwartet?«, fragte er. »Es ist verständlich, dass Bolliac die Dinge nicht in aller Öffentlichkeit erörtern will.« Darauf ließ Max von seinem Vorhaben ab, wenn ihm auch nicht wohl bei der Sache war. Er hasste es, eingesperrt zu werden, auch wenn dies nur eine Vorsichtsmaßnahme war.

Sie standen im Halbdunkel eines verfallenen Wehrgangs, der nur schwach durch enge Schießscharten erhellt wurde. Hier gab es nicht einmal eine Sitzgelegenheit. Sie ließen sich deshalb auf dem Holzfußboden nieder. Nachdem sie eine ganze Weile gewartet hatten, hielt es Max nicht mehr aus. Er stand auf und rüttelte an dem Tor. »Was soll das?«, rügte Micha. »Du hast doch gehört, dass er abgeschlossen hat. Aufbrechen kannst du es nicht. Im Übrigen dauert die Führung mindestens eine Stunde und die ist noch nicht um.« Also setzte sich Max wieder und wartete, wobei er ständig auf die Uhr sah, die immer langsamer zu gehen schien. Als anderthalb Stunden vergangen waren, mussten die Jungen einsehen, dass Bolliac nicht kommen würde. »Paff, das war ein ausgeschamter Schmäh. Wir sind in eine Falle getappt«, äußerte Micha schließlich.

»Eine Falle?«, wiederholte Max ungläubig. »Woher soll er gewusst haben, wer wir sind?«

»Du bist enttarnt worden«, erwiderte Micha. »Das beweist der Anschlag im Bach auf dich. Danach sind wohl alle aus der Organisation gewarnt worden. Deshalb wusste Bolliac Bescheid. Er war ja nicht überrascht, als wir ihn ansprachen. Wahrscheinlich hatte er sich schon vorher überlegt, was er tun soll, wenn du auftauchst.«

»Mist!«, stimmte Max kleinlaut zu. »Ich hätte es wissen können. Der Zuträger ist sicherlich der kleine Mann mit der spitzen Nase gewesen, der mit Basarab am Tisch gesessen hat. Er hat gesehen, wie ich seinen Kumpan zur Flucht getrieben habe und sich zusammengereimt, dass ich an seinem Tod schuld bin.«

»Das war wohl Goga, von dem Ivy berichtet hat. Jetzt hat jeder in der Bande einen Steckbrief von dir.«

Max hörte das ohne Freude. Es zeigte nur, dass er einen Fehler gemacht hatte. Wenn er besser aufgepasst hätte, säßen sie jetzt nicht in der Klemme. Schließlich sagte er: »Bei der nächsten Führung müssen wir uns eben bemerkbar machen.« Sie harrten nochmals eine halbe Stunde vergeblich aus. »Es ist so, wie ich es befürchtet habe«, sagte Micha schließlich. »Wir sitzen hier fest! Der Wehrgang hinter dem Krautturm gehört nicht zum normalen Besichtigungsprogramm. Bolliac hat uns hier hineingelockt, um uns sicher wegzuschließen. Hinter zwei schweren Türen und einem Gang wird uns niemand hören.«

»Dann war die Vorführung der Orgel nur ein Vorwand, um den Wehrgang öffnen zu können, Micha?«

»Ja! ... Das beweist, dass er dich von Anfang an erkannt hat. Danach hat er die Führung einfach anders gestaltet.«

»Richtig. Er hat uns während der Besichtigung mehrfach von der Seite gemustert ... Die Sache sieht nicht gut aus. Dieser Wehrgang ist offenbar wegen Baufälligkeit gesperrt ... So werden erst die Arbeiter unsere Skelette finden, wenn sie sich in hundert Jahren an die Sanierungsarbeiten machen.«

»Soweit ist es noch nicht!« Micha erhob sich. »Wir folgen dem Gang. Bolliac hatte vielleicht keine Zeit, die andere Seite zu verschließen.« Max stimmte zu. Weitergehen war allemal besser, als untätig herumzusitzen.

Also machten sie sich auf den Weg. Es war ein gefährliches Unterfangen. Teilweise klafften Löcher im Boden, über die Planken gelegt worden waren. An anderen Stellen gab das Holz unter ihren Füßen nach und drohte einzubrechen. »Auch eine Möglichkeit hinunterzukommen«, kommentierte Micha. Schließlich erreichten sie ein weiteres Tor. Und siehe da: Es war offen! Sie gelangten in einen Turm, in dem eine Wendeltreppe hinunterführte. »Da hat Bolliac doch einen Schnitzer gemacht«, rief Max erfreut. Sie eilten ein Stockwerk hinab und standen plötzlich vor einem offenen Schacht. Die Treppe war entfernt worden.

»Sackgasse!«, stellte Max fest. »Oder hast du zufällig ein Seil bei dir?« Micha deutete nach rechts, wo ein schwankendes Brett zu einer offenen Tür führte. »Dort geht's weiter. Zwar wieder hinauf, aber doch voran.«

Sie gelangten über eine Treppe in einen finsteren Korridor, der durch Schießscharten schwach erhellt wurde und innen in abgesperrte Räume führte. An der abblätternden Farbe der Türen und dem Zustand der Wände war zu erkennen, dass auch diese Etage nicht benutzt wurde. Der Flur knickte verschiedentlich ab, wenn er sich um Rücksprünge und Ecken wand, und wurde zum Schluss fenster- und türlos, bevor er an einem Portal endete, zu dem ein paar Stufen hinaufführten.

»Der Zugang zu einem weiteren Treppenturm«, sagte Micha. »Wenn er offen ist, haben wir's geschafft!« Er drückte die Klinke nieder. »Verdammt«, rief er, »verschlossen! Wir haben wirklich kein Glück.«

Max musste es selbst versuchen: Er warf sich gegen das Holz und hämmerte mit den Fäusten dagegen. Schließlich gab auch er auf und rief enttäuscht: »Bolliac hat also doch keinen Fehler gemacht. Es gibt keinen Ausgang aus dem Gefängnis!« Entmutigt stieg er die Stufen hinab, ließ sich im Gang auf die Erde sinken und lehnte sich an das raue Mauerwerk. Micha folgte seinem Beispiel. Eine Weile saßen sie schweigend da und überdachten ihre Lage.

»Können wir das Tor nicht aufbrechen?«, fragte Max.

»Ohne Werkzeuge?« Micha schüttelte den Kopf. »Die Tür ist massiv. Da würde selbst eine Axt nichts helfen.«

»... Und eine der Zimmertüren hinter uns?«

»Damit wechseln wir nur das Gefängnis! Wir sind im dritten Stock und die Fenster sind vergittert.«

»Das Gitter könnten wir rausreißen...«

»... und klettern an Blitzableitern runter?!«

»Wir rufen um Hilfe, Micha!«

»Völlig zwecklos! Die Stadt liegt mehr als hundert Meter unter uns. Selbst der Salzburger Stier ist bei dem Verkehrslärm unten kaum noch zu hören.«

Max verstummte resigniert. Eine Weile herrschte Stille. Plötzlich rief er: »Dort, Micha!« Er deutete auf die gegenüberliegende Wand, die eine Holztäfelung hatte. Ein Löwe schmückte sie, dessen Schwanz sich zu einer Brezel formte.

»Das ist das Wappen des Bischofs Paris Graf Lodron«, erklärte Micha. »Er hat dieses Gebäude erbaut. Der Mann schätzte gutes Essen. Deshalb die Brezel! ... Das bringt uns allerdings auch nicht weiter und erinnert allenfalls daran, dass wir Hunger haben.«

»Hast du Tomaten auf den Augen?«, rief Max. »Sieh dorthin, wo die Holztafel in die Wand eingelassen ist.«

Micha stutzte. Dann erkannte er, was gemeint war: An der bezeichneten Stelle befand sich ein senkrechter Schlitz, der sich über dem Wappen waagerecht fortsetzte. Es war Glück, dass sie genau gegenüber auf dem Boden Platz genommen hatten. Sonst wäre ihnen der Spalt entgangen.

»Könnte eine getarnte Tür zu einem anderen Stockwerk sein«, äußerte Micha. »In alten Schlössern gab es Geheimtreppen zwischen den Etagen.« Er sprang auf und betrachtete die Wand näher, fand aber keine Vorrichtung zum Öffnen. Schließlich suchte er in dem senkrechten Schlitz mit seinem Taschenmesser nach einem Türschnapper, den er hochdrücken konnte, hatte aber keinen Erfolg damit. Das einzige, was er erreichte, war, dass die Klinge abbrach.

Max hatte inzwischen in seiner Jackentasche gekramt, ob er etwas fand, was helfen konnte. Dabei fiel ein Zettel mit einer Handskizze heraus. Micha stutzte und nahm ihn auf. Nachdem er ihn studiert hatte, fragte er aufgeregt, woher sein Freund die Zeichnung habe. Der blieb die Antwort zunächst schuldig. »Weiß nicht!«, erwiderte er. »Ist das denn wichtig?«

»Scheint so!«, erwiderte Micha und händigte das Papier aus. »Sieh doch selbst.«

Max blickte auf einen mit groben Strichen angedeuteten Löwenschweif, den zwei gegenläufige Kreise bildete. »Manno! Das soll die Brezel des Wappens sein!«

»Der Quaste am Ende muss eine Bedeutung zukommen«, sagte Micha. »Sie ist auf der Skizze angekreuzt worden ... Weißt du wirklich nicht, woher der Zettel stammt?!«

Max zuckte die Achseln. »Es ist wohl mein Schicksal, in meinen Klamotten Sachen herumzutragen, an die ich mich nicht erinnern kann! Wann habe ich die Jacke das letzte Mal angehabt? Ich glaube, es war, als ich auf den Schafberg hinauffuhr und mit Basi Bekanntschaft machte« Er brach ab. Es war zu erkennen, wie bei ihm langsam die Erinnerung wiederkam. »Das ist es! ... Natürlich! ... Jetzt weiß ich es wieder! ... Den Zettel hat mir von Telek nach Basis Tod übergeben. Er sagte: »Das lag auf dem Tisch, nachdem sich die Spitzbuben so rasch verabschiedet hatten. Vielleicht kannst du damit etwas anfangen.«

Micha verzichtete auf einen Kommentar. »Hat er dir einen Gegenstand gegeben? Etwas, das wie ein Schlüssel aussieht?« Max leerte den Inhalt seiner Jacke auf den Boden aus und fand nach längeren Suchen schließlich in einer Außentasche einen eisernen Griffel, der an vier

Seiten durchgehende Längszacken hatte. Micha ergriff ihn und eilte zu der Vertäfelung hinüber. Es machte keine Mühe, ihn in das sternförmige Schlüsselloch der Löwenquaste einzuführen. Nach einer Rechtsdrehung gab es einen Klick, worauf ein Teil der Holztafel nach innen aufsprang und eine schmale Treppe sichtbar wurde, die nach oben führte.

»Hammergeil!«, rief der Junge erfreut. »Der Zettel war die Anweisung an Goga, wie die geheime Tür zu öffnen ist. Wahrscheinlich wollte Basi eine Zeitlang untertauchen und hat dem Kleinen Instruktionen erteilt. Zettel und Schlüssel sind liegengeblieben, als Basi wegstürzte und Goga kopflos das Weite suchte!«

Kapitel 16: Bolliacs Versteck

»Was soll das, Micha? Die Treppe führt hinauf und nicht hinunter. Willst du dich aufs Dach stellen und winken?«

Max gefiel nicht, dass sie sich immer weiter von den geführten Wegen entfernten. Micha hatte aber schon die Stufen betreten. »Hier geht es vermutlich über den Dachboden in das nächste Gebäude. Vielleicht haben wir da mehr Glück.« Mit diesem Worten verschwand er in dem engen Aufgang. Max blieb nichts anderes übrig, als seinem Freund zu folgen. Er schloss die Geheimtür hinter sich. Die Treppe endete in einem durch Luken erhellten Dachboden. Mein Gott, wo sind wir hier hingeraten?«, entfuhr es ihm. Es sah aus wie in einem Antiquitätengeschäft. Gegenstände aus mehreren Jahrhunderten standen herum: Alte Holzbänke, Truhen, Schränke, Sofas, Tische, Stühle, Sessel, ein Bett mit Baldachin. Sogar ein Spinnrad. In einer Ecke lagerten Kanonenkugeln neben alten Rüstungen, Schwertern und Hellebarden. Offenbar war hier abgestellt worden, was in den Sälen des Schlosses nicht benötigt wurde. Alles war verstaubt, schmutzig und mit Spinnweben bedeckt.

Micha hatte sich inzwischen das Prunkbett mit dem Baldachin angesehen. »Komm her! Fällt dir nichts auf?«, rief er dann. Und als Max den Kopf schüttelte, sagte er: »Das Bett ist als einziger Gegenstand im Raum nicht staubig. Es schaut so aus, als hätte da kürzlich einer geschlafen.«

»Wohl auch ein Zwangsgast wie wir«, spöttelte Max.

»Genau!«, erwiderte Micha. »Ich bin fast sicher, dass Bolliac hier die Mädel unterbringt. Denk an den Schlüssel, den Basi zu diesem Aufgang bei sich führte. Und schau hin: Dort steht sogar ein Tablett mit Geschirr. Jemand hat sich bis vor Kurzem hier aufgehalten.«

»Du hast Recht.« Max nickte zustimmend. »Der stillgelegte Flügel ist für ein Versteck bestens geeignet.«

»Freilich. Nur wenige werden davon wissen. Bolliac hat möglicherweise gezielt nach so was gesucht.«

»Mein Gott, Micha: Das bedeutet, dass uns niemand finden wird, wenn wir nicht von allein herauskommen.«

»Bleib cool, Max. Ich bin sicher, dass es einen Abgang zum nächsten Gebäude gibt.«

Sie brauchten nicht lange zu suchen. Am Ende des Raumes führte eine Treppe nach unten. Sie ähnelte der, die sie heraufgekommen waren. »Hab ich's nicht gesagt!«, sagte Micha stolz. »Leise!«, ermahnte er dann. »Wir wissen nicht, wo Bolliac sich aufhält. Wir wollen ihm ja nicht in die Arme laufen.« Das wäre wohl das kleinere Übel, ging es Max durch den Kopf. Schlimmer, als in dem stillgelegten Trakt verhungern zu müssen, kann es eigentlich nicht werden. Seine Vorahnungen bestätigten sich dann sogleich. Die Treppe endete mit einer Tür, die keine Klinke hatte. »Da sind wir vom Regen in die Traufe gelangt. Hier kommen wir nicht raus! Das haben schon andere vergeblich versucht.« Er deutete auf Kratzspuren im Holz.

Micha zog nochmals den eisernen Griffel heraus. »Ich denke, es ist die gleiche Chose wie drüben. Es gilt nur, das Schlüsselloch zu finden.« Er ließ sich auf die Knie nieder, um Rahmen und Füllung abzutasten. Nach einer Weile rief er befriedigt: »Ich glaube, ich hab's!« Er klappte ein quadratisches Stück der Kassette heraus, worauf ein sternförmiges Schlüsselloch zum Vorschein kam. Der Griffel passte und ... klick ... sprang die Tür auf.

Micha trat aber nicht in den Gang hinaus, sondern tat etwas Sonderbares: Er schloss die Tür hörbar und legte den Finger auf die Lippen. Dann zeigte er nach oben und schlich die Treppe leise wieder hinauf. Dort blieb er stehen und blickte zwischen dem Geländer in den Raum. Max, der nur widerwillig gefolgt war, stellte sich hinter ihn. Er kam gerade noch zurecht, um zu sehen, wie sich eine Schranktür öffnete und ein Mädchen mit rundem Gesicht und braunen Augen heraustrat. Es war barfuß, trug einen Leinenrock und eine angeschmutzte weiße Bluse.

Das war sie! Älter als erwartet, aber endlich gefunden. Max wollte den Triumph nicht Micha überlassen. Deshalb drängte er sich vorbei und sagte: »Keine Angst, Dota. Wir sind gekommen, um dich zu befreien!«

Das Mädchen erschrak, entspannte sich aber, als sie sah, wen sie vor sich hatte. »*Ce am auzit ... Voi baiati, nu stiati insusi, cum puteti sa iesiti*«, äußerte sie. Als sie merkte, dass sie nicht verstanden wurde, versuchte sie es mit gebrochenem Deutsch. »Wie eben gehörrt, Jungen selbst nixt weisst, wie kommt von hier raus!«

»Das scheint nur so, Dota. Wir haben die Sache voll im Griff!«, stapelte Max etwas hoch.

»Dota?«, fragte das Mädchen. »Das nix Name.«

»Du bist nicht Dota?«, wiederholte Max. Er glaubte, nicht richtig gehört zu haben.

»Ich Daina!«, sagte das Mädchen entschieden.

Oh, nein! Max traf die Eröffnung wie ein Hammerschlag. Dann wollte er sich den Erfolg der Stunde aber nicht durch Kleinigkeiten verderben lassen. »Wir werden dich trotzdem in die Freiheit führen«, sagte er, wobei er zur Verdeutlichung seine überkreuzten Handgelenke auseinanderriss, als sprenge er unsichtbare Fesseln.

»Nix nötig«, erwiderte Daina fröhlich. »In Freiheit«, sie buchstabierte das schwierige deutsche Wort, »*aici sunt deja* ... bin ich schon.« Sie setzte stolz hinzu: »*Tata bani mult a platit* ... Vater viel Geld hingeben, ... dass Männer mich bringen ... nach Austria.«

Als Max sprachlos dastand, mischte sich Micha ein: »Ich glaube, du hast das falsche Programm. Es geht nicht um Entführung, sondern Menschenschmuggel ... Die Bande hat das Mädel gegen Bares zu uns herübergeschleust.«

»*Ati putea sa taceti, va rog, despre secret* ... Ihr nix verratet!« Daina hielt zur Verdeutlichung ihrer Bitte den Zeigefinger auf den Mund. »Mann holen Erlaubnis. Ich dann arbeiten in Stadt als Mädchen für Haus.«

Micha lachte: »Da haben wir noch ein Problem, Max: Was machen wir mit einer Unschuld vom Lande, die in Schwierigkeiten steckt, sich aber nicht helfen lassen will!«

»Oh, ihr helfen? ... Gebt auch Schein?«, fragte das Mädchen beglückt, die offenbar etwas falsch verstanden hatte. »Fain, venesc ... Daina kommt mit ... hier viel langweilig.« Sie fing aufgeregt an, ihre Sachen zusammenzusuchen.

Max sah Micha fragend an: Der verdrehte die Augen gottergeben zum Himmel: »Ich will sehen, was ich tun kann. Vielleicht gelingt es mir, sie als Dienstmädchen unterzubringen! Wenn sie eine Arbeitsstelle nachweisen kann, bekommt sie wohl eine Aufenthaltserlaubnis.«

»Meinst du nicht ...?«, versuchte Max einen Einwand zu formulieren.

»Nein«, unterbrach Micha. »Zurücklassen können wir sie auf keinen Fall. Wenn die Bande auffliegt, ist sie in echter Gefahr: Günstigstenfalls überlässt Bolliac sie ihrem Schicksal, wenn er sich aus dem Staub macht.«

Kapitel 17: Im Labyrinth

Max wusste nicht mehr, wie lange sie schon durch unbelebte Korridore irrten, von einem Gebäude in das andere wechselten und nach einem offenen Abgang suchten.

Die Treppe hatte in ein drittes Stockwerk geführt. Von dort waren sie - durch einen schmalen Gang, an einer verschlossenen Turmplattform vorbei - auf eine nach oben führende Wirtschaftssteige gelangt, die sie in das vierte Geschoss eines weiteren Hauses hinaufbrachte. Hier gab es einen Durchgang zu einem Anbau, ohne dass dies an ihrer Lage etwas änderte. Sie kamen nicht hinunter.

Das war zu viel für Max. Er hatte null Peilung, wo sie sich befanden. Und es wurde ihm immer unbehaglicher, je tiefer sie ins Innere der Festung eindrangen: »Was soll das Ganze?«, lamentierte er. »Hier wird uns niemand finden. Wir können uns gleich begraben lassen.«

»Aber erst mal ist Prassen angesagt«, spaßte Micha und zog einen Schoko-Riegel aus seiner Jacke.

Max schwieg beschämt. Er sah ein, dass ihnen nicht damit geholfen war, wenn sie jetzt durchhingen.

Also setzten sie die Suche im nächsten Gebäude fort, wo sie einen langen Korridor durcheilten, der hinten nach halbrechts abknickte. Als es eigentlich keiner mehr erwartet hatte, kam der Durchbruch: Der Treppenturm, auf den der Gang mündete, war unverschlossen und gab den Weg nach unten frei. Micha strahlte, weil er sich bestätigt sah. Aber Max maulte: »Wenn wir Pech haben, landen wir im Verlies.« Er dachte mit Schaudern an den Kerker im Recktrum. Doch er riss sich zusammen und stieg als erster die Treppe hinunter. Micha folgte schweigend. Er war selbst nicht so zuversichtlich, wie er sich gab. Daina trottete brav hinterher. Nach all den Tagen und Nächten allein hatte die Festung für sie wohl die Schrecken verloren.

Die Treppe führte vier Etagen nach unten. Als sie im Erdgeschoss ankamen, war die Enttäuschung groß, obwohl sie eigentlich nichts anders erwarten konnten: Nachdem sie einen kurzen Gang durchschritten hatten, standen sie vor einem dicken, mit Eisen beschlagenem Holztor. Es war verriegelt und verschlossen.

»Können wir da was machen?«, fragte Max.

»Nein!«, sagte Micha. »Man kann aus der Festung nicht ausbrechen. Sie hat doch mehrfach als Gefängnis gedient.«

»Und wenn wir schreien?«

»Durch das dicke Holz dringt kein Laut. Oder hörst du Geräusche von draußen?«

Das tröstete nicht gerade. Max war erschöpft und mutlos und sah eigentlich keinen Sinn mehr darin, noch tiefer in die Festung einzudringen. Mit den nicht enden wollenden An-, Über- und Nebenbauten stellte sie für ihn einen Irrgarten dar, in dem jeder Schritt vorwärts ihre Lage nur verschlimmerte. Wenn Bolliac den Versuch machte, sie freizulassen, konnte er sie bestimmt nicht mehr finden.

Das Mädchen nahm die Ratlosigkeit ihrer Führer gelassen zur Kenntnis. Sie sagte sich wahrscheinlich, dass das Herumlaufen in Gesellschaft der Jungen immer noch besser war, als im Dachboden allein eingesperrt zu sein. Auch Micha gab noch nicht auf. Als er feststellte, dass man über den ersten Stock in ein weiteres Gebäude gelangen konnte, gab er das Zeichen zum Weitergehen. »Einen Versuch hast du noch«, sagte Max, während er sich aufraffte, wobei er sich gleich wieder wegen dieser Äußerung schämte.

Micha schritt voran, die anderen trotteten hinterher. Sie probierten nicht mehr, die rechts des Ganges liegenden Saaltüren zu öffnen, sondern strebten dem Ende des Flures zu. Als Max einen Blick aus den nun größeren Fenstern nach draußen warf, rief er entsetzt: »Jetzt haben wir uns endgültig verirrt! Wir sind auf der Rückseite der Festungsanlage und meilenweit von dem geführten Teil entfernt.« Micha verzichtete auf eine Erwiderung. Er hatte am Ende des Ganges wieder einen Treppenturm erspäht. In allen erwachte nochmals so was wie Hoffnung. Und die wurde nicht enttäuscht. Der Abgang gab den Weg nach unten frei. Die drei hasteten die Stufen hinab.

Micha wies auf den Boden, der von vielen Füßen ausgetreten war: »Wir sind nicht mehr im Niemandsland!« Die Stimmung stieg: Jetzt musste es klappen: Gott würde ein Einsehen haben! Die Treppe schloss unten wieder mit einer Tür ab. Das hatte man jetzt schon oft genug erlebt. Max wollte schnell Klarheit haben. Er eilte hinunter und drückte auf die Klinke. Dann wurde ein Fluch hörbar. »Verdammt!«, rief er, »abgeschlossen! Ich habe es geahnt.«

Entmutigt setzte er sich auf eine Stufe. »Hier bleibe ich!«, sagte er und seiner Stimme war anzumerken, dass es ihm ernst war. »Schließlich ist es egal, an welchem Ort ich verhungere!« Die beiden anderen nahmen wortlos neben ihm Platz. Micha zog den Schoko-Riegel aus der Tasche und teilte ihn in drei Teile. Max wäre beinahe in Tränen ausgebrochen, als er daran denken musste, dass das vielleicht ihre Henkersmahlzeit war. Nur das Mädchen knabberte ungerührt an ihrem Anteil.

Während die jungen Leute vor sich hinbrüteten und mit dem Schlimmsten rechneten, drehte sich auf einmal ein Schlüssel im Schloss, die Tür öffnete sich und der Rücken eines Mannes wurde sichtbar, der nach unten rief: »Bitte Aufstellung nehmen. Die Führung beginnt in wenigen Minuten.« Dann entfernte er sich nochmals, während sich die Teilnehmer aufreihten.

Kapitel 18: Entdeckungen

Max irrte durch dunkle Gänge, aus denen es kein Entkommen gab, als auf einmal in der Ferne ein Licht erschien. Es kam näher und wurde heller, bis es alles in strahlenden Glanz hüllte. Aus ihm löste sich ein Mädchen in einem weißen Kleid, das vorn mit einer Brosche verziert war. Auf ihren blonden Locken trug sie einen goldenen Reif. Der Junge wusste, wer es war: »Donata«, rief er freudig, »endlich habe ich dich gefunden!« Da ertönte ein schrilles Läuten, als habe eine Alarmglocke angeschlagen. Die Gestalt erschrak und wandte sich mit einer flehenden Geste zur Flucht. Bevor Max sie festhalten konnte, war sie bereits wieder im Dunkel entschwunden. Das schreckliche Geräusch dauerte an, wurde lauter und immer eindringlicher, bis dem Jungen keine andere Wahl mehr blieb: Er hieb wütend auf den Wecker, der so hartnäckig läutete. Dann setzte er sich auf. Was war für ein Tag? Montag! Er ließ sich ins Bett zurückfallen. Montag war Ruhetag in der Mühle!

Er schloss nochmals die Augen und versuchte, den Traum zu beenden, der so unschön unterbrochen worden war. Das gelang aber nicht. Stattdessen plagten ihn die Gedanken. Der Ausflug nach Salzburg war ein Misserfolg gewesen, von der ›Rettung‹ Dainas einmal abgesehen. Dem eigentlichen Ziel, Donata zu befreien, waren sie keinen Schritt nähergekommen. Sicher, es war Glück im Unglück gewesen, dass sie aus dem Festungsirrgarten wieder hinausgefunden hatten. Die Tür, die geöffnet worden war, führte in die Eingangshalle hinunter, in der die Führung begonnen hatte. Sie hatten, ohne es zu merken, den äußeren Gebäudering um das innere Schloss und den Festungshof einmal umrundet. Es war aber nicht mehr gelungen, Bolliac zu fassen. Er hatte alles leergeräumt und keinerlei Beweise hinterlassen. Dainas Aussage hatte auch nicht weitergeholfen. Das Mädchen war in Laderäumen, Kisten und Behältnissen versteckt gewesen, ehe sie vor 5 Tagen an Bolliac übergeben worden war. Davor hatte sie sich an zwei anderen Orten ohne Tageslicht aufgehalten. Sie konnte sie nicht näher beschreiben, weil man ihr die Augen verbunden hatte. Die Männer, mit denen sie in Berührung gekommen war, kannte sie nicht. Donata hatte sie nicht gesehen.

Max seufzte. Im Traum war Donata durch dunkle Gewölbe geirrt. Wenn der Hinweis richtig war, steckte sie vermutlich im unterirdischen Verlies der Schlottermühle, von dem er vorgestern erfahren hatte. Überhaupt mussten sie sich wieder mehr auf die Mühle konzentrieren. Grozza war keinesfalls außer Verdacht, auch wenn Ivy versucht hatte, ihn als Opfer darzustellen. Er war es gewesen, der die Bande in die Geheimnisse des Hauses eingeweiht hatte. Möglicherweise nicht ganz freiwillig. Das änderte aber nichts daran, dass er inzwischen mitmachte und seinen Vorteil daraus zog. Im Übrigen bewiesen die Schutzmaßnahmen und das Treffen des Wirtes mit dem Mittelsmann in Falkenstein-Ried, dass es etwas zu verbergen gab.

Dann schweiften die Gedanken des Jungen zu Ivy ab. Er erinnerte sich daran, wie sie sich vorgestern Nacht an ihn geschmiegt hatte, als ob sie nie wieder loslassen wollte. Er hörte ihre Stimme sagen: »Ich fürchte, dass der Conducator bald persönlich erscheinen und Unglück über uns alle bringen wird!« und saß unvermittelt wieder aufrecht im Bett ... Dass er erst jetzt darauf kam. Es hatte doch auf der Hand gelegen. Der Conducator würde auch vor der Nichte des Wirtes nicht haltmachen, wenn er von ihrem Verrat erfuhr! Max sprang aus dem Bett und schlüpfte in seine Sachen. Es gab jetzt wohl eine Schöne mehr, um die er sich kümmern musste. »Das darf nicht Schule machen!«, sagte er lächelnd. »Irgendwann ist es eine zu viel!«

Kurze Zeit später war er schon mit seinem Fahrrad zur Schlottermühle unterwegs. Er verspürte keine Angst mehr. Inzwischen steckte er so tief in der Sache, dass er dort keiner größeren Gefahr als anderswo ausgesetzt war. Nach der Aktion in Salzburg, bei der Bolliac aufgeflogen war, war er seines Lebens an keinem Ort mehr sicher. »Im Auge des Hurrikans«, äußerte er leise, »ist es stets windstill!«

Als Max in der Mühle eintraf, liefen die Vorbereitungen für eine Festveranstaltung auf vollen Touren. Nachdem der Betrieb wegen des Hochwassers zwei Tage geschlossen gewesen war, hatte Grozza eine Familienfeier angenommen, um den Umsatzverlust auszugleichen. Max wunderte sich, dass sein Auftauchen fast freudig begrüßt wurde. Seine Krankmeldung war so verstanden worden, dass der Unfall schwerere

Folgen gehabt hatte. Umso größer war die Erleichterung, als er - von Kratzern und Schrammen abgesehen - sich wieder zur Arbeit meldete. Frau Schrempp drückte ihn wie einen verlorenen Sohn an sich, Ivy warf ihm einen strahlenden Blick zu und Makkai rang sich ein Lächeln ab, das seine Goldzähne blitzen ließ. Sogar der Wirt gab ein paar Worte von sich, aus denen man so etwas wie Dank hören konnte. Allerdings war er mit den Blicken, die Max mit Ivy wechselte, nach wie vor nicht einverstanden. Dem Jungen tat der freundliche Empfang richtig gut. Für einen Augenblick vergaß er, dass die Begeisterung über seine Genesung von einigen nur geheuchelt war.

Für Zigahn hatte man einen großen ungeschlachten Burschen eingestellt, der den Jungen mit einem grimmigen Blick bedachte, bevor er schweigend den Raum verließ. Verxa Tergelun! Max glaubte nicht, dass man eine gute Wahl getroffen hatte. Der Bursche hatte ein Ganovengesicht, das so typisch war, dass es einem fast schon bekannt vorkam. Als er sich in dieser Richtung äußerte, erhielt er die Antwort, dass dies der einzige Bewerber gewesen sei.

Und noch jemandem gefiel die Rückkehr des Jungen nicht. Oder verhielt es sich umgekehrt? Wurde das Wiedersehen begrüßt, weil er Freude an der Aufgabe gefunden hatte, den Ankömmling zu drangsalieren? Es war Donka, der Höllenhund. Als er Max erblickte, sprang er wie elektrisiert auf und bellte. Sollte damit die Rangordnung klargestellt werden? Oder hatte ihm die feine Nase verraten, dass der Junge die Räume im oberen Stockwerk heimlich durchsucht hatte? Es war gut, dass der unbestechliche Wächter nicht sprechen konnte.

Etwas später ging Max in den Abfallschuppen, um etwas zu holen. Dabei überraschte er einen Mann, der hinten in der Ecke an dem Behälter hantierte, der nach Zigahns Aussage Vorräte der Wirtschaft enthielt. Als er das Geräusch hinter sich vernahm, wirbelte er herum. Von oben bis unten mit Muskeln bepackt, glich er einer Kampfmaschine. »Das ist Conan, der Zerstörer«, dachte der Junge. »Der braucht immer nur einmal zuzuschlagen.« Und dann erkannte er ihn. Es war der neue Aushilfkellner, mit dem man sich also besser nicht anlegte. Tergelun hatte inzwischen auch registriert, wer da eingetreten war. Er entspannte sich, ergriff einen bereitgestellten Sack und verließ mit einem verächtlichen Lächeln den Raum.

Sieh an! Max fühlte sich bestätigt. Hier wandelte einer auf Zigahns Spuren. In der Tonne wurde, da war er sich mittlerweile sicher, die Schmuggelware zwischengelagert, die nachts zur Verteilung kam. Leider hatte er nach dem Verschwinden Zigahns keine Gelegenheit gefunden, das Versteck zu untersuchen. Wenn sich Tergelun jetzt auch dafür interessierte, war es vielleicht schon zu spät dafür.

Der Behälter war bis oben hin gefüllt. Max machte sich daran, ihn auszuräumen. Bald stapelten sich Pakete und Kartons auf dem Boden. Der Junge schüttelte enttäuscht den Kopf. Alles nur Gaststättenbedarf. Schmuggelware hätte darin auch eh keinen Platz mehr gefunden. Verwirrt räumte er die Sachen wieder ein und schloss den Deckel. Warum hatte Zigahn ihn daran gehindert, sich mit der Tonne zu befassen, wenn der Inhalt so harmlos war? Und wieso interessierte sich jetzt auch Tergelun für sie? Dafür musste es einen Grund geben. Er betrachtete sie nochmals von außen. Als er sich bückte, nahm er einen leichten Tabakgeruch wahr. Vielleicht lag das Versteck darunter. Er versuchte, den Container zu bewegen. Heben, ziehen, schieben, alles half nicht. Er saß fest, als sei er einzementiert. Vermutlich war er irgendwie arretiert. Da ein Hebel oder etwas Ähnliches fehlte, musste die Sperre am Behälter selbst zu lösen sein. Was hatte er noch nicht probiert? ... Drehen! Link herum, ging nicht; rechts herum, das gleiche ... Doch nein, was war das? Das Ding schwenkte um die eigene Achse und gab ein Loch im Boden frei. »Oberaffengeil«, murmelte Max stolz auf seine Findigkeit.

Das schwache Licht, das durch die offene Tür hereindrang, reichte nicht aus, um das Versteck zu untersuchen. Er zündete ein Streichholz an und hielt es hinein. Es war ein mannshoher würfelförmiger Raum, vermutlich schon beim Bau der Mühle angelegt. Ein aromatischer Geruch nach Tabak machte deutlich, wozu er in letzter Zeit benutzt worden war. Jetzt war er allerdings leer. Den Rest hatte Tergelun wohl gerade mitgenommen. Max verschloss den Zugang und verließ den Schuppen.

Von seinem Erfolg beflügelt, beschloss er, das Zimmer des Aushilfskellners zu durchsuchen. Die Gelegenheit war günstig, weil dieser gerade die Tische für die Gesellschaft eindeckte. Er wohnte im hinteren Gebäude, das mit dem Haupthaus unten durch einem Flur verbunden war. Es hatte früher wohl dem Mühlenbetrieb gedient. Jetzt war das

Personal dort untergebracht. Zum Glück hatte es auch einen Zugang von außen, sodass Max nicht von Donka behindert wurde. Über den Lagerräumen, die leerstanden, befanden sich drei Kammern. Die erste war nicht belegt. In der zweiten wohnte Makkai, wie man an der weißen Kleidung sah. Die dritte musste Tergelun gehören. Sie war sparsam eingerichtet und enthielt nicht mehr, als man zum Schlafen und Verwahren seiner Sachen braucht. Im Schubladkasten, wie die Kommode in Österreich heißt, war nichts Verdächtiges zu finden. Allerdings waren die Fächer reichlich mit Hemden und Wäsche gefüllt. Der Kleiderschrank war ebenfalls voll. Ein bisschen viel für einen Bodyguard, dachte Max, während er Anzüge, Hosen und Mäntel durchsuchte. Er wollte den Schrank gerade wieder schließen, als er in der Ecke einen schwarzen Kellnerrock bemerkte, den er bisher übersehen hatte. In einer versteckten Brusttasche fand er einen Zettel, der in Großdruckbuchstaben folgende Mitteilung enthielt:

ÜBERGIB DEN SACK, DER IM SCHUPPEN UNTER DER HINTEREN TONNE VERWAHRT IST, HEUTE NACHT UM ZWEI UHR DORT, WO DER WEG AUF DIE GLEISE DER SCHAFBERGBAHN STÖSST! ERKENNUNGSWORT: SCHAROSCHS NACHFOLGER!

Aber hallo! Das war der Beweis, nach dem er gesucht hatte. Tergelun sollte die Nachfolge Scharoschs antreten, nachdem Zigahn versagt hatte und verschwunden war. Die Ware hatte er bereits mitgenommen. Es war allerdings verwunderlich, dass die Belieferung schon wieder aufgenommen werden sollte. Vielleicht hielt man die Gefahr mit Basarabs Tod für gebannt und hatte einen neuen Mann auf dem Schafberg. Was war zu tun? Sollten sie sich nochmals der Sache annehmen? Der Junge schüttelte den Kopf. Nein! Das war jetzt Aufgabe des Zolls. Max steckte den Zettel wieder in die Brusttasche zurück. Dann fuhr er mit der Durchsuchung fort. Auf dem Schrank lagen ein Koffer, ein Trolley und ein Seesack, die aber alle leer waren.
Das Bett stand in einer Ecke und stieß mit Kopf und Hinterseite an die Wand. Max sah unter Kopfkissen und Lacken nach und hob die Matratze. Schließlich erinnerte er sich daran, wie Micha Dinge verschwinden

ließ, die nicht für fremde Augen bestimmt waren. Er legte sich mit dem Rücken auf den Fußboden, schob sich unter den Bettkasten und tastete die untere Seite ab. Und plötzlich fand er, wonach er gesucht hatte: Unter dem Kopfteil, unmittelbar hinter der Bettverkleidung, war - von außen nicht sichtbar - mit Klebeband ein schwarzer Gegenstand befestigt. Ha, sieh da! ... eine Pistole! Sie war so gut versteckt, dass man sie auch beim Saubermachen nicht entdecken würde, wenn ein solches einmal stattfand.

»Also, doch ein ausgemachter Gangster!«, stellte Max befriedigt fest, als er seine Kleider abklopfte und den Raum verlassen wollte. Da fiel ihm ein, dass noch etwas Wichtiges zu erledigen war: Er ging noch einmal zurück und holte es nach.

Kapitel 19: In der Gruft der tausend Särge

Max hatte mit dem Handkarren die Abfalltonnen auf die Fahrstraße hinaufgeschafft, wo sie zur Leerung aufgestellt wurden. Bei seiner Rückkehr sah er auf der Terrasse einen verfrühten Mittagsgast sitzen. Er wollte gerade vorbeigehen, als er merkte, dass ihm zugewinkt wurde. Es war von Telek, der ihm auf dem Schafberg Beistand geleistet hatte.

Max begrüßte ihn herzlich und fragte, was ihn hergeführt habe. Der Adelige erwiderte lächelnd, dass er doch einmal sehen wollte, wie es seinem jungen Freund gehe, von dem er nichts mehr gehört habe. Etwas leiser fügte er hinzu, dass er sich Sorgen gemacht hätte, da der Vorfall auf dem Schafberg doch ein Nachspiel haben konnte.

Max überlegte gerade, was er antworten sollte, als Ivy mit einem Tablett aus der Küche kam. Sie stieg die Stufen zur Terrasse hinauf, um es dem Gast zu bringen, der mit dem Rücken zu ihr saß. In dem Augenblick wandte von Telek den Kopf. Und dann geschah etwas Unerklärliches: Das Mädchen erschrak so heftig, dass sie das Tablett auf den Boden fallen ließ. Sie dachte nicht daran, das Missgeschick zu beseitigen, sondern eilte verstört in das Haus zurück. Kurze Zeit später bellte Donka wie verrückt und kratzte an der Haustür. Es war zu hören, dass der Wirt den Hund nicht beruhigen konnte und schließlich wegzerren musste.

Von Telek hatte bei dem Vorfall keine Miene verzogen. Als Max daran ging, die Sachen vom Boden aufzuheben, half er ihm. »Ich wusste gar nicht«, scherzte er, »dass ich eine so abschreckende Wirkung auf junge Mädchen ausübe. Vielleicht ist es doch besser, ich entferne mich, ehe ich noch weiteres Unheil anrichte.« Mit diesen Worten drückte er dem Jungen einen Geldschein in die Hand und stieg wieder zur Fahrstraße hinauf, nicht ohne ihm nochmals freundlich zuzuwinken.

Max war das Verhalten Ivys rätselhaft. Von Telek hatte bestimmt kein abschreckendes Äußeres. Er war vielmehr ein Typ, für den junge Mädchen schwärmen. Sie musste also irgendwas von ihm zu befürchten haben. Ein schlimmer Verdacht kam auf. Halt! Sollte dies der erwartete Chef der Bande sein, der geheimnisvolle Conducator? War er der Mann, dem der Wirt in Falkenstein-Ried die Papiere übergeben hatte? Hatte Grozza ihn dabei auf Max angesetzt? Vieles sprach dafür. Woher wusste von Telek sonst, wo seine Zufallsbekanntschaft tätig war? Max hatte das mit keinem Wort erwähnt ... Oder, schrecklicher Gedanke!, war gar nicht er, sondern Ivy das Ziel des Besuchs? War ihre nächtliche Beichte nicht unbemerkt geblieben und hatte jetzt unliebsame Folgen? Wenn das zutraf, sah es schlecht für das Mädchen aus. Er musste sofort mit ihr sprechen. Der Junge eilte hinterher, traf sie aber in den unteren Räumen nicht mehr an. Es hieß, sie habe einen Schwächeanfall erlitten und sich hingelegt. Damit musste er sich verärgert zufrieden geben.

Als Max nach beendeter Tätigkeit sein Rad aus dem Schuppen holen wollte, hörte er hinter dem Haus ein Röcheln und Stöhnen. Er eilte um den Anbau herum und staunte nicht schlecht. Man hätte darüber lachen können, wenn die Sache nicht so ernst gewesen wäre: Donka hatte den kleinen Mann mit Regenmantel und Baskenmütze, der den Weg der Jungen immer wieder kreuzte, niedergerissen und stand nun über ihm, die Zähne an der Kehle. Man sah ihm an, dass er zubeißen würde, wenn sein Opfer auch nur eine Bewegung machte. Der Unglücksmensch lag hilflos auf dem Rücken und gab nur ab und zu Angstlaute von sich. Es sah ihm ähnlich, dass er wieder an den Höllenhund geraten war, der nur auf eine Gelegenheit wartete, seine Angriffslust abreagieren zu können.

Max überlegte. Selbst helfen konnte er nicht. Es war klar, dass die Bestie ihr Opfer erst freigeben würde, wenn sein Herr das befahl. Er sagte deshalb zu dem Pechvogel, der ihn beschwörend ansah: »Bleiben Sie still liegen. Dann passiert Ihnen nichts. Ich hole den Wirt ... Es kann aber eine Weile dauern!« Die letzte Bemerkung setzte er hinzu, als ihm einfiel, dass ja auch der Hund festsaß. Solange das dauerte, blieb das Obergeschoss unbewacht. Das war die Gelegenheit, nach dem unterirdischen Verlies zu suchen. Der Wirt und seine Leute hatten mit dem Mittagessen für die Festgesellschaft zu tun, sodass sie die Privaträume nicht aufsuchen würden. Der kleine Mann musste sich also noch etwas gedulden, wie ärgerlich für ihn das auch war.

Max überlegte, wie er unbemerkt ins Haus gelangen konnte. Er hatte es ja offiziell bereits verlassen. Da sah er, dass das Fenster zu den Toilettenräumen offen stand. Von hier aus war der Hund wohl ins Freie gelangt, als der Wirt ihn dort eingesperrt hatte. Der Junge kletterte hinein und begab sich in den Flur. Rechts lag der Wintergarten. Daran schloss sich - hinter der Nische mit dem Adler - eine kleine Gaststube an, die gerade nicht benutzt wurde. Auf der gegenüberliegenden Seite befand sich der große Gastraum. Eine Tür weiter links kam die Küche, in der jetzt viel los war, weil noch das Essen für die Gäste zubereitet und serviert wurde. Den Schluss bildete die Treppe, die Max hinauf musste. Aus der Versanweisung ergab sich klar, dass das Versteck zwar unter dem Haus lag, sein Zugang sich aber oben befand. So hieß es in der zweiten Strophe:

Es steht dort, was nur halb gelogen,
wo Kugel kommt hoch angeflogen.

Micha hatte gesagt: »Das kann nicht schwer sein. Innerhalb eines Gebäudes kommen nicht viele Orte in Frage. Nenne mal einen.«
»Stockwerk!«, hatte Max vorgeschlagen.
»Weiter!« Micha winkte ab. »Das ist es nicht!«
»Erdgeschoss!«
»Ja! ›Geschoss‹ ist wohl die gesuchte Kugel. Sie soll ›hochangeflogen‹ kommen. Gibt es eine Vorsilbe dafür?«
»Für ›hoch‹ kann man auch ›oben‹ sagen! ... Das ergibt aber keinen Sinn.«
»Das Wort ist ›halbgelogen‹, braucht also nur halbrichtig zu sein. Du darfst noch etwas verändern.«
»O b e r-geschoss!«, buchstabierte Max.
»BINGO! ... Das ist es!«, hatte Micha erfreut gesagt.
Also hastete Max jetzt schnell hinauf. Er war ganz zuversichtlich, die Geheimtreppe zu finden, obwohl wenig Zeit zur Verfügung stand. Die Anweisung sagte nämlich auch etwas über ihre Lage.

Den Zugang birgt, klug ausgedacht,
ein etwas, das dir Freude macht:

Es dienet dir, tagaus, tagein,
ohn' müde jemals nur zu sein.

»Der Ort wird täglich benutzt«, hatte Micha gesagt. »Und er ist fest mit dem Gebäude verbunden, damit das Geheimnis nicht zufällig entdeckt wird. Zu denken wäre an so was wie eine Besenkammer. Allerdings leuchtet nicht ein, inwieweit sie ›Freude machen‹ soll. Die Familie wird doch keinen ›Reinlichkeitsfimmel‹ haben.

»Vielleicht wird der Ort für heimliche Liebesstunden benutzt.« Max musste über seinen Scherz selbst lachen.

»Die Besenkammer ist es also nicht«, fuhr Micha fort, ohne sich ablenken zu lassen. »Das ›Etwas‹ könnte aber auch durch Schönheit erfreuen. Erinnerst du dich, ob es Einbauten in den Privaträumen des Wirts gibt?«

Max ging in Gedanken noch einmal alles durch, fand aber nichts. »Da bleibt eigentlich nur der große Kachelofen im Wohnzimmer des Wirts«, sagte er schließlich. »Aber das passt auch nicht. Eine Geheimtür, die man nur benutzen kann, wenn der Ofen nicht beheizt ist, taugt nichts.«

Es gibt noch eine Strophe, die sich mit dem Öffnungsmechanismus befasst,« meinte Micha. »Der dürfte ja von der Tür nicht allzu weit entfernt sein.« Sie lasen daraufhin:

Er ist verborgen gar nicht schwer,
wo täglich geht dein Fuß einher!

»Was soll das heißen?«, hatte Max gefragt. »In einer Wirtschaft werden die meisten Räume täglich begangen.«

»Es muss der Flur sein«, hatte Micha geantwortet. »Der wird am meisten begangen. Die Geheimtür wird an den Flur angrenzen.«

Jetzt stand Max im ersten Stock und ließ den Geist rotieren. Die Privaträume schieden, wie gesagt, aus. Auch in den Fremdenzimmern war ihm bei der Stippvisite am Samstag nichts aufgefallen. Nicht einmal die von Micha erwähnte Besenkammer hatte er entdeckt. Seltsam! So was war in einer Herberge doch unentbehrlich.

Während er noch überlegte, fiel sein Blick auf einen antiken Eichenschrank mit kunstvollem Schnitzwerk. Er war in eine Mauernische des Flurs eingelassen, die sich gegenüber dem Treppenaufgang befand. Eine schöne alte Tischlerarbeit aus einem früheren Jahrhundert. Sie konnte schon ›Freude bereiten‹. Hier pflegte sich Donka abzulegen, wenn er ihn nach oben begleitete. Als der Junge dem ›Kasten‹, wie ein Schrank in Österreich heißt, einmal zu nahegekommen war, hatte das Tier die Zähne gefletscht und böse geknurrt. War das das Geheimnis des Hauses, das der Hund zu hüten hatte?

Max eilte zu dem Schrank und öffnete die Türen. Er betrat einen Innenraum, an dessen Seiten sich Fächer befanden. Links lagerten Tischdecken, Servietten, Handtücher, Kissen, Decken, Bettwäsche und ähnliches; rechts die gesuchten Besen, Lappen, Bürsten und Eimer, die man zum Saubermachen benötigte. Es war sogar ein altertümlicher Staubsauger vorhanden. Das war also - mit dem Wäscheschrank kombiniert - die gesuchte ›Besenkammer‹, die sie zu Unrecht von der Suche ausgeschlossen hatten.

Wo aber war der Zugang zur Geheimtreppe? Der Schrankboden schied aus. Direkt darunter befand sich im Erdgeschoss die Nische mit dem Raubvogel. Die Seiten der Kammer grenzten an benachbarte Gästezimmer. Es blieb nur die Rückwand. Doch die klang nicht hohl ... Dann war es vielleicht doch nicht der richtige Ort? Max nahm nochmals die Verse zur Hand. Dort hieß es weiter:

Falls Du´s nicht findest von allein,
dann will ich dir behilflich sein:
Den Raum, der ward zum Abgang dann,
man anderswo nicht finden kann.
Wo Platz wird heimlich abgezweigt,
sich dies woanders sichtbar zeigt.

Ach, ja! Nun fiel es Max wieder ein. Micha hatte erklärt, was das bedeutete. Er eilte ins Erdgeschoss hinab und wartete, bis der Korridor leer war, durch den immer noch Speisen auf die Terrasse hinausgetragen wurden. Dann schlüpfte er in die kleine Gaststube neben dem Eingang und schritt die Länge ab. Dasselbe machte er eine Tür weiter im Wintergarten. Und dabei bestätigte sich seine Vermutung: Beide Räume zusammen waren ca. zwei Meter kürzer als der angrenzende Flur. Von ihnen war ein Stück, das der Breite der Nische entsprach, abgetrennt worden. Im Obergeschoss verhielt es sich mit den Fremdenzimmern genauso, wie der Junge anschließend feststellte. Er hatte richtig vermutet: Die Geheimtreppe war hinter dem Schrank verborgen und die Rückwand bildete den Zugang.

Wo war der Mechanismus, der die Tür öffnete? Richtig! Er sollte ja im Flur liegen. Der Junge sah sich also dort um. An den Wänden hingen, nicht anders als in der unteren Diele, Jagdtrophäen, die den düsteren Gang noch unfreundlicher machten. Wo sollte er anfangen? Was war gemeint? Max begann, unruhig zu werden. Die Zeit drängte. Wie lange durfte er den kleinen Mann noch unter den scharfen Zähnen des Mühlenhundes liegen lassen? Und was war, wenn jemand heraufkam und sah, was er hier trieb? Wie lautete die Anweisung genau? Hier hieß es:

Ein Freund, der lebt in dunkler Nacht
für dich die Arbeit gänzlich macht!

Es musste also eines der präparierten Tiere sein. Max bereute jetzt, dass er in der Schule nicht besser aufgepasst hatte. Was waren Nachtgeschöpfe? Er hatte keine Ahnung. Während er noch seinen Kopf zermarterte, erregte ein ausgestopfter Dachs seine Aufmerksamkeit. Er war auf einem Podest an der Wand angebracht und sah aus, als ob er noch lebte. Das Haarkleid glänzte seidig und die schwarzen Augen funkelten. Wie hatte man das gemacht? Max reckte sich hoch und fasste an die hölzerne Konsole. Da ereignete sich etwas Unerwartetes: Das Holzteil glitt nach vorn, wobei ein Geräusch ertönte, als werde ein Mechanismus betätigt. Im Schrank hatte sich, wie er rasch feststellte, die Rückwand geöffnet und eine nach unten führende Treppe freigegeben. Max atmete erleichtert auf. »Grottenschlecht gespielt, aber trotzdem gewonnen!«

Er zögerte keinen Moment. Der kleine Mann musste eben noch etwas leiden und seinen Beitrag zur Befreiung des Mädchens leisten. Max schloss den Wandschrank von innen. Er hätte auch gern die Geheimtür von der Treppe aus zugemacht, wusste aber nicht, wie sie sich wieder öffnen ließ. Deshalb klemmte er sie mit einem Holzkeil fest.

Dann hastete er in dem Schacht, der durch Spalten in der Außenmauer beleuchtet wurde, die enge Treppe hinab. Nach zwei Drehungen kam er zu einem Absatz. Das war wohl das Erdgeschoss. Ein Zugang fehlte. Man hatte die Gefahr einer Entdeckung wohl als zu groß erachtet. Der Junge folgte den Stufen weiter nach unten. Jetzt wurde es dunkler und die Luft stickiger. Er ärgerte sich, dass er keine Taschenlampe bei sich hatte. Aber das hätte Misstrauen erregt. So musste er sich mit Streichhölzern behelfen.

Am Ende der Stufen gelangte Max in einen engen Gang, der nach einigen Metern in einem quadratischen Vorraum endete. An den Wänden waren in Kopfhöhe rechts und links halbrunde Eisen eingelassen. Dienten sie zum Anketten von Gefangenen? Jetzt waren sie leer. An der Kopfseite befand sich eine mit eisernen Bändern verstärkte Tür, die offenbar in den Kerker führte. Sie war abgeschlossen. Alles Rütteln und Ziehen nützte nichts.

Wo war der Schlüssel? Wenn er Glück hatte, wurde er in der Nähe verwahrt. Max verbrauchte seine letzten Streichhölzer, ohne etwas zu finden. Dann stand er ganz im Finstern. Er klopfte an die Kerkertür. »Donata?«, rief er halblaut. Obwohl er die Rufe wiederholte und lauter wurde, kam keine Reaktion. Durch die Bohlentür konnte man ihn offenbar nicht hören.

So kam er nicht weiter. Er brauchte Licht! Es musste hier irgendwo bereitgestellt sein. Er tastete sich im Dunklen langsam Stufe für Stufe wieder hinauf. Vom Erdgeschoss an wurde es wieder heller. Im Obergeschoss fand er schließlich, was er suchte. An der Seitenwand stand in einem Mauerfach eine Blendlaterne mit Kerze und Streichhölzern. Mit dem Licht war es nicht schwer, den Schlüssel zur Kerkertür zu finden. Er lag im Vorraum gleichfalls in einem Mauerfach.

Die Tür knarrte bedrohlich. Der Junge betrat einen dunklen Raum. Es mochte früher einmal ein Kerker gewesen sein, jetzt diente er, zum Teufel!, anderen Zwecken. In Reihen hintereinander und übereinander gestapelt, standen hölzerne Särge, die fast alles ausfüllten. Sie hatten unterschiedliche Größen. Für Männer, Frauen und Kinder. Und sie waren gefüllt. Denn sie wurden mit einer Leinenabdeckung geschützt. »Mein Gott!«, flüsterte Max verstört. »Wenn Dota hier ist, dann jedenfalls nicht mehr lebendig.« Er starrte auf die Holzkisten, die, vom schwankenden Licht der Laterne aus der Dunkelheit gerissen, mit tausend Schatten zum Leben erwachten, als wollten ihre Bewohner der Behausung entfliehen. Ihm fehlte die Vorstellungskraft, um das zu begreifen. Oder richtiger gesagt: Seine Fantasie überschlug sich und produzierte Erklärung um Erklärung, denen sich der Geist zu folgen weigerte.

Der erste Gedanke war, dass der Satanskult also doch seine blutige Ernte gehalten hatte. Es waren mehr als dreißig Särge. Handelte es sich um Menschen, die aus Osteuropa kamen? Die eine bessere Zukunft erhofft hatten und jetzt als Leichen in billigen Särgen lagen, nachdem man sie beraubt und ermordet hatte? Der Junge schüttelte sich entsetzt ... Aber wer sagte, dass es überhaupt Tote waren, die die Schreine bargen? Reichten die Verbindungen in diesem Haus nicht bis nach Rumänien, dem Land der Vampire und Untoten?! Hatten die hier Zuflucht gefunden? Auf der Suche nach Opfern, an denen sie ihren Hunger nach frischem Blut stillen konnten? War das der Geisterspuk, der seit einiger Zeit die Schlucht unsicher machte? Und was hatte es mit dem leeren Sarg auf sich, der unmittelbar vor seinen Füßen stand? Der Sargdeckel war geöffnet und das Leichentuch schon ausgebreitet ... Für wen ...?

Oh, nein! ... Max überlief es siedend heiß und das Herz setzte aus. War das sein Sarg? Sollte er das nächste Opfer sein? Einen Moment stand er wie erstarrt. Dann riss er sich zusammen. Er durfte nicht auf die Stimmen seiner Angst hören. Der leere Sarg konnte nicht für ihn bestimmt sein. Keiner wusste ja, dass er kommen würde! Und Geister und Vampire gab es nur in Schauergeschichten und Märchen, nicht aber in Wirklichkeit.

Max schlug mit der rechten Hand, in der er die Laterne hielt, ein Kreuz. Plötzlich schoss ein riesiger Schatten die Decke empor. Das brachte das Fass zum Überlaufen: »NEIN!«, schrie er und machte einen wilden Satz zurück. Der Schatten aber sprang mit und verharrte drohend über seinem Haupt. »Lauf, was du kannst«, rief die innere Stimme. »Das ist die letzte Chance!« Max war dabei, den Raum fluchtartig zu verlassen.

Aber er wusste, dass er dies nicht tun durfte. War er erst einmal im Laufen, dann würde er nicht früher einhalten, bis er nicht nur das Gewölbe, sondern auch das Haus, die Schlucht und den Berg für immer verlassen hatte. Er stemmte sich mit aller Kraft gegen die Panik, die ihn zu überwältigen drohte. »Geister gibt es nicht!«, schrie er, um sich wieder unter Kontrolle zu bringen. Entsetzt hörte er, wie es im Raum zurückdonnerte: »... *dreister Wicht!*« Der Junge erschrak. »Es ist nur der Widerhall!«, rief er zornig. »... *dein tiefer Fall!*«, kam schaurig die Antwort. Der Druck auf der Brust verstärkte sich und das Atmen wurde mühsam. »Ihr bringt mich nicht um meinen Mut!«, brachte er noch heraus. »...*nur dein Blut!*«, flüsterte es drohend zurück.

Sein Herz pochte wie wild und machte große Sprünge. Aber der Verstand arbeitete noch. Er wusste, was zu tun war. Er holte den Arm mit der Laterne hinter seinem Körper hervor und sagte nichts mehr, worauf der Schattenspuk endete und es still wurde.

Jetzt musste er sich Gewissheit darüber verschaffen, ob Donata in einem der Särge lag. »Überzeug dich, womit du es zu tun hast«, befahl er sich und setzte heimlich hinzu: »Weglaufen kann ich immer noch.« Das war ein Kompromiss. Max beugte sich zu der kleinen Holzkiste, die gleich neben dem offenen Totenschrein auf dem Boden stand. Ein Kindersarg!, schoss es ihm durch den Kopf. In seiner Vorstellung sah er ein blondes Mädchen in einem weißen Kleid darin liegen, einen goldenen Stirnreif um den Kopf. Ihre offenen Augen starrten ihn an, als wollten sie sagen: »Nun ist es zu spät. Warum bist du nicht eher gekommen?!«

»Lieber Gott«, betete der Junge, »mach, dass es nicht Donata ist!« Er zwang sich dazu, die Leinenhülle zu entfernen. Eine aus rohen Brettern gezimmerte Kiste kam zum Vorschein. War das Verwesungsgeruch, der in seine Nase drang?! Oder nur Moder und Fäulnis in dem nasskalten schlecht belüfteten Raum? Widerwillig ergriff er ein am Boden liegendes Brecheisen und stemmte den Deckel auf. Er schloss die Augen und bereitete sich innerlich auf das vor, was er gleich sehen würde. Eine Weile stand er so unbeweglich da. Als er sich endlich der Wirklichkeit stellte, blickte er auf ein Leichentuch, das eine kleine Gestalt bedeckte. Auf das Leinen schien sich die Erstarrung des toten Körpers übertragen zu haben. Es war ein Symbol für die ewige Ruhe, die das tote Kind ergriffen hatte.

»Ruhe! ... Aber was war das ...? Das gab es nicht!« Er glaubte an eine Sinnestäuschung. Dann sah er es nochmals und war sich sicher, dass er sich nicht irrte: Das weiße Tuch fing an, sich zu bewegen, weil unter ihm etwas zum Leben erwachte und den Sarg verlassen wollte.

Kapitel 20: Der Mann mit dem Regenmantel

Als Max am frühen Nachmittag ins Hotel zurückkam, warf er sich erschöpft aufs Bett und versuchte etwas von dem versäumten Nachtschlaf nachzuholen. Er war aber viel zu aufgewühlt dazu. So ließ er seine Gedanken schweifen. Er sah sich nochmals unter der Erde in einer Gruft voller Särge, die im gespenstischen Schein einer Blendlaterne ihr Eigenleben entfalteten und nach ihm zu greifen begannen. Schließlich stand der kleine Kindersarg vor ihm, in dem vermutlich Donata lag, für die nun doch alle Hilfe zu spät kam. Es hatte ihn viel Überwindung gekostet, den Sarg zu öffnen und dann ... dann bewegte sich plötzlich das Sargtuch! Die Nerven gingen mit ihm durch und er schlug mit dem Brecheisen zu, obwohl er sich sagen konnte, dass das bei Untoten nichts nützen würde ... Die Bewegung im Sarg brach jählings ab und das weiße Leinen färbte sich rot. Es war also ein sterbliches Wesen, das er ins Jenseits befördert hatte. Als er sich etwas beruhigt hatte und das Leinentuch vorsichtig anhob, ... blickte er in die brechenden Augen einer Ratte. Sie hatte ein Loch in das Holz gefressen und geglaubt, im Sarg ein sicheres Versteck gefunden zu haben, was sie nun mit dem Tode bezahlen musste.

Aber was war das? Er starrte ungläubig in die Kiste: Längliche metallisch glänzende Gegenstände: Maschinenpistolen! Der kleine Sarg war bis zum Rand damit gefüllt. Stichproben ergaben, dass auch die anderen Kisten Kriegsausrüstung enthielten. Er brauchte sie nicht zu öffnen, da sie seitwärts beschriftet waren. Sturmgewehre, Munition, Handgranaten, Maschinengewehre. Er brach ab. Mannomann! Da hatte er ein Waffenlager entdeckt, mit dem man eine Kompanie ausrüsten konnte! Bereitete der Wirt einen Umsturz in seinem Heimatland vor? Es sah ganz so aus. Das würde auch das Treffen in Falkenstein-Ried erklären.

Die Gedanken des Jungen wanderten weiter. Er musste lachen. Der kleine Mann hatte lange Zeit warten müssen, bis er aus den Klauen des Höllenhunds befreit wurde. Und dann geriet er vom Regen in die

Traufe. Der Wirt unterzog ihn einem hochpeinlichen Verhör. Als er das offene Toilettenfenster sah, war für ihn die Sache klar: Der Fremde hatte versucht, in das Haus einzudringen und war dabei von Donka gestellt worden. Er packte den Übeltäter am Kragen und schleppte ihn in den kleinen Gastraum, von wo aus er lautstark seine Leute zusammenrief. Die ließen erschrocken ihr Essen stehen und eilten herbei.

»Ich bin es endgültig leid, in meinem Haus bespitzelt zu werden!«, sprach der Wirt. »Wie soll man seinem ehrbaren Beruf...« - Max musste bei diesem Wort heftig schlucken - »nachgehen, wenn überall Spione lauern! Wir müssen ein Exempel statuieren, das Gesindel wie den da« - er zeigte auf den Gefangenen - »ein für alle Mal abschreckt!«

»Wir sollten ihm die Ohren abschneiden und an die Haustür nageln, nachdem wir ihn vorher schön eingetopft haben.« Tergelun war es, der das vorschlug, wobei er roh lachte. Max wusste nicht, ob er dies ernst meinte oder nur scherzte. Nach Spaß sah der Kerl allerdings nicht aus. Man konnte richtig Mitleid mit dem Unglücksraben bekommen, wie er so unbarmherzig hin und her geschüttelt wurde. Bei Donka hatte er dann doch weniger zu leiden gehabt. Als die Rede auf die abgeschnittenen Ohren kam, fasste der Rohling sein Opfer an den Ohrlappen. Er hob den jammernden Mann dann so in die Höhe, wobei er sein gefühlloses Gelächter fortsetzte.

»Oh, schade um Ohren, zartige, für Nageln an Tor«, warf Makkai ein. »Schmecken besser als Lauscher von Esel, was essen in Ungarland. Werd ich draus machen Frikassee, kleingehacktem. Gibt gut Füllung für Maultaschen.«

Dem Wirt war keineswegs zum Spaßen zumute. »Haltet ihn fest, damit ich ihn durchsuchen kann! Seht her, was ich finde! ... Eine Pistole und ein Klappmesser! Er kam also keinesfalls in friedlicher Absicht...!«

»Ja! Wolltigte mördern alle tot!«, bestätigte der Ungar.

»Es ist also Notwehr«, fuhr Grozza fort, »wenn ihm jetzt etwas passiert! Ihr könnt alle bezeugen, dass er sich gewaltsam Einlass verschafft hat und wir uns verteidigen mussten!« Er blickte Zustimmung suchend in die Runde.

Das schien den Beifall der anderen zu finden. Besonders der Koch freute sich über weitere Einsatzmöglichkeiten für sein Lieblingswerkzeug. Er hielt dem Gefangenen die zweischneidige Klinge unter die

Nase. »Oh, Messer gut gescharrft«, rief er begeistert. »Können notwehrigen jedes Mann, wenn nötig, bitte schön!«

Max, der sich im Hintergrund hielt, versuchte sich noch kleiner zu machen, damit man seine Anwesenheit vergaß. Es konnte gefährlich sein, jetzt zum Mitwisser einer Bluttat zu werden. Obwohl die Situation auszuarten drohte, trat dann unvermittelt eine Wende ein, die der Junge nicht begriff: Der kleine Mann, der seinem Ausweis nach Patrescu hieß und aus Rumänien stammte, hatte sich schon eine ganze Weile vergeblich darum bemüht, zu Wort zu kommen. Immer wenn er den Mund aufmachen wollte, verhinderte Tergelun dies hinterhältig, indem er ihm die Wangen zusammenpresste und vorgab, ihn zum Reden zu zwingen. »So sprich doch, wenn du gefragt wirst!« Oder: »Meinst du, der Chef sei keiner Antwort wert!« Schließlich unterband er einen neuen Versuch mit den Worten: »Du hast wohl deine Gründe, dich auszuschweigen!« Max hätte am liebsten laut gerufen: »Wie soll er reden, wenn ihm der Kiefer festgeklemmt wird«, ließ es aber besser bleiben. Es war für ihn gesünder, wenn er unsichtbar blieb.

Der Gepeinigte verschaffte sich schließlich auf andere Art Gehör, nachdem ihm das Sprechen hinterlistig verwehrt wurde. Er spreizte die Finger der rechten Hand, während Daumen und kleiner Finger einen Kreis formten und sich hin- und herdrehten. Als der Wirt dies bemerkte, stutzte er und sagte dann: »Ich glaube, wir machen einen Fehler! Er gehört zu uns! Gebt ihn frei!«

Nur widerwillig gehorchte der Hilfskellner, der Freude an seiner Aufgabe gefunden zu haben schien. Auch Makkai steckte sein Messer nur bedauernd wieder in den Gürtel. Am wenigsten einverstanden aber war Donka, als er erkennen musste, dass alle Mühe umsonst gewesen war. »Schon gut, Donka! Bist ein braver Hund!«, beschwichtigte ihn Grozza, der seinem Tier gegenüber feinfühlig sein konnte. Für Max war jetzt die Zeit gekommen, sich aus dem Staube zu machen. Wenn Patrescu es erwähnte, würde man sich wundern, warum der Bengel so lange gebraucht hatte, den Vorfall zu melden.

Eine Weile dachte Max noch über die Ereignisse des Vormittags nach, bis er dann doch einschlief. Er träumte von einem kleinen Mann, der sich aufblies, größer und größer wurde, bis er dann wie eine Seifenblase platzte und die Zacken einer Krone in der Luft zurückließ ... Als er aufwachte, begann es draußen bereits dunkel zu werden. Er sprang aus dem Bett. Jetzt musste er sich beeilen. Er war ja mit Micha verabredet, der sicherlich schon wartete.

Schnell verließ er das Hotel. Er folgte der Straße, die am Appesbach entlang hinaufführte. Sie war mit Büschen und Bäumen bestanden und gab nur vereinzelt einen Blick auf leere Wiesen und Weiden frei. Einige Gehöfte lagen still und verlassen da. Der Berg trat mit jedem Schritt näher heran und verdunkelte den Weg noch weiter.

Ein bisschen einsam!, dachte Max. Er wusste, dass ein neuer Anschlag auf sein Leben überall erfolgen konnte. Die abgeschiedene Straße war dafür besonders günstig. Deshalb war er erleichtert, als er bemerkte, dass ihm in der Ferne eine Gestalt folgte. Er verlangsamte das Tempo, um sie aufschließen zu lassen. Nach einer Weile musste er aber feststellen, dass dies nicht geschah. Er ging daraufhin versuchsweise schneller, ohne dass der Abstand dadurch größer wurde. Es sah ganz so aus, als hätte er einen Verfolger. Darüber konnte er sich schnell Klarheit verschaffen. Nach rechts zweigte aus dem Tal ein Sandweg ab, der sich in einem Doppelbogen ein Stück den Hang hinaufschwang und dann geradeaus weiterlief. Er schien in die richtige Richtung zu führen. Max bog rasch ein und sah erst wieder hinunter, als die erste Kehre hinter ihm lag. Der Mann hatte inzwischen die Abzweigung erreicht und schlug ebenfalls den neuen Weg ein. Das sah nicht gut aus.

Max blickte sich nach einer Fluchtmöglichkeit um. Zur linken Hand stieg eine Wiese steil bis zu einem Waldstück hinauf. Ohne lange nachzudenken, kletterte er eilig empor. Gräser und Blumen reichten ihm fast bis an die Knie, was den Aufstieg erschwerte. Am Ende der Steigung, dort wo der Hang in ein flacheres Stück überging, wandte Max sich um. Von dem Verfolger war nichts mehr zu sehen. Erleichtert gönnte sich der Junge eine Ruhpause.

Hier oben war es lichter als eben noch im Tal. Die untergehende Sonne zauberte mit ihren letzten Strahlen noch etwas Farbe auf die Wiese. Für einen Moment hüllte sie alles in einen orangefarbenen Glanz. Hinter dem dunklen Bergrücken kam der hellgraue See zum Vorschein. Strobl und der Bürglstein waren jetzt blauschwarze Farbflecken in einem violetten Bild. Bald würden sie verschwinden und einem stumpfen Grau Platz machen.

Als Max den Anstieg durch das Waldstück bewältigt hatte und auf die Hochfläche hinaustrat, auf der das Anwesen der Bestmanns lag, musste er erkennen, dass er sich zu früh gefreut hatte: Am jenseitigen Waldessaum stand der Fremde und sah zu ihm herüber. Offenbar hatte der Sandweg doch schneller hinaufgeführt oder er, Max, hatte sich zu lange aufgehalten, als er den Sonnenuntergang bewunderte.

Er spurtete los und erreichte das Gut noch vor dem Verfolger. Aber was war das? Verdammt! Das Hoftor war verschlossen. Er läutete Sturm, während der Fremde seelenruhig näher kam. Obwohl es schon fast dunkel geworden war, erkannte Max jetzt einen schwarzen Regenmantel und eine Baskenmütze: Es war Patrescu, der Mann, der sich heute als Spießgeselle des Wirts zu erkennen gegeben hatte. Das bedeutete Alarmstufe Rot. Mit Pistole und Klappmesser ausgerüstet, war der Kerl keinesfalls ein harmloser Urlauber. Und er hatte sich sicherlich nicht an die Verfolgung gemacht, um sich für Hilfe zu bedanken. Alles sprach dafür, dass er ›in Geschäften‹ unterwegs war und jetzt professionell erledigen sollte, was den anderen misslungen war.

Max war inzwischen eingefallen, dass Micha mit seinen Eltern und der Belegschaft zu einem Mostfest nach Schwarzenbach gefahren war. Er hatte es nicht geschafft, rechtzeitig zurück zu sein. Zum Teufel auch! Warum war er nicht einmal pünktlich, wenn es darauf ankam!

Der Junge begann das Anwesen im Eiltempo zu umrunden. Vielleicht konnte er sich irgendwo Einlass verschaffen. Schließlich gelangte er zu dem Turm, den Micha bewohnte. Hier hatte sein Freund, im Efeu verborgen, ein Seil hängen, das er benutzte, wenn er die Behausung ungesehen verlassen wollte. Max suchte hastig danach. Zum Glück bekam er es gleich zu fassen und kletterte daran hoch. Er wusste nicht, ob ihm die Angst solche Kräfte verlieh oder ob es die fortschreitende Übung in dieser Art der Fortbewegung war. Er nahm die Höhe in einem Zuge und konnte sich oben aufseufzend hinter die Brüstung fallen lassen. Erschöpft lag er da und streckte alle Viere von sich.

»Du hast etwas vergessen!«, sagte eine innere Stimme und wiederholte dies wie eine stecken gebliebene Grammophonnadel, während sein Herz von dem Kraftakt wie verrückt pochte. Aber er war zu erschöpft, als dass ihm einfiel, was es sein könnte. »Tief durchatmen«, befahl er sich. »Du bist in Sicherheit und hast nichts mehr zu befürchten!« Der Befehl tat seine Wirkung: Das Denken schaltete sich ab und er fühlte sich sicher und geborgen.

»Hier bin ich …!«, klang es da hinter ihm. »Aber ging es nicht einfacher?« Der Rumäne hatte die Brüstung erreicht und machte jetzt keuchend Anstalten hinüberzuklettern. Da wusste Max, was er vergessen hatte: Er hatte das Seil nicht hochgezogen! Er benötigte nicht mehr als eine Schrecksekunde. Dann rollte er sich blitzschnell zur Öffnung der Plattform, die wegen des warmen Wetters nicht verschlossen war, und ließ sich hineinfallen. Das ging nicht ohne Schmerzen ab, aber das war egal. Noch ehe der Eindringling eingreifen konnte, hatte Max schon die Klappe geschlossen und von innen verriegelt! Dann eilte er die Stufen zum Obergeschoss hinunter, das Micha unter anderem zum Trocknen seiner Kräuter verwendete. Hier gab es ringsum Lüftungsschlitze in der Außenmauer, durch die gerade ein Arm hindurchpasste. Wo war das Seil? Endlich fand er es, zog es hinein und band es an einem eisernen Haken fest. Geschafft! Gefangen! Der Mordbube konnte weder herein, noch wieder hinunter. Micha brauchte nur noch die Gendarmerie zu benachrichtigen.

Eine Zeitlang geschah nichts. Dann hörte Max, wie oben jemand versuchte, die verriegelte Klappe zu öffnen. Als das nicht gelang, erfolgte ein Klopfen und Rufen, das schließlich in ein ungeduldiges Rütteln und Zerren überging. Plötzlich gab es einen Ruck, dem ein Schrei und ein Platschen folgte. Der Haltegriff der Einstiegsklappe war offenbar ausgerissen und der Eindringling rücklings in das Regenauffangbecken gestürzt, aus dem Micha sein Trinkwasser gewann. Max nahm sich vor, in den nächsten Tagen hier lieber nichts mehr zu sich zu nehmen.

Auf dem Turm kehrte jetzt Ruhe ein. Es war noch zu hören, wie sich jemand schimpfend aus dem Becken herauswand. Dann wurde es still. Vermutlich war der Eindringling damit beschäftigt, sich auszuziehen und trocken zu machen. Jetzt ist klar, warum er immer mit Regenmantel und Baskenmütze herumläuft, schmunzelte Max. Praktisch, wenn man seine Sachen trocknen muss!

Der Junge tapste die Treppe zum Wohngeschoss hinunter und zündete eine Kerze an, die auf dem Tisch in einem Leuchter bereitstand. Dann ließ er sich zufrieden nieder. Es war gut, dass er den Kopf auch ohne fremde Hilfe aus der Schlinge hatte ziehen können.

Inzwischen hatte es zu regnen angefangen und oben auf der Plattform wurde erneut geklopft und gerufen. Es erstarb aber, als das wiederum keinen Erfolg brachte. Er hat kein Glück mit dem Trocknen seiner Kleidung, lachte Max schadenfroh. Zumindest erweisen sich Regenmantel und Baskenmütze jetzt auch noch in ihrer eigentlichen Bestimmung als nützlich.

Endlich erschien Micha, vom Regen durchnässt. »Ich sehe, dass du dich selbst eingelassen und die Dachklappe geschlossen hast«, sagte er. »Damit hast du mich einer Sorge enthoben. Ich dachte schon, ich müsste im Turm ein Schwimmbad eröffnen.« Während er seine Kleidung wechselte, berichtete er, dass er sich vom Mostfest nicht rechtzeitig habe loseisen können, weil seine, Michas, Gährung so großen Anklang gefunden habe. »Aber du bist allein«, bemerkte er dann. »Ich hatte erwartet, dich in Gesellschaft des kleinen Mannes mit Baskenmütze und Regenmantel vorzufinden.«

»Wie machst du das?«, erwiderte Max verblüfft. »Die Nummer ist unübertroffen.«

»Wo ist er denn?« fragte Micha. »Ich kann ihn nirgends entdecken. Er wird uns eine Menge zu erzählen haben.«

»Das schmink dir ab!«, erwiderte Max froh gelaunt. »Er hockt schon über eine Stunde im Regen auf der Plattform und kann sicherlich nur noch krächzen ...«

»Du hast ihn im Regen sitzen lassen?!«

»Jetzt bist du es, der alles wiederholt«, rügte Max, immer noch in bester Stimmung. »Du wirst doch einen einfachen Satz aus Subjekt, Prädikat und Objekt noch verstehen! ... Im Übrigen habe ich ihn dort nicht sitzen lassen, sondern eingesperrt oder besser gesagt: ausgesperrt. Ich habe ihm die Klappe vor der Nase zugeschlagen, als er mir folgen wollte, und dann das Seil hereingezogen und gesichert, damit er festsitzt ... Du siehst, ich bin kein Baby mehr und kann mir selber helfen!«

»Nein, kein Baby! ... Aber ein Hornochse!«, schimpfte Micha. »So behandelt man keinen Besucher, schon gar nicht, wenn er so hochgestellt ist. Du hast überhaupt kein *Ghörtsi*, ich meine: Benimm!«

»Das ›hochgestellt‹ mag ja im Augenblick zutreffen«, spaßte Max, wobei er die Augen zur Turmplattform hinauf verdrehte. Aber ›Besucher‹ würde ich einen Auftragskiller nun wirklich nicht nennen, den sie auf mich angesetzt haben. Da hast du schon bessere Bezeichnungen für solche Leute gehabt, wenn ich mich recht erinnere.«

Micha blickte einen Moment betroffen. »Mein armer Freund«, seufzte er dann, »ich habe es immer kommen sehen, dachte aber nicht, dass es so schnell passiert.«

»Dass ich aus meinen Schuhen herauswachse und keine Hilfe mehr benötige?«, fragte Max erwartungsfroh.

»Nein, ... dass eine vorzeitige Hirnerweichung auftritt.«

»Was soll das schon wieder heißen?« beschwerte sich Max. »Musst du immer solche Dämelsprüche ablassen?!«

Micha hatte sich inzwischen, von Max gefolgt, die Treppe hinaufbegeben. Dann öffnete er die Dachklappe und rief: »Darf ich Sie herunterbitten, Kommissar Patrescu. Es hat leider ein kleines Missverständnis gegeben, das Sie sicherlich entschuldigen werden.«

Als Patrescu sich umgezogen hatte und die drei beim Kachelofenfeuer zusammensaßen, hatte sich die Stimmung schon wieder etwas entspannt. Max hatte jede Schuld von sich gewiesen und mit Recht betont, er habe nicht ahnen können, dass es sich bei dem kleinen Mann um einen Kommissar der rumänischen Geheimpolizei handelt, der ebenfalls die Umtriebe in der Schlottermühle untersucht. Wie sollte er auch wissen, dass Micha sich mit Patrescu verabredet und ihm empfohlen hatte, seinem Freund unauffällig zu folgen, falls er den Weg zum Gut nicht allein finden würde. Das mussten die anderen nach einigem Hin und Her einsehen. Zum Glück erwies sich Patrescu nicht als nachtragend. Vollends versöhnt zeigte er sich, als Max von der Entdeckung des Waffenlagers im Gewölbe der Mühle berichtete, was den Rumänen in seinen Ermittlungen ein ganzes Stück weiterbrachte. Nachdem er sich über seinen Auftrag zunächst ausgeschwiegen hatte, sah er sich nun doch genötigt, das Schweigen zu brechen.

»Damit ihr versteht«, begann er, »warum es geht, muss ich euch kurz in die politischen Verhältnisse meines Landes einführen. Nach Jahrzehnten kommunistischer Diktatur, die uns wirtschaftlich ruiniert und soziales Elend beschert hat, bildet sich jetzt eine demokratische Gesellschaft nach westlichem Vorbild. Auch über die Rückkehr Königs Michais darf wieder gesprochen werden, der 1947 zur Abdankung gezwungen wurde. Wenn ich die Lage richtig einschätze, werden die Wahlen eine breite Mehrheit für den Monarchen bringen. Das Volk glaubt nicht mehr an die Greuelmärchen, dass Michai den enteigneten Großgrund- und Fabrikbesitz an die früheren Eigentümer zurückgeben und Arbeiter und Bauern versklaven will.«

»Und was führt Sie nach Österreich?«, fragte Max.

»Ein Auftrag«, erwiderte der Rumäne. »Die Altkommunisten sind nicht bereit, die Rückkehr des Königs hinzunehmen, und arbeiten auf einen gewaltsamen Umsturz hin. Sie finanzieren die Aktivitäten mit Wirtschaftskriminalität und internationalem Schmuggel. Dabei werden sie von Beamten des Staatsapparates unterstützt, bei dem Bestechung und mafiose Verbindungen noch immer vorherrschen. Keines der Anti-Bestechungsprogramme hat bisher genützt.«

Patrescu nieste kräftig und ließ sich von Micha noch eine Tasse des hochgelobten Kräutertees einschenken, von dem er sich eine Besserung des beginnenden Schnupfens erhoffte. »Ihr seht, wie schwer es die Geheimpolizei hat.«

»Sind das noch die alten Leute?«, fragte Max.

Patrescu musste lachen. »Wenn es so wäre, würde ich es nicht zugeben. Aber es ist nicht der Fall. Der berüchtigte Geheimdienst ›Sekuritate‹, mit dessen Hilfe Ceaușescu seine Macht sicherte, ist inzwischen aufgelöst und durch neue Dienste ersetzt worden. Ich bin der Beweis dafür. Ich habe selbst sieben Jahre in einem rumänischen Gefängnis zugebracht, wo ich in einer sechs Quadratmeter großen Zelle saß, in die weder Tageslicht noch Luft hineindrang.«

»Was wurde Ihnen denn vorgeworfen?«

Der kleine Mann seufzte. »Nun, das Übliche«, antwortete er: »Hochverrat! ... Nach dem Sturz des Diktators hatte König Michai indirekt erklärt, dass er nach Rumänien zurückkehren werde, wenn das Volk dies wünsche. Daraufhin bildeten sich in kürzester Zeit zahlreiche monarchistische Organisationen und Parteien. Auch ich hatte mich als freier Journalist öffentlich für die Rückkehr des Königs eingesetzt. Das reichte aus, um mich zu verhaften und mir den Prozess zu machen, zumal ich Siebenbürger Sachse bin.«

»Aber Sie waren doch unschuldig!«

»An der Wahrheit war man nicht interessiert. Den Verhörspezialisten der Geheimpolizei ging es nur darum, Beweise für eine Verschwörung zu produzieren, die die Königstreuen in den Wahlen 1990 und 1992 um Stimmen bringen sollte, was dann auch gelungen ist. Die Altkommunisten erhielten erneut die Mehrheit. Der Aufstand gegen Ceauşescu war damit zur ›gestohlenen Revolution‹ geworden, weil sich in der Führung des Landes nichts änderte.«

Der Erzähler brach ab. Die Erinnerung an die verpasste Chance, für die viele ihr Leben gelassen hatten und die für ihn den Verlust der Freiheit mit sich brachte, ging ihm sichtlich nahe. »Aber lassen wir die alten Geschichten. Als die demokratische Opposition 1996 endlich die Wahlen gewann, kam ich frei und hatte das Glück, in den Geheimdienst aufgenommen zu werden, weil ich unvorbelastet war. Und jetzt stehen wir vor einer schweren Aufgabe: Wir müssen nicht nur dem organisierten Verbrechen das Handwerk legen, sondern auch dem Umsturzversuch der Altkommunisten zuvorkommen ... Deshalb bin ich hier. Die Schlottermühle scheint eine Schlüsselrolle zu spielen.«

Der Kommissar lehnte sich zurück. Er hatte alles gesagt, was er im Augenblick sagen durfte. Max war damit aber nicht zufrieden. Er sah erst Micha an, und als der schwieg, fragte er selbst: »Haben Sie denn eine Vorstellung, wer hinter den Machenschaften steckt?« Der Geheimpolizist lächelte. »Darüber darf ich eigentlich nicht sprechen. Nur soviel: Drahtzieher ist ein gewisser BOGDAN, der im Volk solche Verehrung genießt, dass sein Name nur in großen Buchstaben geschrieben werden darf. Er hat als Bergarbeiterführer bei uns bis zur Wende eine wichtige Rolle gespielt und wesentlich dazu beigetragen, dass sich die Kommunisten so lange an der Macht halten konnten. Nach unseren Informationen sind seine Vorbereitungen so weit gediehen, dass er bald losschlagen kann. Wenn wir nicht schnell handeln, kann es zu spät sein.«

Patrescu schloss seufzend seine Ausführungen. Max hatte aber noch eine Frage: »Welchen Vorteil erhofft sich BOGDAN von einem Sturz der Regierung?«

»Ich dachte, ich hätte dies schon klargestellt!«, bemerkte der Rumäne. »Wenn es ihm gelingt, das altkommunistische Regime wiederherzustellen, kann er sicher sein, als Retter der Nation gefeiert und belohnt zu werden. Zugleich ist das der Weg, die im Augenblick gegen ihn geführten Ermittlungen wegen Bestechung und Wirtschaftskriminalität zu unterlaufen. Bei einem Erfolg wird kein Mensch danach fragen, womit er den Putsch finanziert hat.«

Patrescu bestand jetzt darauf, sich zu verabschieden. Er erklärte, dass er die Beobachtung der Schlottermühle schon viel zu lange unterbrochen habe. Max schloss sich ihm an. Der steile Abstieg durch den dunklen Wald bot wenig Gelegenheit zu einer Unterhaltung. Als sie dann aber auf dem Sandweg durch die Bergwiesen gingen, nahm der Junge die Gelegenheit wahr, eine Frage zu stellen, die ihm auf dem Herzen lag: »Stimmt es, dass es in Rumänien Vampire und Untote gibt?« Nach dem Erlebnis mit den ›1000 Särgen‹ war das immer noch ein Thema.

Der Rumäne lachte gequält. »Du denkst wohl an Graf Dracula, der in Transsilvanien auf der Burg Bran gelebt und seinen Opfern das Blut aus dem Hals gesaugt hat …?«

»… und mit Heimaterde auf Reisen ging, wenn der Vorrat an unschuldigen Mädchen erschöpft war.«

»… den hat es nie gegeben«, vervollständigte Patrescu seinen Satz. »Er ist eine Erfindung des Iren Bram Stoker, der vor 100 Jahren den Schauerroman Dracula schrieb … Das historische Vorbild war der wallachische Fürst Vlad III Draculea. Das heißt so viel wie ›Sohn des Dracul‹. Er lebte im 15. Jahrhundert und hatte wegen seiner grausamen Hinrichtungsmethoden den Beinamen ›Tepes‹, das heißt der Pfähler, erhalten. Den Namen ›Dracul‹ verdankte die Familie dem deutschen Kaiser, der sie zu Drachenrittern, das heißt Türkenbekämpfern, ernannt hatte. Der Fürst war ein grausamer Herrscher, der mehr als 40.000 Menschen ums Leben brachte und auch vor Frauen und Kindern nicht haltmachte. Er war sicherlich blutrünstig. Ein blutsaugender Untoter ist er indes nie gewesen.«

»Wer hat die Gerüchte dann in Umlauf gesetzt?«

»Das waren meine Landsleute, die siebenbürgisch-sächsische Kaufmannschaft, die zur Zeit des Vlad Tepes von Kronstadt aus einen blühenden Handel mit der Wallachai führten. Als der Fürst diesen einschränkte, um die eigene Wirtschaft zu stärken, und zur Abschreckung einige sächsische Kaufleute pfählen ließ, verbreiteten die Sachsen in ganz Europa Horrorgeschichten über den blutsaugenden Vampir Tepes … So haben wir es in der Schule gelernt«, fügte der kleine Mann halblaut hinzu, worin ein merkwürdiger Unterton mitschwang. »In der

Praxis sehen die Dinge manchmal anders aus!« Bevor der Junge noch nachfragen konnte, trennten sich die Wege.

Als Max schließlich im Bett lag und über den Bericht des Rumänen nachdachte, kam ihm zu Bewusstsein, dass er einen neuen Namen gehört hatte, der wichtig werden konnte: BOGDAN! Er war offenbar nicht nur der Anführer einer Gruppe von Umstürzlern, die in Rumänien das Rad der Geschichte wieder zurückdrehen wollte, sondern auch in kriminelle Machenschaften verwickelt. In welchem Verhältnis stand er zur Schmuggler- und Schleuserbande, die von dem Conducator geleitet wurde? Beide hatten offenbar eine Verbindung zur Schlottermühle. Der Junge ärgerte sich, dass er den Geheimpolizisten nicht danach gefragt hatte. Wieso aber hatte Micha nicht daran gedacht, der doch den besseren Überblick besaß?

Kapitel 21: Die Geistermühle

Als Max sich am nächsten Morgen zur Arbeit begab, fiel ihm ein, dass es schon wieder Dienstag war. Genau vor einer Woche hatte er in der Schlottermühle angefangen. Es war inzwischen allerhand passiert, das konnte man sagen. Aber es war nicht gelungen, Dota zu finden oder wenigstens etwas über ihren Aufenthalt zu erfahren. Manchmal zweifelte er, ob sie nicht einem Phantom nachjagten. Nachdem Hilferuf und Brosche verschwunden waren, nahm die Suche immer unwirklichere Züge an. Gestern hatte sich auch noch die letzte Spur in Luft aufgelöst, auf die er seine ganze Hoffnung gesetzt hatte: Dota war auch nicht im Gewölbe der Mühle zu finden gewesen.

Jetzt konnten sie nichts anderes tun, als weiterhin beobachten, was sich in und um das Haus herum tat. Ja, Tergelun wäre ein dankbares Objekt für eine zusätzliche Recherche. Davon hatte Micha aber nichts wissen wollen. »Der Bursche ist tabu«, hatte er gesagt, »um den machst du einen Bogen.« Und als er Widerspruch in den Augen seines Freundes sah, hatte er mahnend hinzugefügt: »Und halt dich dran: Sonst gibt es den nächsten Zoff.«

Während Max in die Schlucht hinunterstieg, sah er sich nach Patrescu um, der die Mühle über Nacht beobachten wollte. Auf Anhieb war nichts von ihm zu sehen. Schließlich entdeckte er ihn auf dem gegenüberliegenden Abhang in der Nähe der Stelle, wo der kleine Mann vor einigen Tagen nachts beinahe abgestürzt wäre. Er saß, von Büschen fast verdeckt, auf einem Felsblock und bewunderte anscheinend die Kraft des Wassers, das sich unter seinen Füßen in die Tiefe stürzte. Er trug noch Michas Kleider unter dem Regenmantel. Er hatte also trotz seiner Erkältung den Rest der Nacht durchwacht und sich nicht einmal umgezogen. Als er den Jungen sah, stand er auf und schlug mit der rechten Hand dreimal hintereinander durch die Luft, als wollte er ein lästiges Insekt vertreiben. Das war das verabredete Zeichen. Letzte Nacht hatte sich etwas Besonderes ereignet, über das er heute um drei Uhr Bericht erstatten würde. Dann entfernte sich der Rumäne rasch, um noch ein paar Stunden zu schlafen. Max nickte zufrieden. Die Zusammenarbeit klappte. Im Wechsel war es möglich, die Schlottermühle fast durchgängig zu beobachten.

Dort war man dabei, die Schäden zu beseitigen, die das Unwetter am Samstag an den Außenanlagen angerichtet hatte. Besonders der Garten hinter dem Haus sah schlimm aus, da hier das vom Bach angeschwemmte Holz herumlag. Grozza und Tergelun waren damit beschäftigt, die Stämme von den Ästen zu befreien. Beide waren in ihrem Element. Sie hatten die Oberkleidung abgelegt, als sie ins Schwitzen gerieten. Es war beängstigend zu sehen, wie die Muskeln in den durchtrainierten Oberkörpern arbeiteten. Tergelun schwang die lange Axt mit einer Hand, und wo er hintraf, gab das knorrige Holz nach, als sei es Butter. Der Wirt arbeitete nicht ganz so geschmeidig, stand aber in Kraft und Zielsicherheit dem anderen nicht nach.

Als Grozza den Jungen bemerkte, sagte er etwas zu Tergelun, worauf beide hämisch grinsten. Das war übrigens das zweite Mal, dass Max den Wirt lachen sah. Doch dadurch wirkte er nicht menschlicher. Es war das Gemecker des Zyklopen, bevor er den nächsten Gefangenen verspeiste. Tergelun winkte Max heran: »Rapido, Schluffi!«, gebot er. »Jetzt ist Roboten angesagt.« Nun hatte er doch einmal ein Wort an den Jungen gerichtet. Der hatte ihn allerdings bereits beim ›Verhör‹ des armen Patrescu gehört und sich gewundert, dass der Typ so gut deutsch sprechen konnte.

Max erhielt die Aufgabe, die abgetrennten Äste zu bündeln und mit dem Karren nach oben auf den Weg zu fahren, wo sie abgeholt werden konnten. Reisig sammeln, eine Arbeit für Frauen, dachte er. Wahrscheinlich hatte der Wirt gesagt, dass das auch ein Weichei bringen könnte, und dadurch das Gelächter ausgelöst. Das war nichts, was die beiden sympathischer machte.

Es war eine Arbeit, die den ganzen Vormittag in Anspruch nahm. Max musste sich immer wieder antreiben. Schwächle nicht herum, befahl er sich. Die warten nur darauf, dass du in die Tonne trittst! Er war froh, dass ihn Ivy nicht bei dieser Tätigkeit sah. Er hatte sich schon nach ihr erkundigt und erfahren, dass sie immer noch das Zimmer hütete. Doch wusste er, ob sie nicht gerade aus einem der Fenster schaute? Mit der

Zeit wurde ihm aber auch das egal. Hut ab vor den Reisigfrauen, seufzte er gegen Mittag, als er endlich fertig war und sich den Schweiß von der Stirn wischte; jetzt wusste er, wie schwer ein Reisigbündel sein konnte.

Max war froh, sich etwas früher als sonst in der Küche bei Frau Schrempp abmelden zu können. Er hatte nicht nach weiteren Aufgaben gefragt. Die Strapazen der vergangenen Woche hatten ihn doch sehr gebeutelt und er war keineswegs schon wieder top fit. Die Wirtschafterin sah ihm wohl an, wie erschöpft er war. Sie klopfte ihm mitfühlend auf die Schulter und holte ihn an den Tisch. »Das gibt Kraft, Junge«, sagte sie mütterlich und brachte eine Portion von Makkais ungarischem Gulasch. Dazu konnte Max nicht Nein sagen und ließ sich das Essen schmecken.

Als Frau Schrempp die Küche verließ, um im Haus nach dem Rechten zu sehen, nahm Makkai sich für einen Augenblick des Jungen an. Er war offenbar schon mit den Vorbereitungen für das Mittagessen fertig oder konnte sich unterbrechen. Im Gegensatz zu seinem früheren Verhalten zeigte er sich überraschend leutselig. Der blutrünstige Geselle war nicht wiederzuerkennen. War es derselbe, der gestern sein Messer an dem Geheimpolizisten ausprobieren wollte? Zu seiner Ehrenrettung konnte man nur annehmen, dass nicht alles ernst gemeint war, insbesondere was die Verwendung von Patrescus Ohren betraf, aus denen er ja Pastetenfüllung hatte machen wollen.

Max ergriff die Gelegenheit, um den Koch über Zigahn auszufragen. Michas Einschätzung, dass von dem flüchtigen Kellner keine Gefahr ausging, hatte sich als falsch erwiesen, wie der Anschlag bei dem Bachhochwasser zeigte. Makkai gab sich einen kreuzbraven Anstrich und berichtete in unbeholfenem Deutsch, das Max erst mal für sich übersetzen musste, dass Zigahn »ein böses Mann« gewesen sei, der überall in der Mühle herumspioniert und sich nicht mal die Mühe gemacht habe, dies zu verbergen. Als ihn der Ungar dabei überraschte, wie er Makkais Sachen durchsuchte, hätte er nur gelacht und sich dann ohne irgendeine Entschuldigung entfernt. Des Nachts wäre er oft undurchsichtigen Geschäften nachgegangen und sei erst zurückgekommen, »wenn Hahn hat frühig gekräht.«

Das alles war für Max nicht neu. Der kann einem ein Ohr abkauen, dachte er genervt und war froh, als sich der Koch wieder seinen Töpfen zuwandte. Doch dann folgte noch etwas Wichtiges: Makkai drehte sich um und beugte sich zu dem Jungen herunter, wobei er ihm mit dem Messer gefährlich nahe kam: »Ich ihn sehn, gestrig, bei kaputt ist Mühle oben! ... Möglich, Versteck ist in Höhe dort!« Und als Max ihn überrascht ansah, fügte er hinzu: »Du aber haben Vorsicht! ... Samsan und ich stets wachsam!« Dabei säbelte er mit dem Messer heftig durch die Luft. Max war inzwischen mit seinem Essen fertig geworden. Er bedankte sich für die Warnung und verließ zufrieden die Küche. Ihm war klar, welche wertvolle Information er bekommen hatte: Zigahn hielt sich in der Ruine am mittleren Bachlauf auf. Das war doch was: Jetzt konnten sie endlich etwas tun.

Zum Glück lief ihm beim Verlassen des Hauses auch noch Kelling über den Weg, der heute zum Mittagessen einmal in sein Quartier zurückkam. Max fürchtete schon, er werde ihn auf den ›keltischen Artefakt‹ ansprechen, mit dem der Junge neulich angegeben hatte. Das hatte der Geologe aber wohl inzwischen vergessen oder selbst erkannt, dass er einer Prahlerei aufgesessen war. Er kam jedenfalls nicht darauf zurück. Max fragte ihn nach der Ruine, die ungefähr dort liegen musste, wo Kelling auf Michas Ratschlag hin arbeitete. »Ich halte mich da fern«, erwiderte der augenzwinkernd. »Es soll nämlich dort spuken, sagen die Leute. Daher heißt das Haus im Volksmund ›die Geistermühle‹. Es steht seit einem mysteriösen Todesfall vor vier Jahren leer; der Geist des Ermordeten soll darin umgehen.« Schließlich fragte er, ob er Max hinführen solle, und setzte spöttelnd hinzu: »Zu zweit ist man sicherer, falls es dort wirklich spukt ... Wir können ja auch ein Kruzifix und etwas Knoblauch mitnehmen, das gegen Vampire helfen soll.« Max stimmte in das Gelächter ein. »Ich weiß selbst noch nicht, ob ich mich den Gefahren aussetze«, antwortete er, auf den leichten Ton eingehend. »Ich habe nur aus Neugier gefragt.«

Als der Junge sich verabschiedete, bemerkte er aus den Augenwinkeln, wie in den Privaträumen des Wirts im ersten Stock ein Fenster geschlossen wurde. Er wandte den Kopf, um zu sehen, wer das war, kam aber zu spät. Ein Blick hinter das Haus ergab, dass Grozza und Tergelun ihre Arbeit beendet hatten. Es war also wahrscheinlich Grozza gewesen, der ein bisschen gelauscht hatte.

Max traf seinen Freund auf dem Turm beim Reinigen des Regenwasserbeckens an. Micha zeigte sich wenig beeindruckt von dem, was Makkai berichtet hatte. »Das ist viel zu vage, um sich deshalb eine weitere Nacht um die Ohren zu schlagen«, erklärte er entschieden. »Zigahn ist für unsere Ermittlungen uninteressant. Ich bleibe dabei, dass von ihm keine Gefahr ausgeht. Wir lassen ihn ...«

»Ach so«, unterbrach Max erbost, »der Baum ist also von allein auf mich gestürzt!«

Micha winkte ab. »Dass Zigahn daran beteiligt war, hast du nur von Ivy und die hat es von der Wirtschafterin. Das ist eine Aussage vom Hörensagen, wie es im Justizjargon heißt, und deshalb nichts wert. Also, lass die Finger davon, hörst du! ... Keine Alleingänge mehr!«

Das waren fast die gleichen Worte, mit denen Micha von der Beobachtung Tergeluns abgeraten hatte. Langsam nervte er mit seinen Bedenken. »Aber irgendwas müssen wir doch tun«, wandte Max ein. »Wir können doch nicht nur rumhocken und darauf warten, dass uns der Himmel auf den Kopf fällt!«

»Manchmal ist das nötig«, sagte Micha ruhig. »Dir fehlt die Geduld. Vermutlich ist das dein preußisches Erbe, das immer Aktion verlangt, auch wenn sie nicht angezeigt ist. Vielleicht erinnerst du dich an deinen Reinfall auf dem Schafberg, bei dem du um ein Haar *ein Bankerl gerissen und die Patschen aufgestellt hättest*. Kannst du mit ›das Zeitliche gesegnet‹ übersetzen.«

»Schenk dir das Gedönse!«, erwiderte Max wütend. »Alles sattsam bekannt. Langsam geht mir dein Gemucker tierisch auf den Geist. Wenn du nichts anders kannst, als heiße Luft abzulassen, mach ich lieber 'ne Biege!« Damit verließ er wütend den Turm.

»*Habe die Ehre, Servus, pfüat di!*«, rief Micha spöttisch hinterher. Daraufhin konnte Max es sich nicht verkneifen, »Siemandl!« zurückzurufen, von dem er inzwischen wusste, dass es ›Duckmäuser‹ und ›Pantoffelheld‹ hieß. Er war bestürzt, dass sich Micha so uneinsichtig verhielt und alle Vorschläge ablehnte, die nicht auf seinem Mist gewachsen waren. Es wurde Zeit, etwas zu unternehmen. Er würde der geheimnisvollen Geistermühle heute Nacht einen Besuch abstatten, und wenn es das Letzte wäre, was er tat.

Beim Hereinbrechen der Abenddämmerung machte sich Max auf den Weg. Micha hatte Unrecht, wenn er die Aktion in Bausch und Bogen ablehnte. Nachdem die Schlottermühle unter Beobachtung stand, brauchte die Bande einen anderen Ort für ihre Zusammenkünfte. Zigahn hatte ihn offenbar gefunden. Die Geistermühle war für diesen Zweck ideal, weil sie einsam lag und von allen gemieden wurde. Das nächste Treffen stand bevor. Der Conducator würde Rechenschaft für die Fehlschläge der letzten Zeit fordern.

Der Besuch bei Micha hatte sich übrigens doch noch ausgezahlt. Auf dem Rückweg war Max Patrescu begegnet, der - wie morgens angekündigt - mit Neuigkeiten kam. Es war sensationell, was der Kleine zu berichten hatte: In den frühen Morgenstunden, als die Bewohner der Schlottermühle noch schliefen, waren weitere Kisten in das Haus hineingetragen worden. Eingelassen hatte die Träger ein schlanker Mann mittleren Alters mit stechenden Augen, eingefallenem Gesicht und gelichtetem schwarzen Haar. Der Kommissar wollte in ihm - und jetzt kam es! - den untergetauchten Bergarbeiterführer BOGDAN erkannt haben. »Ich habe also richtig vermutet«, hatte Patrescu befriedigt gesagt, »dass er hinter den Umtrieben in der Schlottermühle steckt! ... War ein Fremder da, als du heute Morgen den Dienst antratst?«, fragte er dann. Und als Max dies verneinte, äußerte er mit seltsamer Stimme: »Dann muss er sich unsichtbar gemacht haben; denn herausgekommen ist er jedenfalls nicht.«

Jetzt stapfte der Junge den Berg hinauf. Er war voller Tatendrang. Welche Schrecken die nächtliche Bergwelt mit sich bringen konnte, hatte er inzwischen schon vergessen oder verdrängt. Im Übrigen waren die Bedingungen für sein Unternehmen heute wesentlich günstiger. Im Gegensatz zu der Nachtwache bei der Schlottermühle, bei der es kalt, regnerisch und stockdunkel gewesen war, war es heute trocken, warm und wolkenlos. Der Mond stand schon am Himmel und würde für Beleuchtung sorgen.

Trotzdem erwartete Max eine unheimliche magische Welt. Der Himmel war feuerrot als stünde er in Flammen. Sein Schein verwandelte Büsche und Bäume am Wegrand zu brennenden Ungeheuern. Im Wald legte sich dann eine rotschwarze Dunkelheit wie eine Binde um die Augen. Mit einem Schlag war der Junge in einem Zauberreich, in dem tausend Gefahren lauerten. Baumriesen erwachten zum Leben und machten ihm schmerzhaft klar, dass er unerwünscht war. Ranken und Zweige hielten ihn fest und hinterlistige Stolperfallen wanden sich wie Schlangen um die Füße. Alles schien zusammenzuarbeiten, um das Dunkelreich vor dem Besucher zu schützen. Schließlich ließ sich auch noch der warnende Ruf eines unsichtbaren Geschöpfs vernehmen. Die Botschaft war klar: »Kehr um, kehr um! ... Gleich wird es zu spät sein!«

Das Himmelspektakel hatte der Nacht Platz gemacht, als Max an seinem Ziel ankam. Ein schmaler Weg führte in einer Kehre steil in das Bachtal hinunter. Zum Glück schien der Mond, sodass der Junge sah, wohin er trat. Als die Mühle in sein Blickfeld kam, verbarg er sich hinter einem Gebüsch. Leider konnte er sie von seinem Versteck aus nur von der Seite sehen.

Die Geduld des Jungen wurde wieder einmal auf die Probe gestellt. Das Warten fiel ihm umso schwerer, als sein Standort am Steilhang mehr als unbequem war. Er musste die Füße gegen den Strauch stemmen, um nicht abzurutschen.

In ihrem Zustand hatte die Mühle tatsächlich etwas Gespenstisches. Im Licht des Mondes wirkte sie wie eine Spukruine aus einer Gruselgeschichte. Die Außenbretter hatten sich zum Teil aus der Verankerung gelöst. Die Fensterläden hingen lose in den Angeln. Schindeln auf dem Dach fehlten an vielen Stellen oder waren verrutscht. Hier hausten inzwischen Nachtvögel und andere Kreaturen, deren Kommen und Gehen zu beobachten war. Hatte er noch am Tag darüber gelacht, dass hier der Geist eines Ermordeten sein Unwesen treiben soll, so schien ihm das jetzt durchaus möglich. Ja, mehr als das: Er fühlte, wie von der Ruine eine feindliche Aura ausging, die spürbar war. Ein kalter Schauer lief ihm über den Rücken.

Zweifel überkamen ihn, ob er das Richtige tat. War es nicht bodenloser Leichtsinn, was er vorhatte? Mit einer Beobachtung würde es nicht getan sein. Vermutlich musste er in das Haus eindringen, wenn er etwas in Erfahrung bringen wollte. Und auf wen würde er dort treffen? ... Wie wollte er es besser wissen als die Leute, die hier wohnten und sich auskannten? Noch war Zeit zum Umkehren ... Er war aus freien Stücken gekommen und konnte wieder gehen, ohne Rechenschaft ablegen zu müssen. Wenn er davon erzählte, würden ihn alle loben, dass er etwas abgebrochen hatte, das sinnlos, gefährlich und einfach falsch gewesen war. Max war drauf und dran, die Sache abzublasen.

Da krächzte ein Nachtvogel warnend. Ein Reh, das im Mondlicht auf den Weg hinausgetreten war, schreckte auf und verschwand. Mehrere Hasen hoppelten, Haken schlagend, davon. Max durchfuhr ein Adrenalinstoß, der ihn in Alarmbereitschaft setzte: Das war, worauf er gewartet hatte: Jemand kam den Weg herunter! Mit einem Mal waren alle Ängste wie weggeblasen. Hatte er wirklich gerade die Flinte ins Korn werfen wollen? Wieso nur! Seine Risikobereitschaft und seine Geduld wurden belohnt: Er würde in Kürze wissen, was hier gespielt wurde, und konnte, wenn er Glück hatte, den Fall abschließen. Dota würde dankbar an seiner Brust liegen. Fast tat ihm Micha leid, der aus Rechthaberei nun Erfolg und Ehre verpasste.

Eine dunkle Gestalt, die sich im Baumschatten hielt, eilte vorbei. Als sie die Mühle erreichte, gab sie mit einer Taschenlampe ein Blinkzeichen. Max konnte aus seiner Position nicht sehen, ob es von innen erwidert wurde. Dann verschwand sie auf der Vorderseite des Hauses den Blicken. Es fand offenbar gerade das erwartete Zusammentreffen statt. Man würde die Lage erörtern und Pläne machen. Und man würde etwas über Dotas Aufenthalt sagen, selbst wenn sie nicht im Haus war.

Mit steifen Gliedern huschte er im Schutz des Schattens zu dem Gebäude hin. Zu seiner Enttäuschung waren weder Stimmen noch Geräusche zu hören. Nirgends brannte Licht. Es gab kein Anzeichen dafür, dass sich Menschen im Haus aufhielten. Das sah nicht nach einem Geheimtreffen aus. Zweifel meldeten sich wieder. Wollte ihn etwa die ruhelose Seele des Ermordeten in das Haus locken? Spürte er nicht eine böse Kraft, die drinnen auf ihn wartete?

Max achtete nicht auf die warnenden Stimmen. Er war zu nahe an der Lösung, als dass er jetzt noch aufgeben konnte. Die Haustür war unverschlossen. Er sah vorsichtig in den dunklen Flur, der menschenleer war. Ohne weiter über das Risiko nachzudenken, schob er sich geräuschlos nach drinnen. Als er die Tür hinter sich geschlossen hatte, war es so finster, dass er die Hand vor den Augen nicht sah. Er blieb stehen und lauschte. Es gab keine Warnung mehr. Kein sechster Sinn meldete eine Gefahr. Er bemerkte nicht einmal eine Bewegung neben sich.

Überrascht spürte er einen Schlag auf dem Kopf und verlor das Bewusstsein.

Max kämpfte mit dem Conducator, einem gesichtslosen Riesen mit ungeheuren Kräften, der alle Angriffe mit einem Arm abwehrte, während er mit dem anderen das blonde Mädchen mit Stirnreif und weißem Kleid brutal umklammerte. Es half nicht, dass der Junge seine Anstrengungen verstärkte. Der Unhold lachte nur höhnisch und benutzte seine Gefangene als Schutzschild, sodass Max die Angriffe einstellen musste. Der Gegner stieß ihn zu Boden und kniete sich auf ihn, während er mit der freien Hand auf ihn einschlug. In höchster Not rief der Junge: »Ich kenne dein Geheimnis!« Da erschrak der Riese. Die mächtige Gestalt schrumpfte zusammen, bis sie und das Mädchen sich auflösten und verschwanden.

Max wunderte sich, dass die Schläge gegen seine Wangen nicht aufhörten. Er konnte sie nicht abwehren, weil seine Arme niedergedrückt wurden. Als er mit aller Anstrengung die Augen aufschlug, sah er von Telek, der auf ihm hockte und ihn niederhielt. »Schon gut! Es reicht!«, krächzte er mühsam und versuchte, sich aufzurichten. Das gelang aber nicht. Mit einem Klagelaut sank er wieder zurück. Alles drehte sich um ihn und kam erst zur Ruhe, als er alle Viere von sich streckte. Der Kopf brummte und schmerzte zum Gotterbarmen. »Da bin ich wieder einmal krass gebügelt worden!«, murmelte er. Was war geschehen? Er erinnerte sich daran, dass er im Gebäude einen Schlag auf den Kopf erhalten hatte. Er musste längere Zeit bewusstlos gewesen sein. Denn er lag jetzt draußen im Mondlicht. Wie war er hierher gekommen?

Als von Telek merkte, was den Jungen bewegte, erklärte er: »Ich habe dich im Hinterzimmer verschnürt und geknebelt vorgefunden und nach draußen gebracht, weil ich hoffte, dass dir die frische Luft gut tun würde. Trotzdem hat es einige Zeit gedauert, bis du aufgewacht bist.«

Max hatte Mühe mit dem Sprechen. Es kam ihm vor, als müsste er es von Neuem lernen. »Und die Verbrecher ...?«, stammelte er. »Welche?«, fragte von Telek lächelnd. »Ich habe keine gesehen!«

Langsam erholte sich Max so weit, dass er sich mit Hilfe seines Retters aufrichten konnte. »Wie kommt es, dass Sie hier waren und mich gefunden haben?«

Von Telek lächelte und erwiderte in scherzhaftem Tone: »Weil ich mir schon dachte, dass du dich wieder in Schwierigkeiten bringen und Hilfe benötigen würdest!« Dann setzte er, ernster werdend, hinzu: »Vom Wirt hörte ich, dass du zur Geistermühle wolltest. Ich konnte mir denken, aus welchen Gründen und dass es zur Nachtzeit sein würde. Ich war schon vor dir hier. Als du im Haus verschwandest, wartete ich ab, was passieren würde. Es verging mehr als eine Stunde, ohne dass du zurückkamst. Da niemand das Gebäude verlassen hatte, ließ ich noch eine halbe Stunde verstreichen. Schließlich wurde mir klar, dass dir etwas zugestoßen sein musste. Ich ging zum Gebäude hinüber und fand die Tür verschlossen vor. Ich musste sie mit einem Draht öffnen. Dann entdeckte ich dich, geknebelt und gut verschnürt, im Hinterzimmer ... Allein!«

»Haben Sie vor mir jemanden den Weg hinabgehen sehen?« Von Telek schüttelte den Kopf. »Nein! ...Vielleicht habe ich aber gerade nicht aufgepasst.«

Der Junge schloss die Augen und dachte nach. Die Erklärung seines Retters für seine Anwesenheit war wenig befriedigend. Für den Moment aber reichte es, dass er ihm das Leben gerettet hatte. Niemand sonst hätte das Spukhaus betreten. Außerdem sagte ihm sein Herz, dass von Telek es gut mit ihm meinte und nie und nimmer hinter dem Anschlag stecken konnte.

Als Max sich wieder stark genug fühlte, machten beide sich daran, im Schein ihrer Taschenlampen das verlassene Gebäude zu durchsuchen. Es war, soweit man bei der Beleuchtung erkennen konnte, leer. Anhaltspunkte dafür, dass hier jemand gewohnt hatte, fanden sich nicht. Die beiden brachen schließlich die Suche ab, zumal Max der Kopf noch schmerzte und er zittrig auf den Beinen war.

Kapitel 22: Auf der rumänischen Spur

»*Na, servus! Da haut's mi um*«, rief Micha, als er den nächtlichen Ankömmling betrachtete. »*Da gerät man doch mit Fleiß auf Ja und Nein in die Gagelfrasen!*« Und als Max ihn verständnislos ansah, übersetzte er: »... in'nen totalen Angstzustand.«

Nach dem Erlebnis in der Geisterruine hatte sich Max sofort zu Micha begeben. Es war ihm klar, dass er seinem Freund den neuen Mordanschlag nicht verschweigen durfte, selbst wenn er sich Vorwürfe anhören musste. Außerdem wollte er wissen, was sein Freund von der Sache hielt. Zum Glück brannte im Wohnturm noch Licht.

Vom ersten Ausruf des Entsetzens abgesehen, hörte sich Micha die Geschichte schweigend an. Entgegen anderer Befürchtungen verzichtete er auf Besserwisserei und Gemecker und äußerte erst am Ende: »Dir ist doch klar, dass du in einen Hinterhalt geraten bist!«

»Ein Hinterhalt? ... Wie kommst du darauf?«

»Weil für dich schon ein Empfangskomitee bereitstand ... Jemand wusste, dass du kommst!«

Max erkannte betroffen, dass da etwas dran war. Es war so gut wie ausgeschlossen, dass er von der Mühle aus bemerkt worden war. Trotzdem hatte jemand hinter der Tür auf ihn gelauert. Dann stellte sich allerdings die Frage, wer wusste, dass er kommen würde.

»Eigentlich niemand«, äußerte Max, als das erörtert wurde. »Mit Makkai und dem Geologen Kelling habe ich zwar über die Mühle gesprochen. Aber die haben von dem Besuch eher ab- als zugeraten. Außerdem habe ich keinem von meinem Vorhaben was gesagt. Also konnte auch der Wirt nichts davon wissen, selbst wenn er das Gespräch mit Kelling am Fenster belauscht hat. So leid es mir tut: Von Telek muss der Täter sein. Er räumt ja selber ein, dass außer ihm und mir niemand die Mühle aufgesucht hat. Die Erklärung für sein Auftauchen ist frei erfunden. Vom Wirt kann er nichts erfahren haben, weil der es selber nicht wusste. Der feine Herr muss mich beobachtet haben und mir gefolgt sein. Dann ist er zur Ruine hinuntergegangen und hat mich hineingelockt. Er hat mich niedergeschlagen und - aus was für Gründen auch immer - ›gerettet‹! Vielleicht wollte er so mein Vertrauen gewinnen, um mich für seine Zwecke einspannen zu können. Er ...«

»Das kannst du in der Pfeife rauchen!«, unterbrach Micha. »Es führt zu nichts, wenn du außer deinem Lieblingsverdächtigen, ich meine Zigahn, nun auch noch deinen Lebensretter ans Leder willst und alle anderen aussortierst. Du übersiehst, dass die ausgeschamten Plattenbrüder ... ich meine, die mit allen Wassern gewaschenen Banditos ... in dir eh wie in einem offenen Buch lesen können. Sie erraten deine Pläne schon nach dem, was du fragst, und sind auf die Antworten nicht angewiesen.«

»Da magst du recht haben. Vielleicht haben sie sich das wirklich zusammengereimt. Der Wirt ist allerdings außen vor, wenn er von Telek nachgeschickt hat.«

»Das war vielleicht tatsächlich nur eine Ausrede deines Blaublütigen, wie du vermutest hast. Weil er etwas anderes nicht zugeben will, beispielsweise, dass er dich unter Beobachtung hält. Solange die angebliche Mitteilung des Wirts nicht bestätigt wird, ist Grozza weiter verdächtig. Wie übrigens alle Leute aus der Schlottermühle. Der ganze Ärger hat mit dem Haus zu tun. Denke nur an das Waffenlager im Geheimversteck. Auch Makkai kannst du übrigens nicht aussortieren. Er hat dich womöglich mit der Mitteilung, dass er Zigahn bei der oberen Mühle gesehen hat, bewusst geködert. Bei etwas Menschenkenntnis konnte er sich ausrechnen, dass du gerade das tun wirst, wovon man dir abrät, und das umso eher, je dringender die Warnung ist. Nur der Vollständigkeit halber sei erwähnt, dass vermutlich auch Patrescu von deinem Vorhaben wusste. Ich gehe davon aus, dass du ihn beim Zusammentreffen gefragt hast, ob er dich zur Geisterruine begleiten möchte.«

»... was er schnell und nachdrücklich abgelehnt hat, als er hörte, dass es nachts geschehen soll.«

»Kein Wunder ... Du weißt ja, dass alle Rumänen abergläubisch sind. Sonst gäbe es bei ihnen keine Untoten und Vampire, die erst Ruhe geben, wenn sie gepfählt worden sind.« Max dachte an die Unterhaltung mit dem Kommissar letzte Nacht und konnte nicht widersprechen.

Das Gespräch nahm dann eine andere Wendung. »Ich muss jetzt wohl die Karten auf den Tisch legen und dir sagen, was ich herausgefunden habe«, äußerte Micha ernst. »Das ist bisher unterblieben, weil ich glaubte, dass es für dich besser ist, wenn du es nicht weißt. Das war falsch, wie sich heute Nacht herausgestellt hat. Du wärst nicht so blind in den Hinterhalt gerannt, wenn du alles gewusst hättest. Ich hoffe nur, dass du mit dem Wissen nicht neues Unheil anrichtest.« Er machte eine Pause, um zu sehen, wie seine Eröffnung bei seinem Freund ankam.

Schlecht, wie er gleich merkte. »Lass das Rumgegurgel!« äußerte Max verärgert. »Die Vorrede konntest du dir sparen. Ich habe Null-Bock auf solches Gesalbe.«

Micha lachte. »Ich weiß nicht, wie es die Promi-Detektive anstellen, dass sie immer einen großen Bahnhof haben, wenn sie die Katze aus dem Sack lassen. Bei mir sitzt hier nur eine halbe Portion und die will nicht mal zuhören.«

»Was willst du? Ich bin ganz Ohr!«, wehrte sich Max. »Aber sag nicht, dass ich wieder alles falsch gemacht habe und du den Fall inzwischen allein gelöst hast.«

»Nein! Soweit ist es leider nicht ... Ich wollte, es wäre anders. Langsam bekomme ich Schwierigkeiten damit, die losen Fäden zu einem Muster zu verknüpfen.«

Solche Einleitungen konnte Max auf den Tod nicht ausstehen, die man wie das Orakel von Delphi erst ausdeuten musste. »Mach nicht auf priesterlich und lass das geheimnisvolle Gesülz!«, bemerkte er deshalb verärgert. »Vielleicht nennst du mal Fakten!«

»Wie du wünschst!«, stimmte Micha scheinbar gleichmütig zu. »Verlang aber nicht, dass ich sie erkläre, wenn du sie allein nicht verstehst ... Ich habe«, begann er in einem Tonfall, der der Wichtigkeit der Nachricht entsprach, »mit meinen Ermittlungen am anderen Ende angefangen, nämlich dort, wo das Mädchen herkommt.«

»Aber das wissen wir doch nicht«, rief Max erstaunt.

»Wir wussten es nicht«, verbesserte Micha, »aber das hat sich zum Glück geändert! Sie stammt aus Transsilvanien, aus einem Ort in der Nähe von Kronstadt ... Ihr Vater ist ein echter Graf.«

»Ach ja?«, sagte Max sarkastisch. »Und ich bin der Kaiser von China! ... Woher kommt die Weisheit?«

»Das Mädchen selbst hat es mir verraten. Sie ...«

Das war zu viel für Max. »Was soll das heißen!«, unterbrach er.

»Wir suchen das Kind wie eine Stecknadel im Heuhaufen, ohne eine Ahnung zu haben, wo es steckt!«

»Oh«, lächelte Micha nachsichtig. »Da sprichst du nur für dich! Aber ich habe mich missverständlich ausgedrückt: Ich hätte besser sagen sollen, sie hat es mir mittelbar ...«

Max, dem die Bedeutung des ersten Teils der Antwort gerade erst klar wurde, unterbrach abermals heftig: »Warte! ... Heißt das, du hast eine Ahnung, wo sie sich aufhält?«

»Richtig!« Micha grinste. »Mehr als das ... Ich weiß es!«

Die Nachricht kam so an, wie es erwartet worden war. Max sperrte Augen und Ohren auf und war dabei, völlig auszurasten. »Du, ... du ... weißt ..., wo ... sie ... sich ... aufhält?«, stammelte er fassungslos.

»Ich wäre dir dankbar, wenn auch du meine Worte nicht wiederholen würdest. Darauf haben wir uns doch gestern im umgekehrten Falle geeinigt. Das Stammeln kann leicht zu einer unschönen Angewohnheit werden, die man nicht mehr los wird.« Man sah Micha an, dass er die Antwort genussvoll in die Länge zog, ehe er dann äußerte: »Aber, um deine Frage nochmals mit der gewünschten Klarheit zu beantworten: »Ja! Ich weiß es!«

Max sprang auf: »Warum sitzen wir dann noch untätig herum? Auf gehts! Jede Minute zählt. Die Einzelheiten kannst du mir unterwegs erzählen!«

Micha zog den Freund auf die Sitzbank zurück. »Bleib cool, Junge! Damit werden wir nichts erreichen. Wenn wir Dota jetzt holen wollten, würde sie nicht mit uns gehen.«

Max erwiderte erregt: »Gib jetzt nicht den Problemiker. Als wenn das eine Rolle spielt. Dann befreien wir sie eben gegen ihren Willen. Sie wird uns später dafür danken!«

»Mit Hohlköpfen kann man keine Rüben reißen!«, bemerkte Micha spöttisch und verdrehte genervt die Augen zum Himmel. »Wie soll ich dem Motzbolzen hier die Sache verklickern?! ... Check es doch endlich!«, sagte er dann zu seinem Freund. »Donata ist in Fesseln, ja. Aber die bestehen nicht aus Eisen und Stahl an ihren Gelenken, sondern aus Sorgen und Ängsten in ihrem Gehirn. Sie ist erst frei, wenn wir sie ihr nehmen. Am besten, du beruhigst dich und lässt dir erklären, worum es geht ...«

»Also noch 'ne Ecke Palaver!«, knurrte Max bissig. »Hoffe nur, dass dabei etwas rüberkommt!« In ihm brodelte es wie in einem Suppentopf. In die Freude über den Fortschritt der Ermittlungen mischte sich der Ärger über Michas Geheimniskrämerei. Dass sein Freund den Aufenthalt des Mädchens ausfindig gemacht hatte, ohne etwas davon zu sagen, setzte allem die Krone auf. Aber es war nicht zu leugnen: Es ging voran. Und das war doch schon etwas.

»Der Identität des Mädchens bin ich durch die Brosche auf die Spur gekommen, die wir in der Höhle gefunden haben«, fuhr Micha fort. »Als ich die feine Silberarbeit zuhause bewunderte, kam mir der Gedanke, dass man bei einem so auffälligen Stück unter Umständen die Herkunft feststellen kann. Ich bin deshalb zu einem Juwelier gegangen, der über unseren Fund ganz aus dem Häuschen war. Es handelt sich, wie ich erfahren habe, um eine sogenannte Heftel, die man in Siebenbürgen bei der Tracht auf der Brust trägt. Ein solches Kleinod wird oftmals über viele Generationen von der Mutter auf die Tochter vererbt. Als ich ihn nach der Herkunft fragte, wies er auf die Gravierung auf der Rückseite, einen Reif mit neun perlenbesetzten Zinken. »Das ist eine Grafenkrone«, erklärte er. »Und das Zeichen darunter benennt das Geschlecht.«

»Kannte er es?«, fragte Max atemlos.

»Leider nicht. Er riet einen Spezialisten aufzusuchen, der sich mit dem siebenbürgischen Adel auskennt ... Das war der Grund, warum ich nach Rumänien gefahren bin.«

»Dann hast DU die Brosche mitgenommen?!«, warf Max entgeistert ein. »Ich dachte, es war die Bande.«

»Freilich«, erwiderte Micha, »Ich wollte sie ja begutachten lassen. Den Hilferuf hatte ich natürlich auch bei mir. Es konnte ja sein, dass jemand die Schrift erkannte.«

»Und ich habe einen auf Kummer gemacht«, sagte Max.

»Willst du jetzt jammern oder meine Geschichte hören?«, schimpfte Micha. Und als Max verstummte, fuhr er fort: »Wir haben in Kronstadt weitläufige Verwandte, die wir eh einmal besuchen wollten. Ich überredete meine Eltern zu einem Trip dorthin. Wir kamen über Wien/Budapest vom Südwesten nach Siebenbürgen. Es ist eine Hochebene zwischen dem Karpatenbogen mit weiten Wäldern und viel

Wild. In den Dörfern hat sich - trotz Unterdrückung durch die Diktatur - noch etwas von der alten Lebensweise erhalten. Während das übrige Land verarmt ist, sind die Bauern noch relativ wohlhabend.«

Micha trank etwas von seinem Tee. Es machte ihm ersichtlich Freude, die Sache in die Länge zu ziehen. »Unser Ziel war Kronstadt. Von hier aus haben vor 700 Jahren die Siebenbürger Sachsen und der Deutsche Orden das Land besiedelt. Die Stadt ist beinahe großstädtisch, hat ein altes Viertel rund um den ehemaligen Markt- und Rathausplatz, mit Bürgerhäusern, Kirchen und ...«

»Micha, komm zur Sache!«, unterbrach Max.

»Kommt gerade«, erwiderte Micha. »Im Stadtarchiv, wo deutsch gesprochen wird, erkannte man das Wappen sofort. Das hatte einen guten Grund: Es gehört nämlich den Grafen von Goltz, einem alten Adelsgeschlecht aus der näheren Umgebung. Das Stammschloss liegt nicht weit von der Stadt entfernt. Man sagte mir, dass der letzte Nachkomme, der verwitwete Graf Rudolf von Goltz, sich wegen Hochverrats in Festungshaft befindet und sein Besitz einem Bergarbeiterführer namens BOGDAN ...«

»Ist das der BOGDAN, von dem Patrescu berichtet hat?«, unterbrach Max erregt.

»Ja, du Blitzmerker«, antwortete Micha genüsslich. »Jetzt verstehst du, warum ich mich gestern mit Fragen zurückhalten konnte. Ich war nämlich ebenfalls auf den Namen gestoßen. Aber lass mich fortfahren: BOGDAN ist also jetzt Eigentümer des Schlosses, das Jahrhunderte lang im Besitz der Grafen von Goltz gewesen war ... Und nun kommt der Hammer. Die Sache ist absolut fett: Die minderjährige Tochter des Grafen heißt D o n a t a und ist seit der Inhaftierung des Vaters verschwunden. Ihr Verbleib ist unbekannt.« Micha machte eine Pause, um seinem Zuhörer Zeit zu geben, das Gehörte zu verdauen.

»Da hast du mir gerade durch die Socke geschossen«, sagte Max betroffen. »Ich glaube, ich habe am falschen Fall gearbeitet!« Das war nicht sarkastisch gemeint. Er hatte entsetzt erkennen müssen, dass nichts so war, wie er vorausgesetzt hatte: Sie suchten also nicht ein armes Hascherl, um deren Verbleib sich kein Mensch kümmerte, sondern eine Komtess, der die öffentliche Aufmerksamkeit sicher war. Da musste man tatsächlich noch einmal alles von Grund auf überdenken. Er saß eine Weile schweigend da, während er seine Gedanken ordnete. »Hast du mit dem Grafen gesprochen?«, fragte er dann.

»Das war nicht möglich«, erwiderte Micha. Ich erfuhr beim Kronstädter Anzeiger, dass man ihn vor Kurzem vorzeitig aus der Haft entlassen hatte und er seitdem mit unbekanntem Ziel auf Reisen ist. Das kürzte meine Ermittlungen ab. Ich habe dann versucht, BOGDAN zu erreichen, und dazu mit einem Pferdewagen einen Abstecher zum Schloss gemacht. Es liegt etwa 18 km entfernt in einem Bergtal mitten in den Karpaten. Wildromantisch. Wie eine mittelalterlichen Burg mit Türmen und einem Park.«

Micha trank noch einmal, bevor er fortfuhr: »Es war schwierig, jemanden zu finden, der mich hinfuhr. Wie ich später feststellte, war der Grund dafür nicht allein der beschwerliche Weg. Vielmehr fürchteten sich die Leute vor seinem jetzigen Besitzer. Schließlich erklärte sich ein alter Pferdekutscher bereit, sich auf das Wagnis einzulassen, nachdem er mich lange und prüfend gemustert und auf Vorauszahlung bestanden hatte ... Leider war die Reise vergebens. Es stellte sich heraus, dass der Bursche sich abgesetzt hat. Auf eine ›Geschäftsreise von ungewisser Dauer‹.«

»Also Ende im Gelände!«, bemerkte Max.

»Aber nein!«, antwortete Micha. »Ich stieß nämlich auf andere Auskunftspersonen. Ich hatte eh vor, mich an Ort und Stelle etwas umzuhören. Der Zufall kam mir zu Hilfe. Der Kutscher hatte sich auf der Hinfahrt in Schweigen gehüllt. Als ich nach so kurzer Zeit schon wieder zurückkam, wurde er gesprächiger. Er bemerkte, das Ganze habe sich für mich wohl nicht gelohnt. Da habe ich ihm dann den Grund meiner Reise genannt. Er schien ein ehrlicher Mann zu sein, der für den jetzigen Schlossbesitzer nichts übrig hat. Er hörte aufmerksam zu und fragte mich, ob ich mit der Kammerfrau der Komtess sprechen wollte. Sie habe nicht weit von hier Zuflucht bei einem Dorfgeistlichen gefunden. ›Die Leute werden dich - trotz ihres Misstrauens gegen Fremde - gut aufnehmen, wenn ich dabei bin‹, fügte er hinzu. Ich willigte natürlich sofort ein!«

»Was hast du dir davon versprochen, Micha?«

»Ich wollte bestätigt haben, dass der Hilferuf tatsächlich von der Komtess Donata von Goltz stammt.«

»Aber das hattest du doch schon festgestellt …«

»… angenommen«, verbesserte Micha. »Das Grafenwappen auf der Brosche und das Verschwinden der Komtess sprachen dafür. Es blieb aber eine Vermutung.«

»Ach ja? Wer sonst sollte die Heftel verloren haben?«

»Nun, sie konnte in falsche Hände geraten sein, als das Schloss beschlagnahmt wurde. Vielleicht hatte jemand eine falsche Spur gelegt.«

»Hör schon auf!«, rief Max ehrlich entrüstet. »Wenn du so weiterredest, kommst du am Ende noch zu dem Ergebnis, dass in der Höhle niemand gefangen gehalten wurde und es keine Entführung gab.«

»Interessante Idee.« Micha lachte breit. »Du solltest Krimis schreiben … Aber lass mich weitererzählen. Wie du gleich sehen wirst, war die Vorsicht nicht unberechtigt! Die Siedlung bestand aus weiß verputzten, strohgedeckten Bauernhäusern mit kunstvoll geschnitzten Hoftoren und Zäunen und einer kleinen Holzkirche in der Mitte. Wir trafen die Kammerfrau an, wie sie gerade Wäsche im Garten aufhängte. Sie freute sich, etwas vom Grafen und seiner Tochter zu hören, denen sie sich noch immer verbunden fühlt. Sie bestand darauf, uns zum Essen einzuladen. Nachdem wir getafelt hatten, fragte sie, was uns hergeführt hätte. Ich zeigte ihr den Zettel.

›So sahen Donatas erste Schreibversuche aus‹, lachte sie. Als ich aber die Zusammenhänge näher erläuterte, wies sie weit von sich, dass ihr Ziehkind das geschrieben haben könnte. ›Die Komtess ist mit der deutschen Sprache aufgewachsen‹, sagte sie, »und muss inzwischen fünfzehn Jahre alt sein. Sie verfasst mit Sicherheit nicht solche kindlichen Botschaften. Du bist bestimmt auf der falschen Spur.‹«

»Mann, das ist ein Ding!«, warf Max kleinlaut ein. »Jetzt verstehe ich, was du meintest, als du von Zweifeln sprachst, die ausgeräumt werden müssen … Wenn Donata schon so alt ist, wie die Zeugin sagt, dann bedarf es einer Erklärung, wieso sie eine so verstümmelte Botschaft zu Papier gebracht haben sollte … Es müssen die Umstände gewesen sein … Vermutlich musste sie hinter dem Rücken ihrer Bewacher schreiben … mit gefesselten Händen.«

»… und verbundenen Augen«, witzelte Micha. »Auf jeden Fall verstehst du jetzt, warum es von Wichtigkeit ist, wem das gefundene Schmuckstück gehört.«

Max nickte. »Hast du es festgestellt?«

»Ja, und zwar mit einem überraschenden Ergebnis. Ich zeigte der Kammerfrau dann die Brosche. Sie griff sofort danach und sagte überrascht: ›Das ist ja meine Heftel! Schön, dass du sie mir zurückbringst. Du kannst dir nicht vorstellen, welche Erinnerungen daran hängen! Sie ist ein altes Erbstück der gräflichen Familie, das mir der Graf nach dem Tode seiner Frau zu meinem 30. Geburtstag geschenkt hat. Als ich das Schloss von einer Minute auf die andere verlassen musste, habe ich es zusammen mit meiner Tracht zurücklassen müssen. Das tat weh.‹«

»Du hast ihr die Brosche doch nicht etwa ...?«

»Kein Grund zum Stress!«, unterbrach Micha. »Ich habe sie wieder mitgebracht ... Aber versprochen, sie nach Lösung des Falles zurückzugeben, wenn Donata zustimmt.«

»Und was folgt daraus?«, fragte Max verwirrt. Alles musste wieder in Frage gestellt werden. Jetzt war nicht einmal mehr sicher, ob der Hilferuf überhaupt von der Komtess stammt und nicht von anderen untergeschoben worden war.

»Die Schlussfolgerung überlasse ich dir«, erwiderte Micha süffisant. »Du hast dir ja vorhin ausdrücklich ›mein Gesülze‹ verbeten. Und daran werde ich mich halten.«

So hatte es Max ja nicht gemeint. Er hatte sich lediglich dagegen wenden wollen, dass sein Freund nebulöse Sprüche von sich gab, die man erst ausdeuten musste. Es schien aber besser, es dabei bewenden zu lassen, da Micha in dem Punkt so empfindlich reagierte. »Hast du von der Kammerfrau noch etwas erfahren?«, ermunterte er seinen Freund zum Weiterreden.

»Ich habe mir die Verhaftung des Grafen schildern lassen. Teufel, Teufel! Das war krass! Ohne Vorwarnung sind plötzlich mehrere Wagen mit bewaffneten Geheimpolizisten im Schlosshof vorgefahren. Ein Offizier hat dem Grafen erklärt, dass er wegen Hochverrats verhaftet sei, und ihn abgeführt. Der Komtess und dem Verwalter gelang es, durch einen Hinterausgang zu flüchten. Ihnen wurde Mittäterschaft vorgeworfen. Das Personal bekam fünf Minuten Zeit, das Schloss zu verlassen. Es war keinem möglich, mehr als ein kleines Bündel mitzunehmen. So ist auch die Brosche zurückgeblieben.«

»Wohin sind die Komtess und der Verwalter geflohen?«

»Ein Bauer aus dem Dorf hat die beiden mit dem Pferdewagen ein Stück mitgenommen. Sie hätten versuchen wollen, sich über die Grenze nach Ungarn durchzuschlagen. Ob das geglückt ist, ist nicht bekannt. Die Komtess hat seitdem nichts mehr von sich hören lassen. Es wird aber erzählt, dass BOGDAN sie gefangen hält, um Druck auf ihren Vater auszuüben.«

»Was konnte Donata bei ihrer Flucht mitnehmen?«

»Nur das, was sie bei sich hatte. Da sie im Park mit ihrem Hund spielte, war das nicht viel.«

»Dann hat sie die Heftel sicherlich nicht mitgebracht.«

»Ja, du merkst: Es ist nichts entschieden.«

»Hast du eine Beschreibung der drei Hauptpersonen?«

»Ja, der Graf ist über fünfzig und schlank mit scharfen, energischen Gesichtszügen. Seine Tochter - wie bereits erwähnt, vielversprechende fünfzehn Jahre alt - ist klein, zierlich und sehr hübsch. Sie hat einen eigenwilligen Charakter und versteht ihren Willen durchzusetzen. Über BOGDAN habe ich nicht mehr erfahren, als wir von Patrescu gehört haben. Er ist eine dämonische Erscheinung. Lang, hager mit schwarzen Haaren. Ein eingefallenes Gesicht, das an einen Totenkopf erinnert. Schwarze Augen über einer großen Nase. Redet nicht viel, erwartet aber unbedingten Gehorsam. So haben ihn der Pferdekutscher und die Kammerfrau übereinstimmend beschrieben.«

Micha trank noch einmal. »Mehr konnte ich nicht in Erfahrung bringen. Ich kann aber mit einem Täterprofil dienen. Nach allem, was ich über ihn erfahren habe, ist er machthungrig, gewissenlos und geht, wenn es zu seinem Vorteil ist, über Leichen.« Er fügte scherzhaft hinzu: »Daran wirst du ihn doch sicher erkennen, nicht wahr, Max ...? An Leichen fehlt es uns doch nicht.« Als er das versteinerte Gesicht seines Freundes sah, beschwichtigte er: »Das war ein Joke! ... Wenn es dich beruhigt, werde ich mich nochmals um ein Foto bemühen. Aber ich fürchte, ich habe keinen Erfolg: Es gibt sie nicht.«

»Na hör´mal! Als Bergarbeiterführer steht er doch im Rampenlicht. Da wird man doch ständig abgelichtet.«

»Sollte man meinen, aber hier ist es anders ... Abgesehen davon, dass die Berichterstattung in Rumänien nicht den Umfang hat wie bei uns, lässt er sich nicht fotografieren.«

»Hat man es denn nicht heimlich getan?«

»Man hat es versucht! Wie mir berichtet worden ist, sind die Bilder jedoch nichts geworden. Sie waren entweder zu hell oder zu dunkel oder es war nichts darauf zu sehen.«

»Hast du das nachgeprüft?«

»So weit mir das möglich war! ... Ich habe mich beim Kronstädter Anzeiger als Redakteur einer Schülerzeitung ausgegeben und nach einem Archivfoto gefragt, aber keines erhalten. Man sagte mir, BOGDAN wünsche keine Abbildungen seiner Person und man respektiere das.«

»Und was sagt das Volk?«, fragte Max. »Wie erklärt man die misslungenen Fotos?«

Micha erwiderte lächelnd: »Dass BOGDAN sich unsichtbar machen kann! Als der Pferdekutscher eine Zeitlang für ihn gearbeitet hat, musste er manchmal mit seinem Einspänner stundenlang vor einem Hause auf ihn warten, in das sein Arbeitgeber hineingegangen, aber nicht wieder herausgekommen ist. Überraschend erhielt er dann regelmäßig die Anweisung, diesen von einem anderen Ort abzuholen, wo ihn niemand hat kommen sehen. Aus dem Grunde hat der Kutscher auch die Stellung aufgegeben, weil es dort nicht mit rechten Dingen zugeht.«

»Du glaubst doch nicht diesen Schwachsinn?«

»In Rumänien tut man es! Manche meinen, dass es sich bei BOGDAN um einen Vampir handelt, der nur von Zeit zu Zeit sichtbar wird, wenn er seine aktive Phase hat. Auch die Kammerfrau hat, sich mehrfach bekreuzigend, von diesen Gerüchten berichtet. Deshalb wird er überall gefürchtet und niemand traut sich, gegen ihn etwas zu unternehmen, weil keiner das nächste Opfer werden will.«

»Jetzt erzähl' bloß nicht, dass er Blut saugt.« Max war sich nicht sicher, ob Micha ihn nicht auf den Arm nahm.

»Die einfachen Leute sagen es. Man erzählt, dass er zur Verjüngung das Blut von Kindern trinkt. Normale Speisen hat man ihn noch nie essen sehen. Man nennt ihn daher heimlich ›Fürst Drakul‹. Er soll ein Nachkomme des blutrünstigen Fürsten Tepes in einer Seitenlinie sein, mit dem er eine erstaunliche Ähnlichkeit hat.«

»Was das Unsichtbarmachen angeht, hat Patrescu Ähnliches berichtet. BOGDAN hat die Mühle während der Nacht nicht verlassen, obwohl er nicht mehr da war, als ich meine Arbeit aufgenommen habe!«

Micha nickte. »Hab ich auch gehört. Wie es auch sei, du wirst dich selbst davon überzeugen können. BOGDAN ist ja jetzt hier! ... Und nun schlafen wir noch ein bisschen.«

»Halt!«, protestierte Max. »Du hast noch nicht gesagt, warum man Donata festhält und wo sie ist.«

»Was soll die Frage?«, wehrte Micha ab. »Dir ist doch klar, dass ich den Aufenthaltsort der Komtess nicht verraten darf, wenn ich sie nicht in Gefahr bringen will. Je weniger ihn wissen, umso sicherer ist sie. Was das andere betrifft, ist es nicht schwer, sich einen Reim darauf zu machen. Es geht um den Besitz der von Goltz, den BOGDAN nicht zurückgeben will. Offenbar benutzt er das Mädchen, um den Grafen zum Verzicht zu zwingen. Mit der Drohung, ihrem Vater was anzutun, hält er sie wohl bei der Stange.«

Micha gähnte und erhob sich. Max hatte die Neuigkeiten aber noch nicht richtig verarbeitet. »Wir haben noch kein Wort darüber verloren«, rief er vorwurfsvoll, »dass wir bisher auf der falschen Spur gewesen sind, wenn wir den Conducator und seine Schmugglerbande verfolgt haben, während sich Donata offenbar in den Händen von BOGDAN und den Umstürzlern befindet!«

»Ach so!«, lächelte Micha ermattet, »ich dachte die Sache sei klar: Der Conducator und BOGDAN sind natürlich ein und die selbe Person. Unter diesem Decknamen wickelt BOGDAN seine verbrecherischen Geschäfte ab!«

Kapitel 23: Ein verräterischer Brief

»Ich übernehme! Sie können sich in die Falle hauen!«

Max dachte daran, dass er selbst noch ein paar Stunden Schlaf gebrauchen könnte. Es war inzwischen 10 Uhr vormittags geworden, als er am Mittwoch mit einem Verband um den Kopf, sichtbar übernächtigt und erschöpft, mit seinem Fahrrad eintraf. Am Saumpfad, der zur Mühle hinunterführte, wartete der Rumäne auf ihn.

»Wie siehst du aus?«, rief Patrescu. »Gab es in der Ruine wirklich Geister?«

»Ja, solche, die ordentlich Späne machen können«, sagte Max einsilbig. Er war zu erschöpft, um alles zu erzählen. »Hat sich letzte Nacht etwas Besonderes ereignet?«

»Es war ein Kommen und Gehen wie in einem Taubenschlag!«, sagte der Kommissar. Wie er berichtete, waren praktisch alle - bis auf Grozza und Ivy - ausgegangen, nachdem die Küche gegen 22 Uhr zugemacht hatte. Sogar Theresa war erst spät und etwas angeheitert aus der Stadt wiedergekommen, wo sie anscheinend eine Veranstaltung besucht hatte. Der letzte war Tergelun gewesen, der erst kurz nach der Wirtschafterin - so gegen ein Uhr nachts - eingetroffen war. »Aber BOGDAN ist nicht wieder aufgetaucht«, fügte er hinzu. »Weißt du, wo er geblieben ist?«

Max schüttelte den Kopf. Er schenkte sich, Michas Theorie zu der Frage zu unterbreiten. Das führte jetzt zu nichts. Außerdem kannte Patrescu die Gerüchte über BOGDAN höchstwahrscheinlich. Der Junge bedankte sich und führte das Fahrrad zur Schlottermühle hinunter. In der Gaststätte zog er allgemeine Aufmerksamkeit auf sich. Sein Aussehen war so, dass ihn erst Ivy und die Wirtschafterin, dann Makkai und zuletzt sogar noch der Wirt erstaunt fragten, was ihm zugestoßen sei. Ein schlechtes Gewissen hatte offenbar keiner, jedenfalls war es ihm nicht anzusehen. Max murmelte etwas davon, er sei mit dem Fahrrad gestürzt, und begann gleich mit seiner Arbeit. Zum Glück wurde er wenigstens von Donka in Ruhe gelassen, der wohl erkannte, dass Max in seinem Zustand keine Gefahr darstellte. Etwas später erschien auch Tergelun. Er verkniff sich jede Äußerung und begnügte sich damit, dem Jungen einen prüfenden Blick zuzuwerfen. War er es, der ihm den Hieb auf den Kopf versetzt hatte? Ginge es nach dem Maß der Schmerzen, traf das zu: Der Kopf fühlte sich noch immer so an, als hätte ihn jemand mit dem Dampfhammer behandelt.

Als Max im Abfallschuppen arbeitete, folgte ihm Ivy nach. »Mann, du bist vielleicht ein Patient neuerdings!«, sagte sie mitfühlend und berührte leicht den Verband an dem Kopf. Sie wirkte noch blass und mitgenommen. Der Vorfall vom Montag schien nicht spurlos an ihr vorbeigegangen zu sein. Max hoffte, dass sie jetzt ihr Verhalten gegenüber von Telek erklären würde. Er drängte aber nicht. Denn er meinte, dass er mehr erfahren würde, wenn sie sich aus freien Stücken anvertraute.

Dann kam es aber anderes, als er erwartet hatte. »Kennst du die Adresse des Mannes, mit dem du vorgestern auf der Terrasse gesprochen hast?«, fragte sie unvermittelt. Und als er dies verblüfft bejahte, fuhr sie fort: »Dann lass ihm das so bald wie möglich zukommen.« Sie überreichte einen Umschlag und warf ihm einen flehentlichen Blick zu. »Und sprich zu niemanden darüber, Ehrenwort!?«

Bevor Max sich noch nach Einzelheiten erkundigen konnte, riss ihm jemand den Brief aus der Hand. Der Koch war aufgetaucht. »Briefe mit Mann, das nicht geheiratet, nix gut für Mädchen, Onkel sagen«, radebrechte er. »Nichte soll kommen in Haus, wo Arbeit warten.« Ehe sie protestieren konnte, hatte er sie schon mit sich fortgezogen. Max blieb erstaunt zurück. Über das Verhalten des Kochs, der vielleicht tatsächlich nur Weisungen des Wirts ausführte, wunderte er sich weniger als über die Tatsache, dass Ivy von Telek eine Nachricht schicken wollte. Hatte sie doch am Montag den Anschein erweckt, als sei ihr dessen Anblick ein Greuel. Das musste einen Grund haben.

Als der Junge nach Beendigung seiner Arbeit hinter das Haus ging, um sein Fahrrad aus dem Schuppen zu holen, erschien plötzlich eine Hand an einem Fenster im ersten Stock und ließ etwas Weißes direkt vor seine Füße fallen. Er bückte sich und hielt den - mit einem Stein beschwerten - Umschlag in der Hand, dessen Übergabe Makkai vorhin verhindert hatte. Der Junge erkannte ihn an der schmalen Form und dem eigentümlichen Duft wieder. Ivy war es offenbar gelungen, ihn zurückzuerobern. Oder hatte sie die Nachricht neu verfasst? Max blickte empor, ob Ivy dazu noch etwas sagen wollte. Das war aber nicht der Fall. Das Fenster wurde gerade wieder geschlossen. Was sollte er mit dem Brief anfangen? Einerseits durfte er Ivys Vertrauen nicht enttäuschen. Andererseits war er sich nicht sicher, ob er dem Mädchen damit einen Dienst erwies. Wenn von Telek der Conducator war, dann machte sie einen Fehler, den sie noch bitter bereuen würde. Es ging nicht anders. Er musste Micha um Rat fragen.

Micha nahm seinem Freund, wie heimlich erhofft, die Entscheidung ab. Er ergriff den Umschlag und hielt ihn in seiner Kochecke so lange über Wasserdampf, bis er ihn ohne Beschädigung mit einem gerollten Bleistift öffnen konnte. Dabei überging er den Protest, den Max pro forma von sich gab. Der Umschlag enthielt nur einen einzigen parfümierten Bogen, auf dem ohne Anrede und Unterschrift in zierlicher Handschrift stand:

> *Es ist getan, was zu tun war. Es wird sich alles regeln. Bitte keinen Kontakt!*

»Das klingt ganz so, als ob von Telek wirklich BOGDAN ist«, mutmaßte Max: »Warum sollte sich Ivy sonst eine Belästigung verbitten? Die Beschreibung, die ihr von dem Typen gegeben habt, passt zwar nicht; aber er hat sein Äußeres verändert und spielt nun den guten Mann! ... Ich sehe es so: Er ist aufgetaucht, um Ivy zur Rechenschaft zu ziehen. Vermutlich hat er erfahren, dass sie aus dem Nähkästchen geplaudert hat.«

»Darum geht es nicht«, widersprach Micha. »Sie soll wohl etwas Bestimmtes tun.«

»Meinst du, jemanden bespitzeln oder überreden?«

»... oder beseitigen!«, ergänzte Micha boshaft..

»Mein Gott! ... Du willst doch nicht andeuten, dass sie hinter den mörderischen Vorfällen steckt?!«

»Reg dich ab! ... Sie hat den Auftrag nicht ausgeführt: Sonst müsste sie sich nicht verantworten!«

»Aber, vielleicht ist sie gerade dabei, wenn sie davon spricht, ›es wird sich alles regeln‹?«

»Traust du ihr denn was Schlechtes zu?«

»Nein, natürlich nicht. - Aber von Telek muss auf jeden Fall etwas gegen sie in der Hand haben. - Wer weiß, was sie tut, wenn sie in die Enge getrieben wird.«

»Vorausgesetzt, dass er wirklich BOGDAN ist.«

»Gibt es daran noch Zweifel? Es kommt nicht alle Tage vor, dass Ivy ein Tablett fallen lässt. Du hättest ihr Gesicht sehen sollen, als sie ihn erblickte. Als sei er der Leibhaftige ... Jetzt fällt mir auch ein, dass er mit Akzent spricht. Er kommt ebenfalls aus Rumänien. Dann hätten wir auch eine Erklärung dafür, weshalb er sich an mich rangemacht hat.«

»Und dass er dir zweimal geholfen hat?«

»Hat er das wirklich? ... Ich bezweifele das langsam. Er ist jeweils hinterher aufgetaucht, nachdem mich seine Leute in die Mangel genommen hatten und alles vorüber war.«

»Aber er hat dir beim zweiten Mal das Leben gerette. Übrigens hast du auch die Zeichnung und den Schlüssel von ihm bekommen, mit dem wir die Geheimtür in der Festung öffnen konnten.«

»Vielleicht nur Taktik? Er will durch mich an etwas Bestimmtes herankommen ... Heiliger Bimbam, ich soll die Komtess für ihn finden! Er hat sie noch nicht, sondern will sich ihrer erst bemächtigen.«

»Dieser Gedanke ist mir auch schon gekommen«, stimmte Micha in merkwürdigem Tone zu.

»Warum, in Teufels Namen, unternehmen wir dann nichts dagegen?«, fragte Max vorwurfsvoll.

»Wir sind doch gerade dabei!«, witzelte Micha. »Da du den Aufenthalt von Donata nicht kennst, kannst du ihn ja nicht ausplaudern.«

»Fass dich an die eigene Nase«, erwiderte Max angriffslustig. »Wenn du ein Bild BOGDANs aufgetrieben hättest, wüssten wir, woran wir sind.«

»Du wirst die Wahrheit auch so erfahren«, bemerkte Micha lakonisch, während er das Couvert wieder zuklebte. »Du stellst den Brief natürlich jetzt gleich zu! Von Telek wird nicht umhinkommen, dir eine Erklärung zu geben.«

Kapitel 24: Von Telek

Max wusste, wo von Telek sich aufhielt. Sein Zufallsbekannter hatte ihm nämlich eine Visitenkarte ausgehändigt, auf der das Hotel vermerkt war. Das Schlosshotel Eibenstein war ein hochaufragendes Gebäude, das die Silhouette des Ortes mitbestimmte. Der Junge hatte es bei der Dampferfahrt am Donnerstag bereits hinreichend bestaunt.

Er hatte Glück und traf von Telek, als dieser gerade in das Hotel zurückkehrte. Er schien über den Besuch nicht sonderlich überrascht zu sein. »Schön, dass du mich besuchen kommst«, begrüßte er den Jungen freundlich und nahm ihn in sein Apartment mit hinauf. Er erkundigte sich, ob sein Besucher das nächtliche Abenteuer gut überstanden hätte. Es war wohl nur Höflichkeit, die ihn dazu veranlasste. Der Junge hörte aber einen versteckten Vorwurf heraus: Sollte er daran erinnert werden, dass er seinem Lebensretter gegenüberstand, damit er sich schäbig vorkam und sein Vorhaben aufgab?

Die im obersten Stockwerk liegende Suite hatte eine grandiose Aussicht. Das türkisblaue Wasser des Sees glitzerte im strahlenden Sonnenlicht und zog den Blick auf sich, ehe es ihn über grüne Uferzonen in das Dunkel der Berge entließ. Wie leicht es erscheint, Licht und Schatten von einander zu trennen, dachte Max. Dabei wechseln beide mit dem Gang der Sonne ständig. Dann wird auf einmal dunkel, was vorher hell war, und hell, was vorher im Dunklen lag.

Ebenso eindrucksvoll wie der Ausblick auf den See war die Zimmerflucht, die mit echten Antiquitäten ausgestattet war. In der Mitte des fast quadratischen Wohnraumes, dessen Decke Eichenbalken trugen, stand eine schwere Ledergarnitur mit einem massiven Eichentisch davor. Sie war auf einen Innenkamin ausgerichtet, der dem Raum Charakter gab. Etwas unbeholfen saß der Junge in dem gewaltigen Ledersessel und betrachtete sein Gegenüber. Wenn er von Telek ansah, konnte er nicht glauben, dass das BOGDAN sein sollte. Max war immer noch der Ansicht, das Böse müsse dem Menschen auf die Stirn geschrieben sein, obwohl er selbst bereits gegenteilige Erfahrungen gemacht hatte. Er suchte deshalb nach einem Zeichen von Schuld und Verworfenheit, fand aber in dem Gesicht des anderen nichts als ehrliche Zuneigung. Das war kein Mann, der sich jenseits der Gesetze stellte, vor Entführung, Erpressung und Mord nicht zurückschreckte und sogar einen Staatsstreich plante. In seiner freundlichen Art erschien er als Ritter ohne Fehl und Tadel, zu Winkelzügen und Doppelspiel gar nicht fähig. Es war unvorstellbar, dass er über Leichen ging und das Blut kleiner Kinder trank.

Dann war es endlich so weit: Als Max gefragt wurde, ob es einen besonderen Anlass für den Besuch gab, überreichte er wortlos den Brief. Er wartete gespannt auf die Reaktion. Von Telek nahm den Umschlag kommentarlos entgegen und ließ sich erklären, von wem er kam. Dann sagte er: »Du wirst verstehen, dass ich ihn erst einmal für mich allein lesen will«, und ging in den Nebenraum.

Max wartete ungeduldig. Es dauerte endlos und er befürchtete schon, sein Gastgeber habe sich heimlich davongemacht. Dann kam von Telek mit dem geöffneten Brief in der Hand zurück. Er ging einige Male schweigend hin und her, wobei er nachdachte. Schließlich machte er vor dem Jungen Halt und sagte: »Du weißt, was darin steht?!« Max nickte schuldbewusst. Im Innern hat er schon aufgehört, die Ehrenhaftigkeit seines Gastgebers anzuzweifeln. Von Telek seufzte: »Da bin ich dir wohl eine Erklärung schuldig: Mach es dir bequem; es wird länger dauern. Gib mir aber dein Wort, dass du zu niemandem darüber sprichst!«

Max tat das notgedrungen. Von Telek ging zur Bar hinüber und schenkte für beide eine Erfrischung ein. Dann kehrte er mit den Gläsern zum Tisch zurück und setzte sich zu dem Jungen. »Das ist eine lange Geschichte«, sagte er. »Vorweg muss ich ein Geständnis machen: Ich bin nicht der, für den ich mich ausgebe, aber auch nicht der, für den du mich vielleicht hältst. Ich kann jetzt nicht alles erzählen, weil das meine Pläne gefährden würde. - Aber ... lass uns erst einmal anstoßen!« Er nahm das Glas hoch und prostete seinem Besucher zu: »Auf dass unsere Mission Erfolg hat, Noroc!« Max leerte das Glas mit einem Zug. Das Getränk war prickelnd und hatte einen leicht bitteren Nachgeschmack. »Das ist ein Rezept aus meiner Heimat!«, erklärte von Telek. »Apa minerale Borsec, gespritzt mit einem Tarnave-Riesling aus Siebenbürgen.« Der Hausherr nahm sein Umherlaufen wieder auf.

»Ich werde dir jetzt ein Märchen erzählen, wobei es deiner Vorstellungskraft überlassen bleibt, ob es mehr als das ist und wer die handelnden Personen sind. Meine Geschichte spielt in Siebenbürgen oder Transsilvanien, wie es die Rumänen nennen. Das ist das Hochland im Karpatenbogen, das von der Olt durchflossen wird. Am Rande der Südkarpaten, wo die Straße von Siebenbürgen über einen Pass in die Walachei nach Bukarest führt, liegt Kronstadt, das die Rumänen Brasov nennen. In einem Schloss in der Nähe dieser Stadt war seit Jahrhunderten das deutschstämmige Geschlecht der Grafen von Goltz ansässig, das sich im Kampf um die Unabhängigkeit hervorgetan hat. Der letzte männliche Nachkomme heißt Rudolf von Goltz. Er ist, oder besser gesagt, war, ein angesehener Mann, der im politischen Leben seines Landes eine Rolle spielte und mit seiner Tochter Donata auf seinen Ländereien lebte. Bis er eines Tages dem Bergarbeiterführer BOGDAN im Wege stand, der sein Einflussgebiet nach Transsilvanien ausdehnen wollte. Er denunzierte von Goltz, eine Verschwörung gegen die Regierung zu betreiben, um den im Exil lebenden König Michai in seine Recht wiedereinzusetzen. Zum Beweise für den angeblichen Umsturzversuch ›entdeckte‹ er auf dem Grundbesitz des Grafen ein Waffenlager, das er vorher selbst angelegt hatte. So sehr der Graf auch seine Unschuld beteuerte, es half nichts: Er wurde zur Festungshaft verurteilt. Seine Güter wurden eingezogen und BOGDAN für seine ›Verdienste‹ übertragen.«

Max hatte den Bericht mit größter Spannung verfolgt. Hoffte er doch, dass damit alle noch offenen Fragen beantwortet werden würden. Trotzdem war er, während der Gastgeber sprach, müde und müder geworden und hatte krampfhaft darum gekämpft, wach zu bleiben. Die Worte von Teleks verklangen aber immer mehr im Raum, bis sich die Stille des Schlafes über den Jungen senkte.

Als Max die Augen aufschlug, wusste er erst nicht, wo er sich befand. Er hatte starke Kopfschmerzen und einen bitteren Geschmack im Mund. Dann kam die Erinnerung schlagartig wieder: Er war in von Teleks oder richtiger von Goltzens Suite eingeschlafen. Er schaute auf seine Armbanduhr. Es war acht Uhr. Er hatte also fünf Stunden geschlafen. Der Raum wurde nur spärlich durch eine Tischlampe erhellt. Die Jalousien waren heruntergelassen und die Anlage außer Betrieb gesetzt worden. Die Außentür war verschlossen und das Telefon entfernt.

Max wusste nicht, was er davon halten sollte. Es war verständlich, dass der Graf mit seinen Geschäften nicht warten wollte, bis sein Besucher aufgewacht war. Natürlich konnte er auch die Außentür nicht unverschlossen lassen. Immerhin gab es Leute, die dem Jungen nach dem Leben trachteten. Die Jalousien waren runtergelassen worden, um ungestörten Schlaf zu ermöglichen. Warum aber ließen sie sich nicht öffnen und fehlte das Telefon? ... Es war klar! Max ließ ein bitteres Lachen hören. Er sollte daran gehindert werden, die Räume zu verlassen. Wieso? ... Der Brief! Er musste eine Mitteilung enthalten, die Micha und er übersehen oder nicht verstanden hatten. Vielleicht eine Zusatzbotschaft mit Geheimtinte? Der Graf hatte sich ungewöhnlich lange mit dem Lesen aufgehalten und war dazu ins Nebenzimmer gegangen, was nicht unbedingt erforderlich gewesen war. Max begann, nach dem Brief zu suchen. Auf dem Tisch fand er folgenden Nachricht:

Lieber junger Freund! Ich musste dich kurzfristig verlassen. Bitte warte hier auf mich! Ich habe dich zu deiner Sicherheit eingeschlossen! Wenn du noch mehr von meiner Geschichte wissen willst, schau in die Schreibtischschublade! Von Goltz

Das war nicht das, wonach Max suchte, aber doch beruhigend. Es war gut zu wissen, dass er hier nicht als Gefangener saß. In der Schublade fand er einen braunen Umschlag, bei dessen Anblick er stutzte. Aber hallo! Den hatte er schon mal gesehen! Grozza hatte ihn auf dem Schiff bei sich gehabt und dann offenbar von Telek/Goltz übergeben. Er enthielt zahlreiche Ausschnitte aus rumänischen Tageszeitungen, von denen drei Artikel aus dem Kronstädter Anzeiger in deutscher Sprache abgefasst waren und von vorletzter Woche stammten. Der erste lautete:

Wie bereits am Vortage gemeldet, ist der Graf von Goltz aus Kronstadt, der wegen Hochverrats zu fünfzehn Jahren Festung verurteilt worden war, vor einigen Tagen begnadigt worden. Ihm war Vorbereitung zum Sturz der Regierung zur Last gelegt worden mit dem Ziel, den im Exil lebenden König Michai in seine Ämter wiedereinzusetzen. Der Graf, der aus seiner

Königstreue keinen Hehl macht, hatte den Vorwurf eines geplanten Staatsstreiches immer mit Nachdruck bestritten.

Die Begnadigung ist nicht zuletzt deshalb erfolgt, weil Zweifel an der Zuverlässigkeit der Beweise aufgetaucht sind, auf die sich das Urteil stützt. So deutet vieles darauf hin, dass das geheime Waffenlager dem Grafen untergeschoben worden ist.

Der Hauptbelastungszeuge, der Bergarbeiterführer BOGDAN, ist inzwischen ins Zwielicht geraten, weil er in Zusammenhang mit Schleuserbanden und Zigarettenschmuggel gebracht wird. Ihm wird ferner vorgeworfen, sich die konfiszierten Güter des Grafen unrechtmäßig angeeignet zu haben. Es wird davon ausgegangen, dass der Graf jetzt seine volle Rehabilitierung betreiben und die Rückgabe seines Besitzes verlangen wird. Er ist zur Zeit auf Reisen. BOGDAN hat sich den gegen ihn laufenden Ermittlungen durch einen Auslandsaufenthalt entzogen.

Der zweite Artikel hatte - aus aktuellem Anlass - ein Portrait des Bergarbeiterführers BOGDAN zum Gegenstand:

BOGDAN, der sich über Herkunft und Lebensumstände ausschweigt, ist einer der geheimnisvollsten Männer unseres Landes, um den sich manches Gerücht rankt. Obwohl er sich - von einigen Aufsehen erregenden Aktionen abgesehen - weitgehend im Hintergrund hält, hat er es verstanden, sich Macht und Einfluss zu verschaffen und diese für seine Pläne zu nutzen. Er hat sich in der Vergangenheit Parlament und Regierung dadurch verpflichtet, dass er für bestimmte Gesetzesvorhaben in der Hauptstadt Bukarest Bergarbeiterdemonstrationen organisierte.

Durch sein charismatisches Auftreten, das zu einem Personenkult um ihn geführt hat, versteht er es wie kein anderer, die Massen zu mobilisieren, wenn er sie braucht. Damit gelang es ihm mehrfach, das altkommunistische Regime gegenüber Reformbemühungen zu stabilisieren.

Für seine Hilfeleistung ist BOGDAN mit den Gütern des Grafen von Goltz belohnt worden, der wegen Hochverrat verurteilt, aber inzwischen begnadigt worden ist. Obwohl der Bergarbeiterführer schon längere Zeit in Zusammenhang mit Bestechung und Schmuggel gebracht wird, wird den Vorwürfen erst nach der Ablösung der alten Regierung nachgegangen. Es verlautet allerdings, dass die Beweise für eine Anklage nicht ausreichen.

Der dritte Artikel trug die Überschrift: König Michai in Rumänien! Er lautete:

Auf Einladung der Regierung hält sich König Michai im Augenblick in Rumänien auf. Der Monarch, der 1947 abgedankt hat und seitdem in der Schweiz im Exil lebt, hatte sich bereits einige Male vergeblich darum bemüht, in sein Heimatland einzureisen. Bei einem Versuch am 25.12.1990 ist er noch gefangengesetzt und abgeschoben worden. Michai ist in Bukarest von der Bevölkerung mit großer Begeisterung empfangen worden. Zu seiner Begrüßung umsäumten Hunderttausende die Straßen.

Wie verlautet, hat sich der König bei seinen Gesprächen mit der Regierung für den Grafen von Goltz eingesetzt, der wegen Hochverrats zu einer Freiheitsstrafe verurteilt worden war. Die Begnadigung des Grafen scheint damit im Zusammenhang zu stehen.

Max nickte befriedigt. Die Geschichte, die sein Gastgeber erzählt hatte, traf also zu. Sie deckte sich ja auch weitgehend mit dem, was Micha ermittelt und Patrescu berichtet hatte. Grozza musste den Umschlag mit den Berichten von Telek/Goltz an der Anlegestelle Falkenstein-Ried übergeben haben, während er, Max, durch die einströmenden Fahrgäste am Verlassen des Schiffes behindert worden war. Allerdings blieb die Frage, was Grozza damit bezweckt hatte. Wollte er den Grafen mit seiner unglücklichen Vergangenheit erpressen?

Max war gerade so weit gekommen, als er im Papierkorb die gesuchte Nachricht Ivys fand. Er stellte fest, dass sie auf der Rückseite tatsächlich noch einen weiteren Text enthielt, der erst vom Empfänger sichtbar gemacht worden war. Er war in Druckbuchstaben abgefasst und lautete:

UM MITTERNACHT
BEIM WASSERFALL HINTER
DER SCHLOTTERMÜHLE

Max nickte. Also die Aufforderung zu einem Treffen, wie er vermutet hatte! Deshalb hatte sich von Goltz heimlich entfernt. Aber irgendwas stimmte da nicht. Was hatte Ivy dem Grafen Wichtiges zu sagen? War sie an den Machenschaften gegen ihn beteiligt und wollte jetzt ihr

Gewissen erleichtern? Oder sollte hier jemand, der Rechenschaft forderte und unbequem wurde, unschädlich gemacht werden?

Eine Alarmglocke schrillte im Kopf des Jungen: Es wies alles darauf hin, dass der Graf mit der Nachricht in eine Falle gelockt werden sollte. Wie spät war es? Max sah auf das Uhrwerk, das auf dem Kamin stand. Die Zeiger zeigten gerade auf neun. Das mitternächtliche Treffen konnte also noch verhindert werden. Bevor er sich daran machte, das Schloss aufzubrechen, wollte er die Abendnachrichten im Radio hören. Er kam gerade noch zurecht zur Zeitansage:

Guten Morgen! Mit dem Gongschlag ist es neun Uhr!

Er ließ erschreckt das Messer fallen. Guten Morgen! ... Manno! Es war schon 9 Uhr morgens! Er hatte mehr als siebzehn Stunden geschlafen! Das Treffen war vorbei und das Unglück eingetreten! ... Wie war das möglich? Das konnte nicht mit rechten Dingen zugegangen sein! Sicher, er war erschöpft und hatte sich von dem Schlag auf den Kopf noch nicht richtig erholt. Aber, dass er so wegsackte? ... Nein! Da hatte jemand kräftig nachgeholfen!

Er eilte zum Tisch und untersuchte die Gläser, aus denen sie getrunken hatten. In einem befand sich ein weißer Belag. Als Max ihn mit der Zunge probierte, erkannte er den bitteren Geschmack wieder, den er schon beim Trinken bemerkt hatte. Es waren Schlaftabletten in dem Getränk gewesen! Und den Grund dafür kannte er schon. Sein Gastgeber hatte sich ungehindert entfernen wollen. Deshalb hatte er sich mit langatmigen Vorreden aufgehalten, die zum größten Teil nur das wiedergaben, was eh bekannt gewesen war. Das stellte alles in Frage. War etwa BOGDAN in die Rolle des Grafen geschlüpft? Dann gäbe auch das Treffen mit Grozza an der Anlegestelle einen Sinn. Unter der Maske seines Erzfeindes aufzutreten, war ein Trick, den man BOGDAN durchaus zutrauen konnte.

Max wusste nicht mehr, was er annehmen sollte. Die Einsichten wechselten mit jeder neuen Erkenntnis von Minute zu Minute wie Licht und Schatten draußen auf dem See! Im Augenblick lag die Person seines Gastgebers wieder im Schatten: Es schien jetzt endgültig so, als wenn dieser tatsächlich der Herr der tausend Masken, der Meister der

Verstellungskunst, der verabscheuenswürdige BOGDAN war.

Was hatte sich draußen inzwischen ereignet? Falls es Ivy nicht gelungen war, die Sache ›geregelt zu kriegen‹, war ihr eine zweite Chance vielleicht nicht eingeräumt worden und ... Der Junge mochte das nicht zu Ende denken. Und dann wurde ihm bewusst: Wenn das Apartment BOGDAN gehörte, saß er, Max, hier endgültig fest. Noch einmal würde man ihn nicht entkommen lassen.

Er war gerade zu dieser Erkenntnis gelangt, als die Außentür aufgeschlossen und geöffnet wurde. Ein blondes Mädchen in einem kurzen modischen Kleid trat ein und sagte mit einem reizenden ausländischen Akzent: »Micha schickt mich! ... Ich bin Donata, die vermisste Grafentochter!«

Kapitel 25: Eine verstörende Entdeckung

Max erschien an diesem Donnerstag um mehrere Stunden verspätet in der Schlottermühle. Doch er hatte eine Entschuldigung: Der rumänische Graf von Goltz, mit dem er sich angefreundet hatte, war von dem gestrigen Ausflug zu den Dittelbachfällen nicht zurückgekehrt. Als seine Tochter ihn am Morgen im Eibenstein besuchen wollte, fand sie das Apartment leer vor. Und nun war die Aufregung groß.

Die Kunde von dem Verschwinden des Grafen schlug auch in der Mühle wie ein Blitz ein. Der Geologe erzählte, dass er den Grafen letztes Jahr bei einer Exkursion in die Karpaten kennen gelernt habe. Von Goltz rettete ihn mit einem sicheren Schuss vor einem Bärenangriff und lud ihn dann auf sein Schloss ein. »Jetzt ist die Gelegenheit, ein wenig von meiner Schuld abzutragen«, fügte Kelling hinzu. »Es wäre mir eine Genugtuung, wenn ich den Grafen finden könnte.« Er brach deshalb gleich zur Suche auf.

Theresa Schrempp und Ivy stürzten sich auf Max und ließen sich jede Einzelheit schildern. Völlig aus dem Häuschen gerieten die Damen, als sie erfuhren, dass die Komtess die Schlottermühle aufsuchen wolle, weil ihr Vater hierher unterwegs gewesen war, als er verschwand. Jetzt zeigten sich auch der Koch und der Wirt alarmiert und entfalteten eine hektische Tätigkeit. Lediglich der Kellner schenkte dem Ganzen keine Beachtung und entfernte sich, wie er es immer tat, wenn Max erschien.

Gegen Mittag traf dann die Grafentochter in der Schlottermühle ein. Sie brauchte sich nicht vorzustellen, weil sie aufgrund der Beschreibung, die Max mit auffälliger Begeisterung gegeben hatte, von jedermann in der Mühle gleich erkannt wurde. Sie sah unverschämt gut aus. Ihr schmales gebräuntes Gesicht wurde von blonden Locken umrahmt, die mit jeder Bewegung des Kopfes hin und her schwangen. Große lebendige Augen über einer geraden Nase zeugten von Tatkraft und Lebensfreude. Sie trug ein elegantes Kleid mit hochhackigen Schuhen.

Die Komtess nahm draußen auf der Terrasse Platz. Von dort konnte sie beobachten, wie sich der Dittelbach über die Felsstufen nach unten stürzt. Sie zeigte sich daran aber wenig interessiert und verlangte den Wirt zu sprechen. Der kam auch und brachte im Schlepptau Theresa Schrempp und Ivy mit. Max sah, wie sich alle an einen Tisch setzten und das Gespräch lebhaft hin und her ging. Es schien schließlich zu einem Ergebnis zu führen. Ivy eilte in das Haus und sagte im Vorübergehen: »Sie wird einige Tage bei uns bleiben, um nach ihrem Vater zu suchen. Mein Onkel hat ihr jede Unterstützung zugesagt.« Die bestand dann darin, dass Max und Ivy als Hilfe abgestellt wurden.

Ivy schien froh über den Auftrag, wohl weil er ihr Gelegenheit bot, der Aufsicht des Onkels zu entfliehen. Max war erstaunt, welchen Eifer sie an den Tag legte. Bei der Abneigung, die sie neulich dem Grafen gegenüber gezeigt hatte, wunderte das schon. Ihm gefiel die Freundschaft der beiden Mädchen auch nicht sonderlich. So konnte er mit Ivy nicht vertraulich sprechen, obwohl dies dringend notwendig gewesen wäre. Schließlich war es ihre Nachricht gewesen, die von Goltz in die Falle gelockt hatte. Bei der Aufregung in der Mühle hatte sich für ein klärendes Gespräch bisher keine Gelegenheit geboten. Max hatte das Mädchen verstohlen gemustert, aber kein Schuldbewusstsein festgestellt. Es war ihm allerdings so vorgekommen, als hätte sie verweinte Augen. War das weibliches Mitgefühl oder ein Zeichen eines schlechten Gewissens?

Beinahe hätte die Gruppe noch einen weiteren Helfer erhalten. Der Wirt bestand darauf, dass Donka sie begleitete. Dies war nun wirklich das Letzte, was sich der Junge wünschte. Zum Glück war der Höllenhund nicht aufzufinden. Als er trotz aller Suche verschwunden blieb, durften sie dann doch allein aufbrechen. Ziel war die Geistermühle am oberen Bachlauf. Max hatte von dem Abenteuer erzählt, das er vorletzte Nacht dort mit dem Grafen erlebt hatte. Deshalb wollten die Mädchen in schöner Eintracht jetzt ebenfalls dorthin. Genau dies hatte der Junge bezweckt. Es ging ihm darum, seine Schutzbefohlenen von der Schlucht vor dem zweiten Wasserfall fernzuhalten, zu dem der Graf gelockt worden war. Er wollte sie der Gefahr nicht aussetzen, in die sie dort vermutlich geraten wären.

Die Damen zeigten im Übrigen wenig Mitleid mit Max, der immer noch einen Verband am Kopf trug. Sie sprachen lieber über die Rettungstat des Grafen, der jetzt selbst Hilfe benötigte, die ein gewisser Jemand - dabei sahen sie Max vorwurfsvoll an - anscheinend nicht leisten wollte oder konnte. Danach war Max vollends abgemeldet. Ivy hakte die Komtess unter, der das Bergsteigen in den ungeeigneten Schuhen schwer fiel, und verwickelte sie in ein Gespräch unter Frauen, an dem Max nicht beteiligt wurde. Wenn der Nichte des Wirtes das Verschwinden des Grafen nahe ging, war ihr das jedenfalls nicht mehr anzumerken. Sie bedrängte ihre Gesprächspartnerin, vom Leben im Schloss, Festen und Bällen, Freunden und Verehrern und vielem mehr zu erzählen. Die Komtess gab nach Kräften Auskunft, war aber der Neugier des Mädchens in keiner Weise gewachsen, deren Wissbegierde unersättlich war. Max hörte mit Vergnügen, wie sich Ivy verschiedentlich mit Sätzen wie: »Darüber spricht man nicht!« oder »die Etikette verbietet das!« eine Abfuhr holte. Sie ließ sich dadurch aber nicht entmutigen, sondern brachte das Gespräch nur auf weitere Punkte. Daher kam es der Komtess wohl nicht ungelegen, dass die Gruppe ihr Ziel erreichte.

In der Umgebung der verfallenen Mühle regte sich nichts. Wegen ihrer unheimlichen Ausstrahlung mieden sie die Menschen auch am Tag. Nicht einmal vom Geologen war etwas zu sehen, der für gewöhnlich in diesem Abschnitt arbeitete. Im Sonnenlicht erinnerte nichts an das Grauen, das nachts auf den Jungen gewartet hatte. Max hatte von dem Ruf der Mühle nichts erzählt, um seine Begleitung nicht unnötig zu ängstigen. Für alle Fälle ließ er die Mädchen aber auf der Brücke zurück. Er rechnete zwar nicht damit, dass sich jemand von der Bande tagsüber hier herumtreiben würde, wollte aber kein Risiko eingehen.

Die Tür war unverschlossen, wie sie sie vorgestern zurückgelassen hatten. Er betrat das Haus, in welches Tageslicht jetzt spärlich durch die undichten Fensterläden eindrang. Im Halbdunkel wirkte das alte Gemäuer weit weniger schauerlich als bei dem nächtlichen Besuch. Zum Glück lauert heute niemand hinter der Tür auf mich, dachte Max erleichtert. Da stürzte plötzlich ein schwerer Körper von oben herab und warf ihn zu Boden. Diesmal benötigte der Junge keine Schrecksekunde. Als zwei starke Hände um seinen Hals griffen und zuzudrücken begannen, wusste er sogleich, was er zu tun hatte: Er zog ein Knie an und rammte es dem Angreifer so heftig in den Bauch, dass dieser aufschrie und seinen Griff lockerte. Das reichte Max, um sich unter dem Leib hervorzuwälzen und zum Gegenangriff vorzugehen. Es dauerte nicht lange, bis der Widersacher seinerseits am Boden lag und nach Luft rang. »So hör auf, Junge! Das Ganze ist ein Missverständnis«, krächzte er, als sich der Griff um seinen Hals etwas lockerte. »Ich bin es, Dirk Kelling!«

Max hielt erstaunt inne. Im Licht der offen stehenden Tür erkannte er, dass es tatsächlich der Geologe war, mit dem er sich einen Ringkampf geliefert hatte. »Das müssen Sie mir allerdings erklären«, äußerte er und erhob sich. »Wieso haben Sie mich angegriffen?«

»Notwehr!«, sagte Kelling verlegen, als er ebenfalls aufstand. »Ich hatte im unteren Teil der Schlucht vergeblich nach dem Grafen gesucht. Dann dachte ich an das verlassene Gebäude hier. Es eignet sich vorzüglich dazu, jemanden verschwinden zu lassen. Ich war gerade im offenen Bodenraum, als jemand zur Tür hereingeschlichen kam. Da habe ich auf Überraschung gesetzt und angegriffen, bevor ich entdeckt wurde.«

Max musste lachen. »Also die alte Geschichte von den zwei Detektiven, die im Dunklen nach einem Räuber fassen und sich nachher gegenseitig in den Armen halten. Wir sind aus dem gleichen Grund hier.« Er deutete auf die Mädchen, die auf den Lärm hin zum Haus gelaufen waren und jetzt an der offenen Tür standen. »Das Gebäude gehört Ihnen«, bemerkte Max dann spöttisch zu dem Geologen. »Wir helfen Ihnen, falls böse Menschen kommen.«

»Nein! Für heute reicht´s!« Kelling klopfte sich beschämt den Staub aus den Kleidern. »Ich befasse mich lieber wieder mit Sachen, von denen ich mehr verstehe … Die Rettungsaktion ist ja bei dir ›in den besten Händen‹.« Dabei rieb er sich scherzhaft den Hals. Dann schulterte er den Rucksack und suchte das Weite. Dass seine Aktion noch lange Anlass für schadenfrohes Gelächter geben würde, war ihm natürlich bewusst. Immerhin hatte er sich aber einen guten Abgang verschafft.

Nachdem er verschwunden war, öffneten die jungen Leute mit einiger Mühe Fenster und Fensterläden, um Tageslicht und frische Luft in die dunklen stickigen Räume hereinzulassen. Dadurch wurden einige im Dachstuhl hängende Fledermäuse aufgescheucht, vor denen die Mädchen kreischend die Flucht ergriffen. Als die Gefahr vorüber war, machten sich die drei an die Durchsuchung des Gebäudes. Viel gab es auch bei Tageslicht nicht zu sehen. Die Räume waren leer und schon lange nicht mehr benutzt worden. Das sah man an dem zentimeterhohen Staub und den Spinnweben. Die Fußspuren waren vermutlich vorgestern von Max und dem Grafen sowie heute von Kelling hinterlassen worden. Sie hatten frühere Abdrücke überdeckt. Eins wurde aber schnell klar: Die Ruine war schwerlich das Ausweichquartier der Schmuggler.

Zum Glück fand der Junge jetzt Gelegenheit, mit Ivy unter vier Augen zu sprechen. Als Donata in den Nebenraum vorausging, in dem Max in der vergangenen Nacht gefesselt und geknebelt seinem Schicksal überlassen worden war, zeigte er ihr den Brief, den er im Papierkorb des Grafen gefunden hatte. »Stammt der Zusatz auf der Rückseite von dir?«, fragte er streng. Ivy erschrak und verneinte dies entsetzt. »Ich weiß ja nicht mal, dass die Nachricht überhaupt noch abgegangen ist«, erklärte sie. »Ich nahm an, dass Makkai sie meinem Onkel ausgehändigt hatte.« Da sie völlig verwirrt war, glaubte ihr Max. Der Text, der zu dem Treffen einlud, konnte auch von jeder anderen Person im Hause hinzugefügt worden sein. Wer den Brief aus dem Fenster geworfen hatte, hatte er ja nicht gesehen.

Leider blieb keine Zeit mehr für die Frage, warum Ivy dem Grafen geschrieben hatte. In dem Moment ertönte ein Schrei aus dem Nebenraum, der beiden einen kalten Schauer über den Rücken jagte. Max erfasste, dass etwas Fürchterliches geschehen sein musste. Mit drei großen Sätzen war er im anderen Zimmer, drängte sich an Donata vorbei und blickte ... in ein abschreckendes Totengesicht.

Wie er von dem Mädchen erfuhr, das nur unter Tränen sprechen konnte, war ihr hoher Absatz in dem Holzfußboden eingebrochen. Als sie den Schuh herauszog, war ihr das lose Dielenbrett entgegengekommen. Und dann sah sie die Leiche. Der Schreck war umso größer, als sie glaubte, den Grafen gefunden zu haben. Das war aber nicht der Fall, wie Max gleich erkannte. Nach der Zersetzung lag der Tod schon einige Zeit zurück.

Inzwischen war auch Ivy herübergeeilt. Max stellte sich ihr in den Weg. »Es ist besser, du siehst das nicht!«, sagte er besorgt. »Es ist so grauenvoll, dass man es nie vergisst.« Doch sie schob ihn einfach beiseite. Sie hatte es sich allerdings nicht so schlimm vorgestellt: Beim Anblick des Leichnams wurde sie kreidebleich und wandte sich würgend ab. Doch dann riss sie sich zusammen, hielt dem grausigen Anblick stand und war sogar in der Lage, den Toten zu identifizieren. »Es ist ...

unser verschwundener ... Kellner Samnit Scharosch«, stammelte sie unter Tränen. »Er hat also Recht gehabt mit seiner bösen Vorahnung.«

Während die Mädchen abseits standen, unterzog Max die sterblichen Überreste einer Untersuchung, was ihn große Überwindung kostete. Die Todesursache war leicht festzustellen. Man hatte den Mann gefesselt und geknebelt in der Ruine zurückgelassen. Die Stricke und der Knebel lagen noch dort, wo sie angebracht worden waren. Das war genau die Methode, die man auch bei ihm angewandt hatte. Wenn der Graf nicht gekommen wäre, hätte bald ein weiteres Opfer unter den Dielenbrettern gelegen.

Kapitel 26: **Eine Entführung**

Verwirrt und ratlos stand Max auf der Holzbrücke und schaute in den schäumenden Gebirgsbach. »Das Wasser als Symbol des Lebens, das uns unter den Händen davonrinnt!«, murmelte er trübsinnig. Nach Presa, dem Holzknecht, war nun auch der Kellner Scharosch tot. Zwei unbequeme Mitwisser, die die Bande aus dem Wege geräumt hatte. Er selber wäre der Dritte gewesen, wenn er nicht ein so unverschämtes Glück gehabt hätte. Und noch immer war nicht klar, wie man dem Grauen ein Ende setzen konnte.

Da von dem Toten ein starker Verwesungsgeruch ausging, hatten die jungen Leute geschockt das Haus verlassen. Es dauerte eine ganze Zeit, bis sie darüber nachdenken konnten, was zu tun war. Einerseits war es nötig, die Sache so rasch wie möglich den Behörden zu melden. Andererseits musste jemand bei dem Fundort bleiben, wenn man nicht riskieren wollte, dass die Leiche irgendwo in der einsamen Schlucht verschwand. Deshalb waren sie nach langem Hin und Her übereingekommen, sich zu trennen. Während es die Komtess und Ivy übernahmen, die Gendarmerie zu unterrichten, blieb Max als Wache zurück. Dies war die gefährlichere und unangenehmere Aufgabe. Die Mädchen hatten sich im Übrigen auch entschieden geweigert, allein bei dem grausigen Fund zu bleiben.

Schande über Schande, dachte Max, wie man den Kellner umgebracht hatte: Jemanden langsam und qualvoll sterben zu lassen, war grausamer als der Tod durch einen Dolchstich oder eine Kugel. Wer war das, der Freude an so was empfand? Grozza und Tergelun schieden aus; ebenso Bolliac. Die drei würden keine ›halben Sachen‹ machen. Da kamen schon eher Makkai, Zigahn oder Goga in Betracht, die anscheinend eine sadistische Ader hatten. Oder war das die Handschrift von BOGDAN, der sich die Hände nicht schmutzig machen wollte und das Zerstörungswerk lieber dem ›natürlichen Ablauf der Dinge‹ überließ?

Während Max noch finsteren Gedanken nachhing, die auf mehreren

Ebenen gleichzeitig und unabhängig voneinander arbeiteten, leuchtete plötzlich eine rote Warnlampe in seinem Kopf auf: Es war ein Fehler, die Mädchen allein weggehen zu lassen. Die Bande beobachtete sicherlich die Mühle und ihre nähere Umgebung. Wenn man merkte, dass der Tote gefunden worden war, waren die Mädchen in Gefahr. Man würde alles unternehmen, um die Benachrichtigung der Gendarmarie zu verhindern, und sei es auch nur, um Zeit zu gewinnen, bis man die Sache vertuscht hatte.

Ohne noch einen Gedanken an die Leiche zu verschwenden, verließ Max seinen Posten und eilte den steilen Pfad empor. Als er aus der Schlucht herauskam, blickte er sich um. Von den Mädchen war nichts mehr zu sehen. Es gab mehrere Wege, die in den Ort führten. Max nahm den steileren, auf dem sie gekommen waren. An einem Wiesenhang blickte er zufällig nach oben und sah dort eine Bewegung. Es waren die Gesuchten, die die bequemere, aber längere Strecke gewählt hatten. Sie waren gesund und munter. Er hatte sich unnötige Sorgen gemacht.

Er erklomm den Hang, um den Anschluss zu schaffen. Oben angelangt, sah er auf der anderen Seite einer Talmulde Donata und Ivy eine bewaldete Höhe emporsteigen. Sie passierten gerade rechts des Weges ein Waldstück, als zwei vermummte Gestalten hervorgestürmt kamen. Sie packten die Mädchen von hinten und hielten ihnen Tücher unter die Nase, die offenbar mit Chloroform getränkt waren. Die Überrumpelten wurden schlaff und gaben ihren Widerstand auf. Danach wurden sie in den Wald gezogen.

Max hatte alles wie erstarrt beobachtet. Jetzt startete er durch. Es war ein langes Stück. Zunächst ging es steil in den Einschnitt hinab, aus dem er dann wieder aufsteigen musste. Seine Lungen keuchten zum Zerbersten und der Schweiß lief in Strömen. Trotzdem kam er zu spät: Als er die Höhe erreichte, war von den Mädchen und ihren Entführern nichts mehr zu entdecken.

Am Ort des Überfalls fand er umgeworfene Steinbrocken und Schleifspuren, die zum Saum des Gehölzes führten. Dort endeten sie aber plötzlich. Im lichten Unterholz, das sich steil nach unten bis zu einem Feldweg hinzog, waren keine Anzeichen dafür zu finden, dass jemand gewaltsam verschleppt worden war. Wie konnte das sein?

Plötzlich hörte Max, wie unten, für ihn unsichtbar, ein Auto anfuhr.

Er stürzte den Hang hinunter, eine Lawine von Geröll und Steinen nach sich ziehend, bekam aber nur noch Reifenspuren zu sehen. Sie führten zu den Gehöften und Ansiedlungen längs des Berges.

Max folgte im Eiltempo den Reifenabdrücken eine ganze Strecke, bis sie sich auf einer befestigten Fahrbahn verloren. Er hastete die Straße auf gut Glück noch ein Stück bergauf. An einer Abzweigung hielt er dann aber erschöpft und ratlos an. Ohne Anhaltspunkt, in welcher Richtung der Wagen gefahren war, war es sinnlos. Schweren Herzens brach er die Suche ab. Ihm blieb nichts übrig, als Micha zu alarmieren, der schon wissen würde, was zu tun war.

Als sich der Junge umsah, wohin ihn die Verfolgung geführt hatte, erlebte er eine Überraschung: Er befand sich nicht weit von dem Gut der Bestmanns entfernt, in dem sein Freund in seinem umgebauten Turm wohnte.

Kapitel 27: Das Rätsel der Höhle

Es war dunkel geworden, als sich die Doppel-Ms auf den Weg machten, um den entscheidenden Schlag gegen die Bande zu führen. Das war dann schneller gekommen, als Max zu hoffen gewagt hätte. Aber die Ereignisse der beiden letzten Tage zwangen zum Handeln.

Micha hatte sich über den Leichenfund tierisch aufgeregt und die Entführung der beiden Mädchen dann weit gelassener hingenommen, als es Max befürchtet hatte. »Werd nur kein Diplom-Patient«, sagte er tröstend. »Das kriegen wir schon geregelt!« Er übernahm es selbst, die Gendarmerie telefonisch zu unterrichten. Max war ihm dafür dankbar, weil er nicht ohne Grund Vorwürfe wegen seiner Einmischung und der Stümperei befürchtete, mit der er die Sache behandelt hatte. Es dauerte eine ganze Weile, bis Micha seine Aufgabe und wohl noch etwas mehr erledigt hatte. Geheimnisvoll, aber in bester Laune kam er schließlich zurück. »Auf geht´s!«, sagte er euphorisch. »Unsere Truppen stehen bereit. Die Nacht wird die Entscheidung bringen!« Max glaubte, seinen Ohren nicht zu trauen. Als er ungläubig fragte, wo bitte das stattfinden sollte, antwortete Micha lachend: »Natürlich dort, wo alles angefangen hat: In der Felsenhöhle beim Wasserfall!«

Max war froh, dass sie endlich etwas unternehmen, konnte aber den Optimismus Michas nicht teilen. Dazu war in letzter Zeit zu viel fehlgeschlagen. Besonders die Entführung der Mädchen hatte seinem Selbstbewusstsein einen harten Stoß versetzt. Dass sie in der Höhle suchen mussten, war schon richtig. Da der Graf in einen Hinterhalt in der Klamm gelockt worden war, lag es nahe, dass man ihn dort festgesetzt hatte. Man wusste ja zum Glück nicht, dass das Versteck entdeckt worden war. Das verbrauchte Holz und das Anmachpapier hatten sie ja jeweils ergänzt. Es würde aber nicht leicht werden. Die Höhle wurde vermutlich jetzt überwacht.

An der Dittelbachschlucht sah sich Max nach Patrescu um. Er war nirgends zu erblicken. Auch heute Morgen war er schon nicht am

Treffpunkt gewesen, was allerdings auch mit der Verspätung zusammenhängen konnte, mit der Max eingetroffen war. Hoffentlich hatte der kleine Mann vorletzte Nacht nicht einen seiner Unfälle gehabt, zu einer Zeit, wo niemand zur Rettung bereitstand. Seltsam! Auch der Schäferhund des Wirtes war seither verschwunden. Bestand da ein Zusammenhang? Vielleicht war das Doppelspiel des Rumänen aufgeflogen. Und als es ihm an den Kragen ging, hatte er seinen Gegenspieler, den Höllenhund, in den Tod mitgenommen.

Mit solchen trüben Gedanken quälte sich Max herum, während die Jungen am Schluchtrand warteten, dass die Lichter in der Schlottermühle verlöschten. Das dauert lange, da an diesem Abend die Wirtschaft sehr belebt war. Es war bereits zwei Uhr nachts vorüber, als sie in die Klamm hinunterstiegen und am Haus vorbeischlichen. Dass der Mond zeitweise durch umherziehende Wolken verdeckt wurde, war ihnen gerade recht. Das war der Tarnmantel, den sie brauchten, um unsichtbar zu bleiben.

Am Felsenkessel vor dem zweiten Wasserfall erhellte ein Wolkenloch die heidnische Opferstätte. Einsam und verlassen wirkte sie im Mondlicht unwirklich und geisterhaft. Es war verständlich, dass die Menschen sie mit übersinnlichen Dingen in Zusammenhang brachten. Max schauderte. Er freute sich, dass er in Gesellschaft war. So langsam hatte er von nächtlichen Streifzügen im Alleingang genug.

Micha dagegen schien die unheimliche Ausstrahlung des Ortes nichts auszumachen. Er ging die Sache so an, als sei es die normalste Beschäftigung der Welt, des Nachts in eine dunkle Höhle einzudringen, in der unbekannte Gefahren auf sie warteten. Kurz darauf standen sie erneut im Innern des Berges. Micha entzündete eine Fackel aus dem Vorrat und entfachte ein Feuer. Bald loderten die Flammen hoch und ließen ihren Widerschein an den Wänden tanzen. Und dann kam die Enttäuschung: Von dem Grafen war nichts zu sehen. Max suchte auch die entführten Mädchen vergeblich. Nichts deutete darauf hin, dass seit dem letzten Besuch überhaupt Menschen in der Höhle gewesen waren.

»Es muss einen unentdeckten Raum geben!«, erklärte Micha schließlich, als sie alles inspiziert hatten.

»Aber wo?«, fragte Max. »Wir haben bereits das letzte Mal alles auseinander genommen und nichts gefunden ... Vielleicht wären wir in der

Schlottermühle richtiger.«

»Nein!« Micha schüttelte den Kopf. »Das wurde untersucht ... Dort gibt es keine weiteren Verstecke.«

Max blickte überrascht. »Wann und wie soll das geschehen sein? ... Donka lässt doch keinen Fremden herein.«

»Das Problem hatten wir gelöst.« Als Max etwas erwidern wollte, brachte Micha ihn mit einer Handbewegung zum Schweigen. »Kusch, still! - Hörst du nichts?« Max schüttelte den Kopf.

»Horch! Jetzt wieder!«, flüsterte Micha. Und nun drang auch zu Max etwas, das sich wie ein Stöhnen anhörte ... Die Laute kamen in der Tat aus dem Innern des Berges.

Micha sah prüfend zur Decke. »Etwas haben wir noch nicht untersucht!«

»Was soll das sein?«, fragte Max. »Das letzte Mal haben wir sogar den Boden abgesucht und keinen Zentimeter ausgelassen, ohne eine Falltür oder etwas Ähnliches zu finden. Wir waren schon froh, dass wir die Brosche im Heu ...«

»... das Heu!«, unterbrach Micha elektrisiert. »Darunter haben wir nicht gesucht.« Er lief zu dem Lager und trat kräftig darauf. »Ha!«, rief er erfreut: »Das klingt hohl!« Im Nu war Max bei ihm und half mit. Als sie die Abdeckung entfernt hatten, kam eine Falltür zum Vorschein, die den Zugang zu einer weiteren Höhle öffnete. Eine Holzleiter führte hinunter.

»Bruder ums Eck!«, rief Micha. »Das war´s wohl!«

»Ja!«, bestätigte Max. »Das Geheimnis ist gelöst!.«

Sie entzündeten für Max eine zweite Fackel und stiegen dann vorsichtig hinab. Unten angekommen, standen sie in einer niedrigen, aber verzweigten Höhle. Sie war wohl auch vom Wasser ausgespült worden, bevor es durch zahlreiche Löcher und Spalten in das Bachbett abgeflossen war. Von Zeit zu Zeit schien es auch heute noch einen Rückstau zu geben, wie Feuchtigkeit auf dem Boden bewies. In einem höher gelegenen Seitenstollen stießen sie auf etwas, das sie hier nicht vermutet hatten: Durch Folien vor Feuchtigkeit geschützt, lagerten Kartons über Kartons, zu einem breiten Turm aufgeschichtet.

»Da klappt´s einem die Kinnlade weg!«, staunte Micha. »Das Vorratslager der Schmuggler.« Er fing an zu zählen. »Alter, das sind ... grob geschätzt ... mindestens tausend Kartons, die hier lagern, wahrscheinlich sogar noch mehr!«

Max rechnete: »Wenn 1.000 Kartons je 20 Stangen enthalten und jede Stange im Laden ... lass mich mal nachdenken, ich hole sie doch immer für meinen Vater ..., ach ja!, ca. 50 DM kostet, dann beträgt der reguläre Verkaufswert ... Augenblick! Ich hab's: ... eine Million Deutsche Mark oder in eurem Geld sieben Millionen Schillinge.«

»Auf dem Schwarzmarkt muss man allerdings billiger verkaufen«, sagte Micha. »Aber man erzielt immer noch hohe Gewinne. Vom Ladenpreis gehen etwa 70 % an den Staat. Spart man das, kann man Super-Rabatte einräumen und verdient immer noch goldene Löffel. Das reicht locker, um eine kleine Revolution zu finanzieren ... Aber kümmern wir uns besser darum, woher das Stöhnen kam.« Sie suchten die untere Höhle weiter ab, hatten aber keinen Erfolg.

»Jetzt sind wir so schlau wie vorher«, äußerte Max, als sie wieder oben standen. Schade, dass ich die Verse aus dem Geheimfach nicht zu Ende lesen konnte. Dann wären ...«

»Die Versanweisung«, unterbrach Micha. »Ja, die wird weiterhelfen.« Er griff in die Gesäßtasche seiner Hose.

»Jetzt sag nur noch, du hast sie?!«, fragte Max entgeistert. »Wie bist du daran gekommen?«

»Das erkläre ich später«, erwiderte Micha, »wenn Zeit dazu ist! Lesen wir erst einmal. Der Text lautet:

»Wo sich der Bach vom Felsen stürzt,
und Nasses mit viel Nassem würzt,
wo uralt Stein jahrtausendlang,
den Göttern gab viel Speis und Trank,
ist ein Geheimnis wohl verborgen,
es wird dort liegen auch noch morgen!

Das Wasser hat es ausgewaschen,
und dann sich selber überlassen.
Geblieben ist ein leerer Raum,
der Rest von eines Baches Traum.
Du kannst ihn nutzen, wenn du magst

und dich mit großen Sorgen plagst!

*Hoch in des Kessels Felsenwand
liegt der Eingang linker Hand!
Durch ein Gebüsch dringst du dort ein,
wo niemals strahlt der Sonne Schein!
Das Rätsel ist noch nicht zu Ende,
wenn Auge sieht nur schwarze Wände.*

*Es wird sich öffnen dir der Rest
von dem, was Wasser übrig lässt,
wenn du bedenkst, in Zeitens Wehen,
wie alles konnte dies entstehen:
Wo einstmals Wasser kam herein,
da wird für dich die Lösung sein!«*

Das ist der Beweis«, sagte Micha erfreut. »Es gibt also noch eine andere Felsenkammer!«

»Wenn wir sie nicht schon gefunden haben«, bemerkte Max und deutete auf den offenen Abgang nach unten.

»Nein!«, widersprach Micha. »Das ist ein Ausgang. Wir suchen den Raum, durch den das Wasser hereinkam ... Was wir noch nicht untersucht haben, ist die Decke.«

Max blickte überrascht nach oben. Das flackernde Licht der herunter gebrannten Fackeln und des erlöschenden Feuers erhellte über ihren Köpfen ein unregelmäßiges Felsgestein, das zum hinteren Teil der Höhle im Dunkel verschwand. Als sie nach oben leuchteten, wurde es kleiner, löste sich aber nicht auf. Dort, wo die Decke an die hintere Wand stieß, gab es immer noch einen schwarzen Bereich.

»Das soll der Zufluss sein?!« Max schaute ungläubig empor. »Wie soll er so weit nach oben kommen?«

»Der Bach überwindet hier eine große Felsstufe«, erklärte Micha. »Die Oberkante des Wasserfalles liegt noch hoch über unseren Köpfen.«

Max schwieg. Eine Erforschung des Deckenlochs war ohne Ausrüstung gar nicht möglich. Sie würden nur ihren Hals riskierten. Und am

Ende war das Ganze eine Luftnummer.

»Zunächst einmal benötigen wir mehr Licht!«, fuhr Micha fort. »Meine Fackel ist heruntergebrannt.«

Zu ihrem Schreck stellten sie fest, dass der Vorrat inzwischen aufgebraucht war. »Den haben wir nicht ergänzt«, sagte Micha beschämt. »Zur Not wird es auch so gehen. Eine Weile brennt deine Fackel noch.«

»Und was machen wir dann?«, fragte Max. Wenn sie doch nur Taschenlampen mitgebracht hätten. Aber Micha hatte entschieden, dass Fackeln mehr Licht gäben. Das war zwar richtig, setzte aber voraus, dass man sie hatte.

»Da wird uns schon was einfallen«, lachte Micha. »Zur Not entfachen wir das Feuer nochmals. Jetzt ist aber Eile geboten. Wir müssen das schwarze Loch dort oben aus der Nähe betrachten, solange wir noch Licht haben.«

So was hatte Max schon befürchtet. Er hasste Kletterei und war dazu nur willig, wenn es gar nicht anders ging. »Unnötig!«, rief er daher, nahm einen Stein und schleuderte ihn mit aller Kraft in den dunklen Bereich. Wie gedacht, traf das Geschoss auf Widerstand und wurde zurückgeschleudert. Micha musste zur Seite springen, um nicht getroffen zu werden.

»Was soll das?«, rief er. »Ein Gang kann auch gekrümmt verlaufen. Es hilft alles nichts: Wir müssen hinauf.«

»Und wie?«, warf Max ein. »Die Rückwand hängt über. Ohne Ausrüstung geht das nicht!«

Micha ersparte sich eine Antwort, ging zu dem Abgang in die untere Höhle zurück und zog die Leiter herauf. »Damit!«, sagte er ruhig. Zu ihrem Bedauern mussten sie feststellen, dass sie zu kurz war. Micha kletterte trotzdem empor, während Max hinaufleuchtete. An der vorletzten Sprosse angekommen, hielt er sich mit einer Hand fest und reckte den anderen Arm in den finsteren Raum hinein. »Könnte der Zugang sein«, erklärte er dann. »Der Arm greift ins Leere.«

Max wollte die Fackel hochreichen, nahm aber davon Abstand, als er merkte, dass sie schon zu sehr qualmte.

»Kannst du die Leiter nicht anheben?«, witzelte Micha.

»Ich ... leider ... kein ... Gewichtheber!« Max lachte. »Mit Zirkusnummern haben wir schon schlechte Erfahrungen gemacht. Lass mich es mal versuchen! Ich bin größer als du und habe eine längere Reichweite.«

Die Jungen wechselten ihre Plätze, wobei Micha die Fackel übernahm, die in der Tat kaum noch Licht gab. Auch Max vermochte das Ende des schwarzen Raumes mit ausgestreckter Hand nicht zu ertasten. Um noch höher zu gelangen, stellte er sich freihändig auf die oberste Sprosse. Den warnenden Zuruf von unten überhörte er geflissentlich. »Fehlanzeige!«, rief er dann enttäuscht. »Das ist kein Hohlraum. Ich stoße auf Widerstand.« Micha riet daraufhin, den Anschluss der Decke zur Rückwand hin zu untersuchen. »Vielleicht hat das Wasser einen Gang gegraben«, fügte er hinzu. Max tat wie geheißen und rief plötzlich erregt: »Stimmt! Ich kann fühlen, wie die Wand zurückweicht!« Als Micha ihm ein Brecheisen hinaufreichte, fand er das bestätigt. »Es klappt, das Eisen verschwindet!«

»Dann such nach einer Kletterhilfe«, riet Micha. »Sie muss da irgendwo verborgen sein.«

Max gehorchte. »Hier kommt sie!«, sagte er nach einer Weile triumphierend. Er zog mit einem Ruck das Eisen aus dem Loch, worauf sich eine Strickleiter öffnete, die mit einer Schnur rauf- und runtergezogen werden konnte.

Max wechselte mit einem weiten Schritt hinüber und kletterte in den schwarzen Hohlraum hinein. »Ich fürchte, wir müssen abbrechen«, rief Micha da von unten, »die letzte Fackel gibt gerade ihren Geist auf!« Max kümmerte sich aber nicht darum. Im Augenblick des Handelns waren wieder einmal alle Ängste vergessen. Micha wartete im Schimmer des heruntergebrannten Feuers auf die Rückkehr des Kameraden. Es erschien ihm wie eine Ewigkeit, bis er oben einen Lichtschein bemerkte. Kurz darauf wurde Max mit einer Laterne sichtbar, in der eine Kerze brannte. »Die Fackel kannst du vergessen! Das habe ich oben gefunden.«

Die Jungen krochen in das enge Loch im oberen Teil der Rückwand und standen nach einigen Metern in einer weiteren Felskammer. Sie nahmen sich nicht die Zeit, sich umzusehen, weil sie das Ächzen wieder vernahmen, diesmal ganz aus der Nähe. Als sie dem Laut nachgingen, gelangten sie in eine Nische. Von Goltz war angekettet und in einem fürchterlichen Zustand. Seine Kleidung war verschmutzt und sein Gesicht mit Blutergüssen und Wunden bedeckt. Während Micha daran ging, die Fußfesseln zu lösen, - die Schlüssel hingen außer der Reichweite des Gefangenen an der Wand -, rüttelte Max den Grafen wach.

»Ich wusste ja«, stöhnte der, als er aufwachte und Max sah, »dass auf dich Verlass ist. Deshalb habe ich den Brief, der mich hierher bestellte, für alle Fälle zurückgelassen.«

»Nachdem Sie mich mit Schlaftabletten für 17 Stunden ausgeschaltet hatten«, sagte Max vorwurfsvoll.

»Es ging nicht anders«, seufzte der Graf. »Ich musste zu dem Treffen allein hingehen. Es wäre mir wohl kaum gelungen, dich zum Zurückbleiben zu bewegen.«

Das sah Max ein. Von Goltz hatte ihn richtig eingeschätzt. Im Übrigen hatte es sich gezeigt, dass es kein Fehler gewesen war, ihn als Reserve zurückzulassen. »Es ist allerdings nicht Ihr Verdienst, dass ich im Apartment nicht verschimmelt bin«, beschwerte er sich.

»Ach, so!«, sagte der Graf. »Ich hatte natürlich Sorge dafür getragen, dass du aus deiner Zwangslage befreit würdest, wenn ich nicht zurückkam. An der Rezeption lag die Anweisung, dich gegen Mittag des nächsten Tages aus der Wohnung herauszulassen.«

»Das hat Zeit, bis wir in Sicherheit sind«, unterbrach Micha jetzt. »In welchen Abständen wird nach Ihnen gesehen, Graf?«

»Einmal am Tag. Dann wird das Essen gebracht. Meist, wenn ich schlafe ... Jetzt könnte es wieder so weit sein.«

»Dann wollen wir keine Zeit verlieren!« Micha half von Goltz auf, der kaum stehen konnte.

»Halt!«, rief Max. »Ich werde mich nicht von der Stelle rühren, bevor nicht auch die anderen befreit sind.«

Einen Augenblick herrschte Schweigen. Dann mischte sich von Goltz ein: »Meines Wissens bin ich hier allein. Ich war zwar durch die Fußfesseln in meiner Bewegung eingeschränkt, hätte aber hören müssen, wenn sich noch jemand in der Höhle aufhalten würde.«

»Der Graf hat Recht!«, bestätigte Micha. »Es gibt keine anderen Gefangenen hier.«

»Und der Hilferuf, den wir gefunden haben ... ?!«

»... stammt nicht aus der Höhle Ich habe dir bereits erklärt, dass es damit seine besondere Bewandtnis hat. Du erfährst alles, wenn wir in Sicherheit sind.«

»Und was ist mit den Mädchen?«, fragte Max.

»Welche Mädchen?«, fragte der Graf beunruhigt. »Es geht doch nicht um meine Tochter?«

Ehe Max darauf antworten konnte, weil er noch überlegte, wie man dem Grafen die Wahrheit schonend beibrachte, mischte Micha sich ein: »Ihre Tochter ist in Sicherheit, Graf! Dafür habe ich gesorgt.«

»A b e r ...!«, rief Max. »Du hast doch gar nicht ...!«

»Nachher!«, unterbrach Micha bestimmt. »Wir müssen jetzt weg, ehe es zu spät ist.« Er nahm von Goltz an der Hand und trat den Rückweg an. Max blieb nichts anderes übrig, als den beiden zu folgen, zumal der Graf beim Abstieg Hilfe benötigte. Während sie durch den niedrigen Gang nach vorn krochen, arbeitete es in ihm. Er konnte nicht glauben, was er gerade gehört hatte. Micha wollte für die Befreiung der Mädchen gesorgt haben: Wann sollte das geschehen sein? Er hatte das Gut ja nicht verlassen! Und weshalb hatte er nichts davon gesagt, obwohl er wusste, wie wichtig die Sache für seinen Freund war? Erst musste der Graf in Sicherheit sein. Dann gab es echt Zoff.

Dazu sollte es aber nicht mehr kommen: Als Micha nach der Strickleiter tastete, die in die Haupthöhle hinunterführte, stellte er erschrocken fest, dass sie verschwunden war. Auch die Holzleiter fehlte. Es war also eingetreten, was er befürchtet hatte: Jemand hatte ihr Eindringen bemerkt und dafür gesorgt, dass sie zusammen mit dem Gefangenen in der oberen Höhle festsaßen. Was war zu tun? Der Zugang lag viel zu hoch, als dass man hinunterspringen konnte. Man musste etwas zum Abseilen finden.

Während die drei noch berieten, ertönte plötzlich von Eingang her ein heftiger Knall, dem eine Druckwelle folgte, die sie zu Boden warf. Steine und Sand rieselten herab und hüllten alles in ein weißes Tuch.

Kapitel 28: Eingeschlossen

»Sie haben den Eingang gesprengt!«, sagte Micha tonlos. Er saß entmutigt da und rührte sich nicht. Der Graf strich sich die Tränen aus dem Gesicht. Sie waren ihm in die Augen geschossen, als er daran dachte, dass er seine Tochter wohl niemals wiedersehen werde.

Max erkannte, dass von den anderen im Moment keine Initiative zu erwarten war. So lag es bei ihm, nach einem Ausweg zu suchen. Zum Glück hatte die Laterne keinen Schaden genommen. Er ergriff sie und sah sich um. Das Ergebnis der Prüfung machte ihm Mut: Micha hatte mit seiner Vermutung Recht gehabt, dass das Wasser früher von oben eingedrungen war. Auch die obere Höhle setzte sich im Deckenbereich in einem dunklen Kamin fort.

Die Entdeckung riss die anderen aus der Teilnahmslosigkeit. Micha rappelte sich auf und sah sich die Sache an. »Aber holla! Das sieht astrein aus! Hoffentlich hat sich der Kamin im Laufe der Zeit nicht zugesetzt.«

»Ich glaube nicht«, mischte sich der Graf ein. »Ich habe hier viele Stunden im Finstern verbracht, weil ich Kerzen sparen wollte. Wenn es draußen Tag sein musste, schien es mir, als ob ein Lichtschimmer oben hereindrang.«

»Es müsste langsam hell werden«, stellte Micha nach einem Blick auf die Uhr fest. »Probieren wir es.« Sie deckten die Laterne ab und schauten, ob Morgendämmerung in den Kamin einfiel.« Das war aber nicht der Fall. Auch nachdem sie eine Zeitlang in völliger Finsternis ausgeharrt hatten, blieb für die Jungen der Hohlraum über ihren Köpfen schwarz. Nur der Graf, dessen Augen sich besser an das Dunkel gewöhnt hatten, behauptete, Licht zu sehen.

»Wir machen es!«, entschied Micha dann. »Eine andere Wahl haben wir eh nicht.«

»Wie sollen wir hinaufkommen?«, fragte Max unsicher.

»Ihr müsst es wie die Schornsteinfeger in meiner Heimat machen, wenn sie in die Kamine klettern«, äußerte der Graf. »Sie stemmen sich auf der einen Seite mit den Beinen und auf der anderen mit dem Rücken fest, drücken sich dann mit den Füßen ab und rutschen mit dem Kreuz höher hinauf. Ich bin zu schwach für so etwas, aber ihr kräftigen Burschen solltet das schaffen.«

»Könnte funktionieren«, stimmte Micha zu. »So klettern bei uns auch Bergsteiger Felskamine hinauf.«

»Und wie kommen wir hinein?« Max deutete nach oben. »Wir haben keine Leiter.« Er war natürlich nicht begeistert, dass es schon wieder ans Klettern ging.

»Die Felsendecke ist hier erheblich niedriger als in der Haupthöhle«, erwiderte Micha. »Wir können uns gegenseitig helfen. Allerdings brauchen wir etwas, um den Grafen hochzuziehen. Vielleicht die Eisenkette, an die er gefesselt war.« In einer Ecke entdeckten sie noch eine zweite Kette. Mit den Fußfesseln verbunden, waren beide wohl lang genug. Micha schlang sich das Ding um die Hüften. Dann bat er Max, eine Räuberleiter zu machen, stieg in die gefalteten Hände und ließ sich emporheben. Es gelang ihm, sich an einem Vorsprung in die Höhe zu ziehen. Es war ihm aber unmöglich, sich quer zu legen und die vom Grafen beschriebene Stellung einzunehmen, zumal das Gewicht der Kette nach unten zog. »Vorsicht!«, rief er, ehe er wie eine reife Pflaume herunterfiel.

Zum Glück hatte sich Micha nichts getan. »Ich muss noch ein ganzes Stück höher hinein«, erklärte er. Nach längerem Stöbern entdeckten sie in einer Ecke einen Holzhocker. Micha setzte sich darauf und ließ sich von den anderen hochstemmen. Als ihre Arme den höchsten Punkt erreicht hatten, versuchte er aufzustehen. »Beeil' dich, Junge!«, rief der Graf. »Lange schaffe ich das nicht.«

Micha war der schwierige Gleichgewichtsakt inzwischen gelungen. Als er auf dem Hocker stand, konnte er die Arme rechts und links in die Seitenwände des Felsschachts stemmen. Er zog die Beine hoch, während er mit der Kehrseite Felsberührung suchte. Es gab einen Moment, wo es schien, er werde erneut herunterstürzen. Doch dann fanden Füße und Rücken Halt und er war in der Kaminkehrerposition. Was dann kam, fiel Micha als geübtem Kletterer nicht schwer. Er schob sich Stück für Stück im Schacht empor. Schließlich erreichte er eine Stelle, wo in einen umlaufenden Sims mehrere Stollen einmündeten. Hier machte er Halt, um die anderen nachzuholen. Er löste die Kette von seinem Leib und ließ sie hinunter. Sie war etwas zu kurz, schien aber ihren Zweck zu erfüllen. Vom Hocker aus konnte man sie gerade noch mit den Händen erreichen.

Der Graf sollte als nächster aufsteigen, da er Hilfe brauchte. Er sträubte sich zunächst und gab erst nach, als Max sagte: »Sie zuerst oder wir bleiben beide unten!« Von Goltz bestand aber darauf, ebenfalls zu klettern. Er stieg auf den Hocker und ergriff die Kette. Micha zog, Max schob und der Graf gelangte in den Kamin, wo er dem Beispiel Michas zu folgen versuchte. Es war mühsam für ihn und er kam nur langsam voran. Schließlich erreichte er aber ebenfalls den Sims.

Nun war Max an der Reihe. Er wusste, dass er kein Kletterkünstler war. Doch nachdem der geschwächte Graf den Aufstieg geschafft hatte, konnte er ihm nicht nachstehen. Er befestigte die Laterne an dem Gürtel und ließ sich in den Schacht hochziehen, wo er sich querlegte und feststemmte. Seine jugendliche Kraft kam ihm zu Hilfe und glich den Mangel an Übung aus. Zudem brauchte er einen Absturz nicht zu fürchten, da ihn die Kette absicherte. So nahm er bald ebenfalls auf dem Absatz Platz.

Jetzt galt es zu überlegen, wie man weiter vorgehen sollte. Das obere Ende des Schachtes war mit einer Kappe abgedeckt, die kompakt wirkte. Man würde sie ohne Werkzeug wohl kaum durchbrechen können.

»Wir müssen die Gänge absuchen«, meinte Micha deshalb. »Einer führt bestimmt ins Freie.«

»Wir sparen Zeit, wenn wir den nehmen, aus dem das Licht kommt,«, schlug von Goltz vor. Die Laterne wurde nochmals abgedeckt. Es dauerte etwas, bis sich die Augen des Grafen an die Dunkelheit gewöhnt hatten. Dann sagte er bestimmt: »Es ist der Gang links, der wohl nach Osten geht.« Obwohl die Jungen selbst nichts sahen, vertrauten sie der feineren Wahrnehmung des Grafen.

Nach kurzer Debatte übernahm Max die Erkundung. Die Laterne ließ er bei den anderen zurück, weil er die Hände frei haben wollte. Außerdem bewegte er sich ja dem Tageslicht entgegen, das der Graf gesehen hatte. Er kroch in die dunkle Röhre hinein, die sich allerdings immer mehr verengte. Wieder musste er mit der Platzangst kämpfen, die ihn in engen Gängen immer überfiel. Auf dem Falkenstein war er schon einmal zwischen zwei Felsplatten eingeklemmt gewesen. Seitdem geriet er schnell in Panik.

Zum Glück wichen die Wände bald wieder zurück und der Gang weitete sich. Nun sah der Junge auch weiter hinten einen hellen Schein. Er nahm beim Näherkommen zu. Am Ende musste Max nur noch eine Blätterwand zurückschieben und ... konnte in die aufgehende Sonne blicken, die den Horizont emporstieg und die Felsspitzen rosa färbte.

Kapitel 29: Die Maske fällt!

Der junge Tag war schon dabei, Farbe in die Bachschlucht zu zaubern, als die Jungen mit einem geschwächten Grafen in der Schlottermühle anklopften und um Hilfe baten.

Sie waren auf einem Vorsprung herausgekommen, der nicht weit unterhalb des Felsenkamms lag. Es war nicht schwierig gewesen, ganz hinaufzusteigen. Dort war man dem Verlauf des Bergrückens gefolgt, der sich bachabwärts senkt und auf den Weg trifft, der von den Gleisen der Schafbergbahn zur Mühle hinunterführt.

Micha alarmierte den Wirt mit den Worten: »Wir haben den Grafen in der Schlucht gefunden, wie er orientierungslos herumirrte.« Das löste eine Welle der Hilfsbereitschaft aus, die sich zunächst in einer übermäßigen Geschäftigkeit zeigte. Grozza weckte Haushälterin und Koch und gab lautstarke Anweisungen. Der Kellner erschien von sich aus, nachdem ihn der Lärm im Haus geweckt hatte. Der Graf wurde auf eine Bank in der Gaststube gesetzt und mit heißen Getränken versorgt, während der Koch in der Küche eine Hühnersuppe zubereitete. Mit Befriedigung registrierten die Jungen, dass Donka nicht zu sehen war. Er hatte sich offenbar noch nicht wieder eingefunden.

Der Wirt hatte Max schon mit finsteren Blicken bedacht. Als sich die Gelegenheit bot, stellte ihn der zur Rede: »Weiß der Graf schon davon, dass seine Tochter entführt worden ist?« Obwohl er leise sprach, schien der Kranke es gehört zu haben. »Ja, bringt mir mein Kind!«, rief er, sich aufrichtend, schien aber gleich wieder vergessen zu haben, worum es ging. Ehe Grozza dazu kam, Max weitere Vorwürfe zu machen, ging die Tür auf und Kelling erschien. Sein Haar war zerrauft und Gesicht und Kleidung beschmutzt. »Es hat beim oberen Wasserfall eine Explosion gegeben,«, rief er aufgeregt. »Ich habe gegen fünf Uhr einen Knall gehört und bin hinausgeeilt, um ..« Er brach ab, als er erkannte, wer da am Tische saß. »Da ist ja Graf! ... Wo ist er gewesen? ... Ich habe alles vergeblich nach ihm abgesucht.«

Für einen Augenblick schien es, als blitze in den Augen des Kranken ein Erkennen auf. Er starrte den Ankömmling an. Dann fiel er jedoch wieder in seine Teilnahmslosigkeit zurück und war nur noch mit sich beschäftigt.

»Setzt euch!«, erwiderte Micha, »dann erzähl´ ich alles.« Nachdem Kelling der Aufforderung nachgekommen war, berichtete Micha, dass der Graf nach St. Wolfgang gekommen sei, um mit einem Feind seines Hauses abzurechnen, der ihn mit falscher Anschuldigung um Besitz und Freiheit gebracht habe. Dem Schurken sei es jedoch gelungen, ihn in einen Hinterhalt zu locken und gefangen zu setzen. Nur eine gütige Fügung habe seine Flucht ermöglicht.

Während der Erzählung hatten sich nach und nach alle Bewohner um den Tisch versammelt, an dem die Jungen mit ihrem Schützling und Kelling saßen. Der Wirt stellte das Polieren der Gläser ein, womit er sich anfangs nervös beschäftigt hatte. Er trat näher heran, um ja keine Einzelheit zu verpassen. Makkai, der Koch, kam mit der Hühnerbrühe aus der Küche und vergaß, sich wieder zu entfernen. Frau Schrempp setzte sich neben den Grafen und flößte ihm die Brühe ein. Sogar Tergelun, der Aushilfskellner, trat an den Tisch heran. Seine Züge zeigten dabei fast so etwas wie Mitgefühl. Überraschenderweise war er es, der die Frage stellte, wer dem Grafen so übel mitgespielt habe.

Das war das Stichwort für Micha, von dem rumänischen Bergarbeiterführer BOGDAN zu erzählen, der unter dem Decknamen Conducator Menschen- und Warenschmuggel betrieb und sogar vor einem Umsturzversuch in seiner Heimat nicht zurückschreckt. »Und jetzt kommt´s!«, schloss Micha. »Sein Hauptquartier ist jetzt die Schlottermühle, in die er sich unter falschen Namen eingeschlichen hat.«

Der Wirt hatte sich während der Erzählung ebenfalls am Tisch niedergelassen. Jetzt sprang er auf und fragte erregt, ob der Junge wisse, was er da behaupte. »Das ist Rufschädigung!«, rief er aufgebracht. »Nenn Ross und Reiter oder unterlass solche Behauptungen!«

»Ich könnt´s schon«, erwiderte Micha bedächtig und schaute lächelnd in die Runde. Der Wirt sah entschuldigend zu Kelling hinüber, der Michas Ausführungen mit Unverständnis gefolgt war. Theresa Schrempp blickte Micha fassungslos an. Makkai spielte nervös mit seinem Messer und in den Augen des Aushilfskellners blitzte es trotzig auf.

»Es gibt aber jemanden, dem ich nicht vorgreifen darf!«, fuhr Micha fort. »Der Graf will es selber tun!«

»Aber Seine Erlaucht ist nicht bei Sinnen«, rief der Wirt. »Auf sein Wort wird keiner etwas geben.«

»Das werden wir sehen!«, äußerte von Goltz mit veränderter Stimme und sprang auf. Die Hinfälligkeit war verschwunden. Sein Körper streckte sich, als wüchsen ihm übermenschliche Kräfte zu. »Die Stunde der Abrechnung ist gekommen, BOGDAN!«, donnerte er. »Nutze die Sekunden, die dir noch bleiben! Denn ich werde dich jetzt mit eigenen Händen ins Jenseits befördern!« Mit erhobenen Armen schritt er auf die andere Tischseite zu.

Das war zu viel für BOGDAN! Obwohl er sicher sein konnte, dass seine Tarnung perfekt war, ergriff ihn die Panik. Er durfte es nicht darauf ankommen lassen, von diesem Wahnsinnigen erwürgt zu werden. Er sprang auf und wollte die Flucht ergreifen. Es blieb jedoch bei dem Versuch. Zwei starke Arme umklammerten ihn von hinten.

Tergelun war eingeschritten. Als Max ihn überrascht anstarrte, drückte der ein Auge zu und lächelte. Da wusste Max auf einmal, weshalb der finstere Kellner ihm so bekannt vorgekommen war: Es war Xaver, der Stiefbruder seiner Freundin Cynthia. Seine Tarnung war wieder einmal sagenhaft. Und er hatte seine Rolle als finsterer Gangster perfekt gespielt. Dabei war er so frech gewesen, seinen Namen nur umzustellen: Verxa Tergelun war Xaver Ungelter!

Die Aufmerksamkeit der anderen war unterdessen auf den Mann gerichtet, dessen Fluchtversuch in den Armen des Kellners geendet hatte. Auch Max blickte jetzt zu ihm hin und konnte es nicht fassen: Es war der harmlose und allseits beliebte ... Geologe Dirk Kelling!

»Graf, Sie machen einen Fehler!«, rief der auch sogleich. »Sie kennen mich doch: Ich war Gast auf Ihren Besitztümern, nachdem Sie mir das Leben gerettet hatten!«

»... und haben mir ein Waffenlager untergeschoben«, ergänzte von Goltz mit normaler Stimme. Er freute sich, mit seinem Auftritt als durchgeknallter Irrer erreicht zu haben, dass BOGDAN sich verriet. »Den Bärenangriff hatten Sie provoziert, um sich Einlass in mein Haus zu verschaffen. Dabei nutzten Sie aus, dass mein Verwalter und meine Tochter abwesend waren und eine Aufsicht fehlte.«

»Da liegt ein fürchterliches Missverständnis vor, Graf«, mischte sich der Wirt ein. »Der Mann hier ist nicht BOGDAN! Ich habe ihn bei den Demonstrationen in Bukarest selbst gesehen. Er ist eine dämonische Erscheinung mit schwarzem Haar, dunklen stechenden Augen und einem bartlosen eingefallenen Gesicht, das an einen Totenkopf erinnert. Ihr seht doch selbst, dass alles auf meinen Gast nicht zutrifft.« Er zeigte auf das jugendliche Gesicht des Festgehaltenen, das von einem Schnurrbart geschmückt und von üppigen Locken umgeben war. »Ich kann bezeugen, dass er sich nicht von Menschenblut ernährt«, setzte Grozza mit einem Anflug von Humor hinzu: »Jeder von uns hat gesehen, dass er alles aß, was Küche und Keller zu bieten hatten.«

»So ist es!«, rief der Beschuldigte. »Ich heiße wirklich Kelling und war in meinem Leben nur einmal in Rumänien, als ich den Grafen kennen lernte. Das kann ich beschwören.«

»Damit kann er mich nicht täuschen!« Von Goltz blieb unbeirrt. »Bereits im letzten Jahr hatte er sich unter diesem Namen in mein Haus eingeschlichen. Später ging mir auf, wer das gewesen sein musste. Ich konnte mir allerdings nicht sicher sein. Deshalb meine kleine Schauspielerei vorhin, mit der ich herausfinden wollte, ob ich recht habe. Durch seine Flucht hat er sich verraten. Wir werden sein wahres Gesicht sehen, wenn wir ihn jetzt demaskieren.«

Kellings Blick wechselte von Hoffnung zur Verzweiflung. Er versuchte sich loszureißen. Aber Xaver hielt ihn fest. Der Graf riss die Lockenperücke vom Kopf und entfernte den falschen Schnurrbart, worauf gelichtetes schwarzes Haar und ein bartloses Antlitz zum Vorschein kamen.

»Aber das Gesicht ist zu voll!«, ließ sich nochmals der Wirt vernehmen, der noch nicht überzeugt war.

»Ich bin noch nicht fertig!«, sagte der Graf und zwang den falschen Kelling mit einem Druck auf die Backen, den Mund zu öffnen. Als er zwei Polster entnahm, traten große Löcher in den Wangen hervor.

»Und die Augenfarbe?«, fragte der Wirt, der die Verwandlung mit Staunen bemerkte.

»Ist auch nicht echt«, belehrte der Graf. Es half nichts, dass der Festgehaltene sich hin und her warf. Als die blau gefärbten Kontaktlinsen entfernt worden waren, wurden dunkle stechende Augen sichtbar, die wütend blitzten.

»Das ist BOGDAN, wie er leibt und lebt, ein aus dem Sarg entstiegener Graf Dracula!« Von Goltz wendete das grimmige Gesicht seines Gefangenen unsanft hin und her. »Er benutzte sein anderes Ich schon eine ganze Zeit, für das er den in Siebenbürgen geschätzten Namen Kelling wählte. Damit konnte er nach Belieben von einer Rolle in die andere wechseln, falls er sich - wie z. B. beim Anschlag auf mich - Nutzen davon versprach. Die Leute in seiner Umgebung hielten ihn so für ein übermenschliches Wesen, das keine körperlichen Bedürfnisse kennt und sich in Luft auflösen kann. Er hat diese Vorstellung bewusst genährt, die Gegner wie Freunde auf Abstand hielt und für Gefolgschaft sorgte. Als ihm in seiner Heimat der Boden zu heiß wurde, hat er sich in dieses Ausweichquartier zurückgezogen, um seine Rückkehr vorzubereiten. Der Graf setzte dann beschwörend hinzu: »Er ist jetzt in unserer Gewalt. Sorgt dafür, dass dies so bleibt: Er wird niemanden verschonen, der sein Geheimnis kennt!«

Einen Augenblick herrschte Stille, weil die Anwesenden Zeit brauchten, die Enthüllung zu verdauen. Dann sprangen alle auf und redeten durcheinander. Die Verwirrung nutzte jemand, der genau wusste, was zu tun war: Er griff unter die Freizeitjacke des Aushilfskellners und hielt unvermittelt eine Pistole in der Hand, die er dem Überrumpelten in die Rippen rammte. »LOSLASSEN!«, befahl er. Ein Klick machte deutlich, dass die Waffe entsichert wurde. Xaver gab den Gefangenen überrascht frei, der zu seinem Beschützer trat. Oder besser: seiner Beschützerin! Denn die Hilfe kam - für alle überraschend - von der ehrenwerten Theresa Schrempp.

Der Wirt rief entsetzt: »Theresa, lass den Unfug! Ich habe mit BOGDAN nichts zu schaffen: Er ist auch mein Feind und verdient nicht, dass du dich seiner annimmst.«

»Ach ja!«, höhnte die Frau. »Da überschätzt du dich gewaltig! ... Glaubst du wirklich, ich hätte für dich hier geschuftet?! ... Ich war im Auftrag BOGDANs da, dessen Haus in Rumänien ich führe ... Mein richtiger Name ist Hermine Geltsch.«

BOGDAN ließ ein beifälliges Lachen hören und nahm die Waffe an sich, die er auf die Umstehenden richtete. »Ihr habt doch nicht geglaubt, ich hätte ohne Netz und doppelten Boden gearbeitet: Ich hatte mit Hermine für alle Fälle noch ein Ass im Ärmel!«

»Warum konntet ihr mich nicht in Ruhe lassen!«, rief der Wirt zornig

BOGDAN grinste hämisch: »Weil ich vorausschauend bin. Als mir zu Ohren kam, dass du hier Zuflucht gefunden hattest, königstreue Kumpane um dich scharrtest und für die Freilassung des Grafen kämpfen wolltest, beschloss ich auf der Hut zu sein: Ich schleuste meine Haushälterin bei dir ein, um über alle Schritte unterrichtet zu werden. Ein Zufall kam uns zu Hilfe. Hermine entdeckte das Geheimnis des Hauses, als sie den Nachlass deines Onkels ordnete. Ich habe dann gleich die Bedeutung der Schlottermühle für meine Zwecke erkannt und das Wissen ausgenutzt. Damit schlug ich zwei Fliegen mit einer Klappe. Ich hielt euch unter Beobachtung und konnte gleichzeitig einen neuen Vertriebsweg für meine Geschäfte aufbauen. So was nennt man optimale Chancenverwertung!«

BOGDAN lachte zufrieden wie der Chef eines Handelsunternehmens, der seinen Mitgesellschaftern bekannt gibt, dass sich der Gewinn verdoppelt hat. Dann fuhr er fort: »Hermine hat beide Aufgaben hervorragend erfüllt und mein Vertrauen in allen Punkten gerechtfertigt. Sie hat die Verteilerwege organisiert, meine Leute überwacht und dafür gesorgt, dass uns niemand in die Quere kam. Zweimal ging das leider nicht ohne Unglücksfälle, die bedauerlicher Weise notwendig wurden. Ich habe die Leitung erst persönlich übernommen, als ich wegen des Machtwechsels in Rumänien mich verändern musste.«

»Und was hast du mit uns vor?«, fragte von Goltz, der Schlimmes voraussah.

»Es wird nochmals einen Unfall geben! Man wird aus der Höhle, die ich leider zunächst aufgeben muss, sechs Menschen ausgraben, die durch einen Bergeinsturz für ihre Verbrechen bestraft worden sind. Dass der Kopf der Bande ein Graf ist, wird die Öffentlichkeit besonders interessieren, zumal wenn herauskommt, dass er gerade aus dem Gefängnis entlassen worden war.«

»Du willst mir also noch mal deine Verbrechen in die Schuhe schieben, wie du es schon mit dem Waffendepot getan hast?«, rief von Goltz empört.

»Richtig!«, höhnte BOGDAN. »Das wird helfen, meinen guten Ruf wiederherzustellen und meine Ansprüche auf Eure Ländereien zu sichern. Das ist die Trumpfkarte.«

»Das wird dir nicht gelingen«, erwiderte der Graf. »Die Zeiten sind vorbei, wo du die Regierung unter Druck setzen konntest. Wenn König Michai wieder im Lande ist, hast du ausgespielt. Er wird nicht vergessen, wer sich seiner Rückkehr widersetzt und seine Anhänger in die Gefängnisse gebracht hat.«

BOGDAN lachte böse. »Dein König wird nicht zurückkehren! Dafür werde ich sorgen. Es wird nicht mehr lange dauern, bis die Reformer in der Versenkung verschwunden sind und die Kommunisten wieder das Sagen haben!«

»Da werden wohl wieder Waffenlager benötigt«, äußerte der Graf, nicht wissend, wie nahe er der Wahrheit kam.

»Wie du das erraten hast«, antwortete BOGDAN sarkastisch. »Sobald ich die Marionettenregierung unter Arrest gestellt habe, werden auf mein Zeichen hin aus allen Teilen des Landes Hunderttausende auf Bukarest losmarschieren und reinen Tisch machen: Danach wird es keine Monarchisten mehr geben!« BOGDAN beobachtete genussvoll, wie das den Grafen traf. Dann fuhr er, zu den anderen gewandt, fort: »Als ich ihn gefangen setzte, wollte ich mich mit einer Verzichtserklärung begnügen. Dafür ist es jetzt zu spät: ›Seine Erlaucht‹ hat es richtig erkannt: Es müssen alle sterben, die im Raume sind und mein Geheimnis kennen!«

»Damit werdet ihr nicht durchkommen!«, rief der Wirt zornig. »Dafür habt ihr zu viele Spuren hinterlassen.«

»Die alle auf euch weisen werden«, ergänzte BOGDAN. »Man wird in der Höhle Beweise dafür finden, dass der Mord an dem Kellner Scharosch auf euer Konto geht. Er hatte euer Geheimnis entdeckt und wollte zur Polizei gehen. Das gleiche gilt für den vorgetäuschten Unfall des Holzknechts, der euch auf die Schliche gekommen war.«

»Und was soll das nützen?«, äußerte Grozza. »Mit meinem Tod ist die Mühle für euch verloren, selbst wenn ihr mit der Täuschung durchkämt.«

»Hermine hat für diesen Fall vorgesorgt. Hast du vergessen, dass du erst kürzlich ein Testament zu ihren Gunsten gemacht hast? Es sollte sie absichern für den Fall, dass dir etwas zustösst ... Dies schmerzliche Ereignis wird jetzt eintreten! Ich werde ihr - als Kelling - Beistand leisten und helfen, den traurigen Verlust zu überwinden.«

Die Wirtschafterin nickte befriedigt und wollte gerade etwas hinzufügen, als Max beiläufig bemerkte: »SCHLUSS DAMIT! Die Geständnisse reichen, um euch ins Gefängnis zu bringen! Und jetzt die Pistole, bitte!« Mit diesen Worten trat er auf BOGDAN zu und nahm ihm mit einer lässigen Bewegung die Waffe aus der Hand. Der war so verblüfft, dass er dies widerstandslos geschehen ließ.

Aber Hermine Geltsch dachte nicht daran, den mühsam erkämpften Sieg aufzugeben. Sie warf sich mit dem ganzen Gewicht ihres Körpers auf Max, der nun seinerseits überrascht wurde. Die eroberte Waffe in der Hand, wollte die zu allem entschlossene Frau nicht noch einmal ein Risiko eingehen. »ZURÜCK!«, befahl sie grimmig. Als Max dem Befehl nicht gehorchte und lächelnd stehen blieb, zog sie entschlossen den Abzug durch. Aber es ertönte nur ein Klicken und sonst nichts. »Da ist jeder Versuch vergebens«, sagte Max lächelnd, während die Frau den Abzug wieder und wieder erfolglos betätigte. »Ich habe die Waffe entladen ... Nehmt die beiden in Gewahrsam!« Ehe es sich BOGDAN versah, umklammerten ihn wieder die starken Arme von Xaver Ungelter, während Makkai sich um Hermine kümmerte, die sein scharfes Messer am Hals spürte. Sechs Männer im Raum atmeten erleichtert auf. Doch es war noch nicht vorbei!

»Hände hebbigen auf! An Wand, dortiges, jedes Mann!« ertönte ein Kommando in gebrochenem Deutsch.

Als sich die Versammelten überrascht umwandten, blickten sie in die Pistolen zweier maskierter Männer, die durch die Tür eingedrungen waren. »Nix lohnen, beten noch anfangt!«, sagte der Untersetztere, in dem die Jungen Bolliac erkannten. »Letzter Stündlein hat schon geschlagen. Niemand verlasst Haus lebbentlig!«

»Das werden wir sehen, Bolliac«, sagte Micha kühl. »Wir haben vorgesorgt. Unser Headquarter weiß, wo wir uns aufhalten! Wenn wir nicht zurückkommen, wird man die Gendarmerie benachrichtigen.«

»Ach!«, sagte Bolliac, »Headquarter sein wohl zwei Liebchen. Junge wird fallen Hose in Herz, wenn hat gesehn das!« Er gab seinem Kumpan, einem jüngeren Mann mit schwarzen Locken und funkelnden Augen, einen Wink. Zigahn - denn er war´s - holte zwei an den Händen gefesselte Mädchen herein, die von einem dritten Banditen bewacht wurden, nämlich Goga, dem Mann mit der spitzen Nase.

»Donata«, rief der Graf erregt, als er sah, wen man brachte. »Ich war so froh, als man mir sagte, du seiest in Sicherheit.« Micha hielt ihn mit Mühe zurück.

»Armer Schatz! Bist du unversehrt?« Max stürzte besorgt nach vorn, um das blonde Mädchen in die Arme zu schließen. »Kannst du mir noch einmal verzeihen, dass ich nicht besser auf dich aufgepasst habe?«

»Schluss mit lustig!«, äußerte da Bolliac barsch, wobei er die Waffe auf Max richtete. »Du nur drücken Gänslein, blondiges: Wird sein letztes, von was noch machst!« Er stieß den Jungen auf seinen Platz zurück.

»Und du wolltest für ihre Sicherheit gesorgt haben!«, sagte Max vorwurfsvoll zu Micha.

»Hatte er auch!«, mischte sich der Blondkopf ein. »Wir waren nur so dumm und wollten euch zu Hilfe eilen.«

»Da habben gegreift wir auf, Liebchen,«, lachte Bolliac. »Und jetzt, Kellnerr! Du loslasst Chef unsriges! Sonst geht los bummknall Dingsda!« Er deutete auf seine Pistole.

Da ergriff Xaver das Messer, das Makkai immer noch in der Hand hielt, und setzte es BOGDAN an die Kehle. »Lasst die Waffen fallen, sonst schlitze ich eurem Chef die Gurgel auf«, befahl er. Um seinen Worten Nachdruck zu geben, führte er die Klinge leicht über den Hals, sodass eine oberflächliche Wunde entstand, die aber stark blutete.

»Tut, was er sagt!«, rief BOGDAN angstvoll, als er sein Blut heruntertropfen sah. »Er meint es ernst!«

»Nixda!«, rief Bolliac. »Geisseln wir habben ebbentlig!« Er griff nach der Blondine und hielt ihr die Pistole an die Schläfe: »Zählen ich einslig, zweilig, dreilig! - Wenn dann nicht frei Chef, ... Tochter, gräfliges, ist totenmause!«

Max merkte, dass er etwas tun musste, wenn er nicht wollte, dass das Mädchen zu Schaden kam. Er trat einen Schritt nach vorn und rief: »Das ist gar nicht die Komtess! Das ist Cynthia, meine Freundin!«

Bolliac schaute einen Augenblick verblüfft auf die Blondine, die sich als Tochter des Grafen ausgegeben hatte. Dies nutzte Max, um ihm die Pistole aus der Hand zu schlagen und sich auf ihn zu werfen, worauf beide zu Boden gingen. Gleichzeitig wurde auch Cynthia aktiv, die sich ihrer Rolle als Komtess entledigte. Unter der gestylten Oberfläche verbarg sich ein durchtrainierter Body, der durch tägliche Fitnessübungen gestählt war. Sie stürzte sich vehement auf Goga und versuchte ihm die Pistole zu entwinden. Der Gangster war einen Kopf kleiner als das Mädchen, aber doch stärker, als er aussah. Er ließ sich nicht so einfach überwältigen, sondern wehrte sich heftig. Cynthia wurde überdies durch ihre gefesselten Hände behindert. So gab es ein unentschiedenes Ringen. Immerhin gelang es der Kämpferin, die Waffe zu blockieren, die sie mit den gefesselten Händen umklammert hielt.

Zigahn hatte seine Pistole noch immer auf die Menge gerichtet. Jetzt trat er beiseite, um durch die Kämpfenden nicht behindert zu werden, wobei er Ivy mitzog.

»Schieß, Zigahn!«, rief Bolliac, als er merkte, dass er im Kampf mit Max zu unterliegen drohte. »Mach tot barbati! Egal, ob jetzt sterben oder spätiger!« Zigahn folgte der Aufforderung und schwenkte die Pistole auf den Boden.

Jetzt ist es also aus mit uns!, schoss es Max durch den Kopf. Michas Wort in Gottes Ohr. Der harmlose Zigahn, von dem angeblich keine Gefahr ausging, gab jetzt den Ausschlag. Er meinte schon zu fühlen, wie eine Kugel in seinen Leib einschlug und allem ein Ende setzte. Aber so leicht wollte er es dem Burschen nicht machen. Als er spürte, dass sich Bolliac aus der Umklammerung freimachte, um nicht in die Schusslinie Zigahns zu geraten, nutzte Max dies aus. Er ließ ihn unvermittelt los und rollte sich mit zwei Umdrehungen blitzschnell nach links, wo Bolliacs Pistole lag. Noch bevor die letzte Drehung beendet war, hatte er die Waffe schon in der Hand. Die Ellbogen auf die Erde gestützt, brachte er sie beidhändig auf Zigahn in Anschlag. »Knarre weg! Sonst knallt es!«, befahl er.

Alles erstarrte. Auch Cynthia und Goga, die immer noch um die Pistole rangen, blickten verblüfft zu dem Jungen.

Zigahn, völlig überrascht, wusste nicht, wie er reagieren sollte. Als er erkannte, dass Max es ernst meinte, rief er besorgt: »Mach keinen Scheiß! Du kennst dich mit der Waffe nicht aus! Wenn du nicht aufpasst, passiert noch ein Unglück! Das Ding geht …« Er kam nicht mehr dazu, zu Ende zu sprechen, weil er unerwartete Hilfe erhielt.

Micha hatte sich seinem Freund von hinten genähert. Jetzt tat er etwas, das alle, am meisten natürlich Max, überraschte. Er trat diesem unvermittelt kräftig auf den Arm, sodass ihm die Waffe aus der Hand fiel. Diesmal hatte Zigahn aufgepasst. Bevor sich noch ein anderer bükken konnte, ließ er Ivy los und ergriff mit der freien Hand den Revolver. Der Junge blickte nun in zwei Läufe.

Max war von dem Verrat seines Freundes tief getroffen. Jetzt war klar, warum Micha sich immer schützend vor Zigahn stellte, ganz gleich, was der beging. Micha war Mitglied der Bande, die er zu bekämpfen vorgegeben hatte. Oder wollte er mit seinem Verrat nur sein jämmerliches Leben retten? ... Das sollte er haben!

Als Bolliac nochmals rief: »Mach tot Jungen, Zigahn!«, öffnete Max mit einem Ruck das Hemd und bot dem Schützen die nackte Brust dar. »Dann schießt!«, rief er. »Ich werde nicht mit der Wimper zucken.«

»Auf die letzte Zigarette verzichtet er«, setzte Micha spöttisch hinzu, der auch in dieser Situation nicht darauf verzichten konnte, einen Scherz auf Kosten seines Freundes zu machen. »Er ist Nichtraucher.«

Zigahn stutzte einen Moment. Ein Lächeln erschien auf seinen Lippen. Dann war er wieder ganz Konzentration. »Halt den Django fest, damit er sich die Sache nicht noch anders überlegt«, rief er Micha zu und richtete beide Pistolen auf die Gangster.

»Das Spiel ist aus!«, sagte er laut und vernehmlich. »Ergebt Euch! Ich bin Zollinspektor Zigahn!«

Kapitel 30: Des Pudels Kern!

Nachdem die Verbrecher abgeführt worden waren, feierte man in der Gaststube den Sieg. Grozza hatte alle eingeladen, Speisen standen bereit und die Gläser waren gefüllt. Nach und nach löste sich die Gesellschaft in Gruppen auf.

»Jetzt müssen wir nur noch die Komtess finden!«, äußerte Max zu Micha. »Denn die ist es nicht!« Dabei drückte er den Blondschopf an sich, der tatsächlich seine erwartete Freundin Cynthia war. Er hatte seinem Freund das rüde Eingreifen bei dem Show-Down natürlich verziehen, das ihn vor einer großen Dummheit bewahrt hatte.

»Du hast sie längst gefunden!«, antwortete Micha lachend und deutete auf den Grafen. Der hatte seinen Arm um Ivy geschlungen und sah sehr glücklich aus. Das war ein Ding! Max traf die Eröffnung wie ein Hammerschlag ... Aber es schien zu stimmen.

Ivy oder richtiger Donata machte sich frei und kam lächelnd zu den beiden hinüber. »Darf ich?«, fragte sie Cynthia. Und als die nickte, stellte sie sich auf die Zehenspitzen und küsste Max auf die Wange. »Danke, dass du so unermüdlich für mich und unsere Familienehre gekämpft hast«, sagte sie und setze schelmisch hinzu: »Und der Versuchung widerstanden hast, meine Situation auszunützen!«

Der Graf trat ebenfalls heran, schüttelte zunächst Max und Micha und dann Cynthia und Xaver die Hand und lud alle auf seine Güter ein: »Es wird nicht mehr lange dauern, bis ich rehabilitiert bin und meine Besitztümer zurückerhalte.« Dann bedankte er sich auch bei Mirko Grozza, der sich Donatas so aufopfernd angenommen hatte. Zu den Jungen gewandt, sagte er: »Ihr habt es sicherlich schon erraten: Das ist mein Verwalter, von dem ich wusste, dass er auf meine Tochter gut aufpassen wird.« »Das hat er getan«, riefen Max und Zigahn fast gleichzeitig, worauf alle, bis auf Donata, herzlich lachten.

Der Gastwirt, der also keiner war, hatte seine Fröhlichkeit wiedergefunden. Mit der Befreiung des Grafen und Entlarvung BOGDANs war er von der Last befreit worden, die schwer auf seiner Seele gelegen hatte. Er entschuldigte sich bei Max, dass er so misstrauisch und ungerecht gewesen war. »Ich konnte keinem mehr trauen, als sich selbst mein langjähriger Freund Scharosch mit BOGDAN eingelassen hatte. Aber, er soll in Frieden ruhen. Er wollte alles wiedergutmachen und hat mit seinem Leben bezahlt.«

»Hat BOGDAN Sie auch erpresst?« Max konnte immer noch nicht glauben, dass der Wirt von den Vorgängen im Hause überhaupt nichts gewusst haben sollte.

»Er hat es mit den verschiedensten Mitteln versucht, aber keinen Erfolg gehabt: Zuletzt hat er gedroht, mich wegen Geheimbündelei und Bandenbildung anzuzeigen.«

»Hatte er denn etwas gegen Sie in der Hand?«, fragte Max, wobei er an das Waffenlager unter dem Hause dachte.

»Natürlich nicht! Er hatte wieder vor, seine Taten uns in die Schuhe zu schieben.« Der Wirt machte eine Pause und seufzte. »Vermutlich geht auch das Verschwinden Donkas auf sein Konto! ... Das war der letzte Schritt im Ermüdungskrieg, den er gegen mich geführt hat ... Er wusste, dass ich den Rüden aus Rumänien mitgebracht hatte und sehr an ihm hänge. Er gehört zwar Donata, ein Geschenk zu ihrem 10. Geburtstag. Aber ich habe ihn aufgezogen.«

Das erklärt alles, dachte Max. Deshalb waren Donka und Donata so vertraut. Es war ihr eigener Hund!

»Der Zufall wollte es«, fuhr der Wirt fort, »dass ich Donka bei unserer Flucht mitnehmen konnte. Donata hatte beim Erscheinen der Polizei gerade mit ihm im Garten gespielt. Ich habe ihn zu einem erstklassigen Wachhund erzogen, auf den ich mich unbedingt verlassen konnte. Er wurde mein bester Freund ... Ich vermisse ihn so sehr, dass ich immer noch sein Winseln und Bellen im Flur höre.«

Da hatte Max eine Eingebung. Er wusste plötzlich, wie das Verschwinden des Hundes zu erklären war. »Vielleicht kann ich helfen?«, bemerkte er mit gespielter Bescheidenheit. »Ich glaube, ich weiß, wo Donka geblieben ist.«

In den Augen des Wirtes leuchtete Hoffnung auf. »Lebt er?«, fragte er sofort und blickte Max beschwörend an.

»Wenn ich Recht habe, ja!« Max wandte sich zum Gehen und bedeutete dem anderen zu folgen. Es tat ihm gut, auch mal Anweisungen geben zu können. So ganz hatte er Grozza das grobe Verhalten nun doch nicht verziehen. Im ersten Stock öffnete der Junge den Wandschrank und betätigte den Mechanismus der Geheimtür, was der Wirt verständnislos zur Kenntnis nahm. Sein Erstaunen war genauso echt wie die Überraschung, als die Tür an der Hinterseite des Schrankes aufsprang und eine Treppe freigab.

Bevor der Wirt noch etwas sagen konnte, erscholl ein freudiges Bellen, eine schwarze Gestalt sprang heraus und stürzte sich mit solchem Ungestüm auf ihn, dass beide zu Boden gingen. Max blickte mit Stolz auf das überschwängliche Wiedersehen. Schließlich war es sein Geistesblitz, der die beiden vereint hatte. Aber er hätte noch stolzer sein können: Noch hatte er nicht alles gesehen. Nach einer Weile erschien aus dem Gang nämlich eine kleine zerknitterte Gestalt. Der Regenmantel war zerrissen und die Baskenmütze verloren gegangen. Ihr Träger war mit Schrammen und blauen Flecken bedeckt. Es handelte sich um Patrescu, den ebenfalls vermissten Geheimpolizisten aus Rumänien. Die Entbehrungen der letzten Tage standen auf seinem Gesicht geschrieben. Er schaute verlegen auf den am Boden liegenden Wirt, der die stürmischen Liebkosungen des Hundes lachend abzuwehren versuchte.

Als Grozza wahrnahm, wer noch aus dem Gang herauskam, stutzte er einen Augenblick. Dann ging ein Lächeln über seine Züge und er spreizte drei Finger seiner rechten Hand, während Daumen und kleiner Finger einen Kreis bildeten. »Lang lebe der König«, rief er. »Er wird nach Rumänien zurückkehren!« Da ging ein Leuchten über das Gesicht des Geheimagenten. »Es lebe König Michai!«, antwortete er mit Tränen in den Augen, während er mit dem Erkennungszeichen der Königstreuen zurückgrüßte.

Dann erblickte er den Jungen und umarmte ihn dankbar. »Ich wusste, dass du mich finden würdest. Ich habe die Hoffnung nicht verloren, auch als wir Kondenswasser von der Mauer lecken mussten, um nicht zu verdursten.«

»Wie sind Sie in diese Lage gekommen?« Max schämte sich, dass er nach dem Verschwinden Patrescus nicht früher an diese Erklärung gedacht hatte.

»Nachdem du mir von dem Waffenlager und seinem Zugang erzählt hattest, ließ mir die Sache keine Ruhe mehr. Als gestern Morgen in der Schlottermühle große Aufregung herrschte, weil der Graf von Goltz verschwunden war, bin ich in das Haus eingedrungen und habe mich unbemerkt nach oben geschlichen. Nach deinen Anweisungen gelang es mir, den verborgenen Zugang im Wandschrank zu öffnen. Ich war schon auf der Geheimtreppe, als mir der Hund nachgestürzt kam und mich niederriss. Da lag ich dann zum zweiten Mal unter der Bestie und konnte mich nicht bewegen! Es hat lange gedauert, bis das Tier begriffen hat, dass sich niemand um uns kümmern würde und wir im selben Boot saßen.

Von da an haben wir uns das Leben nicht mehr schwer gemacht und nach einem Mittel gesucht, uns zu befreien. Die Geheimtür war nämlich zugefallen und ließ sich von innen nicht mehr öffnen. Wir durften uns nicht bemerkbar machen, weil BOGDAN sich im Hause aufhielt. Manchmal konnte ich allerdings nicht verhindern, dass der Hund bellte, wenn er Geräusche auf dem Flur hörte.«

Max blickte eine Weile nachdenklich auf den Kommissar. Die Tür war sicherlich nicht von allein zugefallen: Hermine musste sie mit Vorbedacht geschlossen haben, als sie bemerkte, wer da in den Geheimgang eingedrungen war. Dass sie Donka mit einschließen musste, kam ihr wohl gelegen, weil sie auf diese Weise verhinderte, dass er bei der Suche nach dem Grafen half.

»Wir haben inzwischen Ihre Aufgabe zu Ende gebracht«, äußerte Max dann stolz, »und können Ihnen BOGDAN und seine Bande auf einem silbernen Tablett servieren. Es kann allerdings noch eine Zeit dauern, bis die hiesigen Behörden mit ihnen fertig sind.«

»Das war eine perfekte Vorstellung, Zigahn«, sagte Max anerkennend zu dem jungen Mann, der sich überraschend als Zollinspektor zu erkennen gegeben hatte. »Und zwar von Anfang bis zum Ende. Ich bin voll drauf reingefallen.«

»Das habe ich gemerkt, als du mir unbedingt ein Loch in den Bauch schießen wolltest«, antwortete der. »Deine Aktion war wirklich gut und hätte jedem Stuntman Ehre gemacht.«

»Das fand ich auch«, mischte sich Micha ein, »nur leider ging sie wieder einmal in die falsche Richtung.«

»Das wäre nicht nötig gewesen, wenn du mich rechtzeitig informiert hättest«, antwortete Max vorwurfsvoll. »Und jetzt wirst du gleich sagen, du durftest die Tarnung Zigahns nicht gefährden.«

»Freilich«, erwiderte Micha. »Ich habe aber Andeutungen genug gemacht. Du wolltest sie nicht verstehen.«

»Das war gut so!«, bemerkte Zigahn. »Das hat meine Glaubwürdigkeit als Mafioso bestärkt. Ich müsste mich eigentlich bei Max bedanken. So konnte ich meine Tarnung behalten und zum Schluss überraschend eingreifen.«

»Wie hat der Zoll von den Umtrieben der Schmuggler erfahren?«, fragte Max besänftigt.

»Wir hatten selbst bemerkt, dass in der Schlottermühle nicht alles mit rechten Dingen zuging«, sagte Zigahn. »Zudem erhielten wir einen Wink aus Rumänien. Deshalb haben wir einen Mann als Spitzel eingeschleust, der sich als Holzknecht einstellen ließ.

»Ach, Presa! ... Ich dachte, er war illegal hier!«

»Nein! ... Das war seine Tarnung.«

Hat ihm nichts genützt, dachte Max. Ihm wurde erst jetzt richtig bewusst, in welcher Gefahr er gesteckt hatte.

»Unser Agent«, fuhr der Inspektor fort, »war dann mit seinen Nachforschungen zu unvorsichtig: Als er einen nächtlichen Transport belauschte, hat man ihn beseitigt und einen Unfall vorgetäuscht. Dies muss Scharosch, der von BOGDAN zum Mitmachen gezwungen worden war, wohl mit angesehen haben. Jedenfalls wollte er aussteigen und setzte sich mit uns in Verbindung. Als er kurz darauf ebenfalls verschwand, habe ich seine Stelle eingenommen, um die Sache aus der Nähe zu untersuchen. Ich gab zu erkennen, dass ich einem Nebenverdienst nicht abgeneigt war und erhielt anonym den Auftrag, einen Sack nachts an der Schafbergbahn zu übergeben!«

»Das war also der Zettel, den ich bei der Durchsuchung der Dachkammer gefunden habe!«, unterbrach Max. »Dann gehörte dir der Kellnerrock?«

»Freilich!«, antwortete Zigahn. »Ich musste ja bei meiner überstürzten Flucht alles zurücklassen.«

»Warum bist du überhaupt geflohen?«, fragte Max.

»Mit eurem Eingreifen hattet ihr Basarabs Festnahme verhindert. Ich habe noch auf ihn geschossen ...«

»Ach, deshalb die Einschläge in die Draisine!«

»... aber leider nicht getroffen. So musste ich wenigstens meine Tarnung aufrechterhalten. Ich verhielt mich daher wie ein Schmuggler, der auf frischer Tat ertappt worden war. Wie ihr seht, hat sich die Entscheidung ausgezahlt.«

»Hatte mir schon so was gedacht«, bemerkte Micha. »Darum wollte ich auch am nächsten Tage dem Zoll nicht erneut ins Handwerk pfuschen. Man hatte mir das übrigens auch angeraten, als ich den Sack ablieferte.«

»Ja, wegen eurer Einmischung mussten wir nochmals von vorn anfangen«, bestätigte Zigahn. »Basarab hatte sich bereits abgesetzt, als wir ihn in den Morgenstunden auf dem Schafberg festnehmen wollten.«

»Aber nachmittags war er noch oben«, warf Max ein.

»Vielleicht ist er heimlich zurückgekommen, da er mit Goga verabredet war«, vermutete Micha.

»Oder er hatte sich oben versteckt«, meinte Max. »Auf jeden Fall war es gut, dass ich nachgefasst habe. Sonst wäre er noch durch die Latten gegangen.«

»Ja, deine Heldentaten bleiben unvergessen!«, spottete Micha. »Nur schade, dass sie immer ein schlimmes Ende nehmen!«

»Da ich in die Schlottermühle nicht zurückkehren konnte«, fuhr Zigahn fort, »habe ich mich auf der Schafbergalm einquartiert.«

»Und mit den Anschlägen auf mich?«, fragte Max.

»... habe ich nichts zu tun! In beiden Fällen waren es BOGDAN und Hermine, denen du zu neugierig wurdest.«

»Wieso haben sie mich in der Geisterruine nicht beseitigt, sondern gefesselt liegen lassen?«, fragte Max weiter.

»Ich nehme an, dass es Hermine war, die dir dort aufgelauert hat. Sie war wohl zu zart besaitet, dir eigenhändig den Garaus zu machen, und hat das lieber dem ›natürlichen Lauf der Dinge‹ überlassen. Bei dem armen Scharosch ist sie ja auch so verfahren. Als das nicht klappte, weil dich von Goltz fand und befreite, hat BOGDAN persönlich eingegriffen und dir ebenfalls in der Geistermühle aufgelauert. Er konnte damit rechnen, dass du an diesem Ort nach dem Grafen suchen würdest, nachdem du in der vorletzten Nacht dort überfallen worden warst. Er hätte wohl keine Skrupel gehabt, dich gleich zu töten, wenn der Anschlag gelungen wäre.«

»Aber am Bach hat er mich davor bewahrt, dass ich von dem herabstürzenden Baum erschlagen wurde.«

»... und dich dabei bewusst ins tosende Wildwasser gestoßen, damit dies die Arbeit für ihn macht«, ergänzte Zigahn. »Das geschah, um jeden Argwohn zu zerstreuen. Ich war zufällig in der Nähe und sah, wie Hermine am Hang den Stamm lostrat, nachdem BOGDAN dich in die richtige Position in der Mitte des Baches gebracht hatte ... Die beiden haben dann den Verdacht auf mich gelenkt, weil ich mich nicht zeigen konnte und ohnehin verdächtig war. Dadurch stellten sie, wie sie meinten, zugleich sicher, dass ich bei der Stange blieb.«

»Und wo hast du Bolliac aufgetan?«

»Er hat mich auf der Schafbergalm aufgespürt, wo er selber Unterschlupf suchte. Weil ich mich bei dem nächtlichen Vorfall an der Schafbergbahn bewährt hatte ...«

»Halt«, rief Max. »hat Basarab nicht gemerkt, dass du auf ihn geschossen hast?«

»Nein! Er hat ja nicht gesehen, woher der Schuss kam, und angenommen, dass es die ›Zollinspektion‹ gewesen ist. Durch meine Flucht hatte ich meine Unschuld bewiesen. So sah das auch Bolliac. Er hat mich in die Bande aufgenommen und benachrichtigt, als er merkte, dass es brenzlig wurde. Das war die Gelegenheit, auf die ich gewartet hatte.«

»Und ich hab gewusst, dass Zigahn da ist, wenn es darauf ankommt«, sagte Micha lächelnd. »Meine Truppen standen bereit, als ich sie brauchte!«

»Ich werde dir die Freundschaft kündigen, wenn du mich noch einmal für einen Ganoven hältst, obwohl du dich eigentlich an meine Auftritte gewöhnt haben müsstest!« Xaver äußerte dies scherzhaft zu Max. Er spielte damit auf frühere Vorfälle an, in denen dem Freund ähnliche Fehleinschätzungen unterlaufen waren. Dann fuhr er fort: »Was du mit meinem Krachen, also meiner Pistole, gemacht hast, für den ich übrigens als Streetworker einen Waffenschein habe, war auch schon ein starkes

Stück. Was wäre passiert, wenn ich ihn benutzen musste?«

»Na hör mal!«, warf Max ein. »Du müsstest dich eigentlich bei mir bedanken, dass ich die Situation so schön ausgebügelt habe. Sei froh, dass Hermine kein geladenes Ding in die Hand bekommen hat.«

»Da hast du auch wieder Recht«, räumte Xaver ein. »In dieser Situation passt auf dich der Spruch vom blinden Huhn, das auch ein Korn findet ... Also Schwamm drüber.« Er klopfte Max so heftig auf die Schulter, dass der beinahe in die Knie gegangen wäre. »Was ich dir aber nicht verzeihen kann«, fuhr er nicht ganz ernsthaft fort, »dass du mit deinem Gespensterauftritt im Turm Cynthia und mich in Angst und Schrecken versetzt hast! Ich glaube zwar nicht an Geister. Aber als das Licht zu schwanken begann, erlosch und die fürchterlichen Stimmen durch die engen Räume heulten, hast du uns schon mächtig eingeheizt. Wie dann noch im Dunklen ein Ungeheuer auf uns losstürzte, war es mit unserer Selbstbeherrschung vorbei. Zum Glück haben wir uns nichts gebrochen, als wir fast die Treppe hinuntergefallen sind.«

»Mir hat Cynthia auch schon eine Standpauke gehalten«, sagte Max. Er tat beschämt, war aber insgeheim nicht wenig stolz darüber, dass er einem so harten Burschen wie Xaver das Fürchten beigebracht hatte. »Aber ich habe nach bestem Wissen und Gewissen gehandelt. Wie hätte ich auch ahnen können, dass ihr in St. Wolfgang bereits eingetroffen seid, ohne euch gleich bei mir zu melden.«

»Das ist in der Tat der Punkt, der deinen Fehlgriff entschuldigt«, räumte Xaver großmütig ein. »Aber Micha hatte uns schriftlich angewiesen, nach außen in keiner Weise - das Wort ›keiner‹ war mehrfach unterstrichen - in Erscheinung zu treten, weil er uns undercover einsetzen wollte. Da haben wir uns in seiner Abwesenheit erst mal im Turm einquartiert und mussten nach unserer schmählichen Flucht in meinen Campingbus umziehen.«

Während der letzten Worte war Cynthia mit Micha herangetreten und sagte: »Ich konnte mir doch meinen herrlichen Auftritt als Grafentochter nicht verderben lassen. Allerdings hatte ich keine Ahnung, wie anstrengend die Rolle sein wird. Wenn ich nur an die Löcher denke, die mir die echte Komtess schadenfroh in den Bauch gefragt hat. War wirklich gemein, wie sie mich gequält hat.«

»Man ist immer im Nachteil, wenn man es mit jemandem zu tun hat, dessen Identität man nicht kennt«, sagte Max, an seine eigenen Erfahrungen mit Ivy/Donata denkend.

»Noch dazu, wenn man vorgibt, derjenige zu sein, der der andere in Wirklichkeit ist«, ergänzte Micha. »Es muss wirklich sehr erheiternd gewesen sein.«

»Lass sie zufrieden. Sie hat sich wacker geschlagen«, sprang Max seiner Freundin bei. Dann fügte er jedoch lachend hinzu: »Allerdings möchte ich diese Unterhaltung um keinen Preis der Welt missen. Sie ist für immer in meinem Gedächtnis eingegraben.«

Bevor der Aufbruch kam, suchte Max noch die Küche auf. Makkai bereitete bereits wieder das Mittagessen vor, wobei sein flinkes Messer wahre Wunder vollbrachte. Der Junge trat zu ihm und sagte etwas verlegen: »Ich wollte mich verabschieden und …«, er geriet ins Stocken, »bei dir entschuldigen, dass ich dich verdächtigt habe, ein Mitglied der Bande zu sein! Zum Schluss habe ich dich sogar für den ›Conducator‹ gehalten, der hier in der Tarnung als ungarischer Koch untergeschlüpft war.«

Makkai fuhr entsetzt zurück und schlug drei Kreuze. »Jessas, Marant, Josef! Wie kommst darauf? Damit machen darf keine Spass!«

»Nun, der Conducator soll ein Verwandlungskünstler sein und du bist verdammt gut mit dem Messer!«

»Ooooh, jaa!«, unterbrach Makkai stolz, »Samsan treues Freund! Als kam Ende in Morgenfrühe, … gerettet hat es Lebben vieliges! Wenn nix geschlitzt auf Kehle Bogdan, jetzt allige Manner und Frauen hübsche totenmause!« Er machte eine so schwunghafte Bewegung mit dem Messer, dass Max zurückschreckte. »Aber, dass siehst, dass Makkai dich geschlossen in Brust, er schenken dir Samsan zum Denkanken!« Dabei drückte er Max das Messer in die Hand und verließ schnell die Küche, bevor ihn die Rührung übermannte. Max starrte einen Augenblick verblüfft auf das Geschenk. Das konnte er unmöglich annehmen, wo Makkai so sehr daran hing, dass er dem Messer sogar einen Namen gegeben hatte und sich nur unter Tränen von ihm trennen konnte. Aber dann erinnerte er sich, wie gefährlich der Koch eben noch mit der Klinge in der Luft herumgefuchtelt hatte. »Es ist sicher besser so: Dann leben wir alle länger!

»Du weißt, ich habe mit dir noch ein bzw. mehrere Hühnchen zu rupfen, weil du wieder Geheimnisse vor mir gehabt hast!« Max beschwerte sich bei seinem Freund, als die Jugendlichen gemeinsam zum Turm gingen, um noch etwas von dem versäumten Nachtschlaf nachzuholen.
»Dass du aber die Entführung der Mädchen« - Max hob anklagend seine Stimme - »selbst in Szene gesetzt hast, war ein starkes Stück, für das es keine Entschuldigung gibt!«

»Warum beschwerst du dich?«, fragte Micha lachend. »Du hast doch immer davon geredet, dass was für die Sicherheit Donatas getan werden müsste. Das war zunächst nicht nötig, weil die Bande deren Identität nicht kannte. Der Wirt hatte sie selbst Theresa/Hermine gegenüber nicht preisgegeben. Das änderte sich, als Ivy/Donata den unvorsichtigen Brief an ihren Vater schrieb, der in die Hände der Wirtschafterin geriet. Da habe ich kurzentschlossen Cynthia als Grafentochter präsentiert, um die Bande zu verwirren, was auch geklappt hat. Bevor der Schlussakt begann, habe ich die Mädchen dann für alle Fälle aus der Schusslinie gebracht. Dass sie uns nachkamen, konnte ich ja nicht wissen. Das war nicht eingeplant.«

»Hast du nicht an die Angst gedacht, die die Armen ausstehen mussten?«, sagte Max vorwurfsvoll.

»Davon kann keine Rede sein«, erwiderte Micha. »Sie waren natürlich eingeweiht! Nur deshalb ging alles so reibungslos über die Bühne. Sie sind freiwillig in Xavers Auto gestiegen. Du hast dich doch selbst gewundert, dass die Spuren der Entführung am Waldrand endeten.«

»Und warum wusste ich nichts von deiner Aktion?! Ich war halbtot vor Sorge und habe mir Vorwürfe gemacht.« Max hob anklagend die Hände.

»Das Ganze sollte doch echt aussehen, falls wir beobachtet wurden. Du musst zugeben, dass du kein guter Schauspieler bist ... Wenn es dich freut, kann ich dir verraten, dass die Mädchen ganz gerührt waren, als sie sahen, wie nahe dir die Entführung ging.«

»Jetzt fehlt noch, dass sie im Turm waren, als ich verzweifelt zu dir kam?«, beschwerte sich Max. Als die andern daraufhin loslachten, blieb ihm nichts übrig, als halbherzig in das Gelächter mit einzustimmen.

»Eins verstehe ich noch nicht«, äußerte er, nachdem sich die allgemeine Heiterkeit gelegt hatte. »Wenn Ivy, Verzeihung Donata, überhaupt nicht entführt worden ist, sondern sich freiwillig bei dem Verwalter ihres Vaters in der Schlottermühle aufgehalten hat, weshalb hat sie dann einen Hilferuf in der Höhle platziert?«

Micha grinste. »Das war die Preisfrage, die mir auch zu schaffen gemacht hat. Aber die Antwort ist inzwischen klar! Sie wollte im Kampf gegen BOGDAN und seine Bande unsere Hilfe gewinnen, ohne sich erkennen geben zu müssen. Ihre Anonymität war ja ihr einziger Schutz, den sie nicht aufs Spiel setzen wollte.«

»Und wie ist sie auf uns verfallen?«, fragte Max. »Wir haben in St. Wolfgang zwar einen Namen. Aber eigentlich war die Sache doch eine Nummer zu groß für uns.«

»In der Not frisst der Teufel Fliegen!«, lachte Micha. »Sie muss mich beobachtet haben, als ich an jenem Dienstag in die Höhle eingedrungen bin. Da sie von uns gehört hatte, brachte sie das auf die Idee mit dem gefakten Hilferuf. Sie hat die kleine Dota deshalb ins Spiel gebracht, weil sie annahm, dass das eher unser Interesse wecken würde. Die Brosche sollte uns nach Rumänien und auf die Spur BOGDANs führen.«

»Warum hat sie ein Schmuckstück verwendet, das ihr gar nicht gehörte?«, fragte Cynthia.

»Es war wohl der einzige Wertgegenstand«, erwiderte Micha, »den sie bei ihrer überstürzten Flucht mitnehmen konnte und einen Bezug zur Heimat hatte. Sie hatte sich die Heftel, die ja von ihrer Mutter stammt, offenbar heimlich von der Amme ausgeborgt.«

»Warum hat sie euch dann nicht wenigstens in ihrer Rolle als Nichte des Wirtes informiert?« Cynthia fragte genau das, was auch Max beschäftigte. Er musste daran denken, wie bravourös sich Ivy beim Angeln am Wasserfall um eine Antwort herumgedrückt hatte.

Michas Augen funkelten belustigt: »Ich nehme an, sie hatte Angst, sich dadurch am Ende doch noch zu verraten. Woher sollte sie als Nichte des Wirtes Kenntnis vom Schicksal der Familie von Goltz haben? Erst als es keine anderen Fortschritte von unserer Seite gab, als dass Max von einer Falle in die andere tappte, sah sie sich gezwungen, ihm mit einigen Halbwahrheiten auf die Sprünge zu helfen. Alles zu dem Zweck, dass er begriff, was abging und wer dahinterstand.«

»Sie hat einen Dummen gesucht und gefunden, soll das wohl heißen«, bemerkte Max ungerührt.

»Das sagst du, Junge! ... Du solltest aber dein Helfersyndrom ablegen. Das wird dir in Zukunft Ärger ersparen.«

»Spricht da der Neid aus dir, dass du es nicht warst, dem Donata sich an die Brust geworfen hat?« Max war sich eigentlich sicher, dass bei jener Unterredung auf Seiten der Komtess mehr als kalte Berechnung im Spiel gewesen war. Er hätte ja selbst beinahe den Kopf verloren. Es schien aber nicht ratsam, das jetzt vor Cynthia zu vertiefen. Deshalb wehrte er sich nicht gegen die Unterstellung, dass er sich von einer Schönen an der Nase hatte herumführen lassen.

Cynthia verstand dies auch richtig. »Du bist eben der Ritter auf dem weißen Pferd, der keiner Frau die Hilfe verweigern kann«, neckte sie. Dann setzte sie ernster hinzu: »Der aber nur eine liebt, und das bin ich!«

»So ist es! Und das ist gut so!« Max war froh, sich so geschickt aus der Schlinge gezogen zu haben.

Im alten Gartenturm herrschte an diesem Abend Hochbetrieb. Er beherbergte nämlich außer Micha noch drei Gäste, Cynthia, Xaver und Max. Nachdem die Jugendlichen etwas von dem versäumten Schlaf nachgeholt hatten, sollte eine Party steigen. Max half bei den Vorbereitungen. Micha hatte in einer geschützten Ecke vor dem Turm einen Holzkohlengrill aufgebaut. Das war eine gute Gelegenheit, um mit seinem Freund unter vier Augen zu sprechen.

»Versteh´ es nicht falsch, aber ich muss wissen, wieso du mir wieder einige Nasenlängen voraus warst!«

»Oh!«, sagte Micha, während er von Hand geformte Bällchen an die Bratspieße steckte, »mein Ausgangspunkt war ein anderer. Du hast nach einem kleinen Mädchen gesucht, das irgendwo gefangen sitzt. Ich bin aber auf eine junge Frau gestoßen, die uns für ihre Zwecke einspannt. Beim genauen Nachdenken ist mir der Hilferuf aus der Höhle doch zu konstruiert vorgekommen. Die Umstände haben eigentlich nicht zueinander gepasst. Die Scheibenfibel wird von Mädchen und Frauen erst von dem Alter an getragen, wo man Landestracht anlegt. Es konnte sich daher nicht um eine ›Tafelklasslerin‹ handeln, die uns das

Schmuckstück zugespielt hatte.

Mein Verdacht bestätigte sich, als ich in Rumänien auf die Geschichte des Grafen von Goltz und seiner Tochter Donata gestoßen bin, die schon fast erwachsen war. Es sprach alles dafür, dass sie den Hilferuf inszeniert hatte, um uns zu manipulieren. Und wer konnte von dem Höhlenversteck wissen, wenn man die Satanisten ausnahm, an die ich nie richtig geglaubt habe? Doch nur jemand aus der Mühle. Da war es nicht schwer, die Schöne in ihrer Tarnung als Nichte des Wirtes auszumachen.«

»Na ja, schlau wie du bist, hast du dir wieder einen Informationsvorsprung verschafft«, äußerte Max recht süßsauer. »Das nächste Mal gehe ich auf Reisen und du machst die Drecksarbeit ... Aber, da du schon beim Erklären bist: Warum ist Donata so erschrocken, als ihr Vater in der Schlottermühle auftauchte?«

»Liegt doch auf der Hand. Das passte so gar nicht in ihren Plan. Dadurch hat er nicht nur sich selbst, sondern auch seine Tochter und unsere Ermittlungen in Gefahr gebracht. Deshalb also der Brief mit der Bitte, von der Mühle fernzubleiben. Der Zusatz in unsichtbarer Schrift, der von Goltz in die Falle gelockt hat, kam von Hermine, die die Nachricht an sich genommen hatte. Das war die Gelegenheit, von Golz in einen Hinterhalt zu locken.«

»Und wie hast du herausgefunden, wer BOGDAN ist?«

»Das war schon schwieriger. Das ist mir erst klar geworden, als Patrescu ihn in der Mühle gesehen hat. Da ich, entschuldige, an Unsichtbarkeit und solchen Schwachsinn nicht glaube, musste der Bazi eine zweite Identität haben, in die er nach Belieben wechseln konnte. Dafür kamen von der Größe her nur Grozza oder Kelling in Betracht. Der Wirt schied aus, weil er selbst von der Bande bedrängt wurde. Also war es Kelling. Überführen musste ihn allerdings der Graf selbst, was der auch hervorragend gemacht hat.«

»Hast du Theresas/Hermines Doppelspiel durchschaut?«

»Es war klar, dass BOGDAN von jemandem Hilfe erhielt, der die Mühle und ihre Geheimnisse kannte und seine Geschäfte betreute. Ich habe auf Theresa Schrempp getippt, weil sie bereits längere Zeit im Hause ist, das Vertrauen des Wirts genießt und Zugang zu allen Räumen hat. Aber sicher war ich mir in dem Punkt gewiss nicht.«

Max hätte wohl gern noch weitere Fragen erörtert. Das war aber nicht möglich, weil eine weibliche Gestalt in einem ausgeschnittenen Dirndl herantrat. Sie gesellte sich zu den Jungen, als sei keine Erklärung nötig. Wo hat Micha diese Wuchtbrumme aufgetan?, dachte Max. Als er sie verwundert anstarrte, sagte sie in gebrochenem Deutsch: »Bei dir nicht Groschen fällt, dass kennst? Wo gerettet hast mir, nahebei? ... Ich Daina!« Max fiel aus allen Wolken. Er hatte das rumänische Bauernmädchen so herausgeputzt nicht wiedererkannt. Da sah man, was etwas Wasser und Seife und ein schönes Kleid alles bewirken konnten.

»Ich habe sie zur Siegesfeier eingeladen, weil sie irgendwie dazugehört«, witzelte Micha. »Ich war mir sicher, dass du dich freuen wirst. Schließlich kannst du jetzt wenigstens ein Mädchen vorweisen, das du gerettet hast oder etwas in der Art ... Wir werden uns schon verständigen. Ihr Deutsch hat sich inzwischen stark verbessert und Xaver spricht etwas rumänisch. Ich bin sicher, dass er voll auf sie abfährt, da er doch für handfeste Sachen schwärmt.«

Und als ihn Max fragend ansah, setzte er hinzu: »Daina hat jetzt eine Aufenthaltserlaubnis und arbeitet bei uns im Haushalt, bis sie etwas anderes gefunden hat.«

In diesem Augenblick traten Cynthia und Xaver aus der Tür des Turmes. Sie blieben an der Schwelle stehen und sahen sich vorsichtig nach allen Seiten um.

»Ist es da?«, fragte Cynthia ängstlich.

»Wen oder was sucht ihr oder besser: wollt ihr nicht sehen?« Micha konnte sich die Antwort schon denken.

»Na, das schwarze Ungeheuer!«, sagte Cynthia spitz.

»Den gefährlichen Drachen, der im Gut umgeht«, ergänzte Xaver, die Sache ins Lächerliche ziehend.

»Der ist für einen Tag zu meinen Eltern ausquartiert«, sagte Micha lachend. »Ich überlege allerdings, ob Max ihm nicht besser Gesellschaft leistest, damit sich das Tier in der ungewohnten Umgebung auch wohlfühlt.«

»Oh, nein!«, erwiderte Cynthia lachend. »Max wird hier gebraucht ... Und damit kein Irrtum aufkommt«, setzte sie mit einem Blick auf Daina hinzu. »Er darf zwar anderen Mädchen das Leben retten, ... aber lieben darf er nur mich!« Dabei legte sie ihren Arm um den Jungen, um ihre Besitzansprüche klarzustellen.

»Mich werden keine sieben Pferde, geschweige denn ein Kater, von hier wegbringen«, bestätigte Max.

»Ich hoffe, dass du noch genauso denkst«, sagte Micha trocken, »wenn gleich meine Dinkelfrikadellen und Tofu-Würstchen serviert werden und du meine neuste Tee-Kreation genießen darfst. Ich muss nämlich die Bekömmlichkeit meiner Produkte an gesunden Versuchspersonen testen und hoffe, ihr überlebt es.«

ENDE

Anmerkung des Autors:
Die Informationen über die politischen Verhältnisse in Rumänien sind u. a. dem Buch von KENO VERSECK, Rumänien, erschienen 1998 in der Beck'schen Reihe »LÄNDER«, entnommen worden. Daneben war mir auch die »Kleine Geschichte Siebenbürgens«, von Harald Roth, Verlag Böhlau 1996, eine Hilfe. Bei den geographischen, ethnographischen und historischen Besonderheiten hat mir - neben vielen Bildbänden über Siebenbürgen - der Reiseführer »Rumänien« in der Reihe »DUMONT-RICHTIG REISEN« gute Dienste geleistet.

Menschenhandel, Zigarettenschmuggel und Wirtschaftsverbrechen hat es in Rumänien gegeben und gibt es wahrscheinlich immer noch. »BOGDAN« ist der historische Figur eines Bergarbeiterführers nachempfunden, der im westrumänischen Schiltal ein mafios-absoluter Herrscher über die Region gewesen ist und Überfälle auf Bukarest und den Sturz der Roman-Regierung mitorganisiert hat.

Wer wissen will, ob der damals 81 Jahre alte König Michael aus dem Hause Hohenzollern-Sigmaringen in sein Heimatland zurückgekehrt ist, wird auf den von KENO VERSECK verfassten Bericht in der TAZ vom 17.05.2001 »Vom Schreckgespenst zum Ehrengast« verwiesen. Danach hat der König im Februar 1997 seine rumänische Staatsbürgerschaft zurückerhalten und die Rückgabe seines Schlosses erstritten. Er bewohnte bis zu seinem Tode wieder sein Palais in Bukarest und genoss die Rechte eines ehemaligen rumänischen Staatschefs. Im Gegenzug engagierte er sich für sein Land im Ausland. Wegen der politischen Dauerkrise in Rumänien - bei den Wahlen im November 2000 erlitt die Regierungskoalition der bürgerlichen Parteien eine verheerende Niederlage - ist die konstitutionelle Monarchie in Rumänien nicht wieder eingeführt worden.
Klaus Kurt Löffler

BÜCHERÜBERSICHT

In der Reihe MAX UND MICHA, die Junior-Detektive, sind im Handel:

IHRE ERSTEN FÄLLE, Taschenbuch, BoD Verlag, Norderstedt, ISBN: 978-3-84485-374-2

Dritter Fall: Ärger um Mark, HARDCOVER, Shaker Media-Verlag, ISBN: 978-3-86858-333-5

Vierter Fall: Das Fürstengrab, HARDCOVER, Verlag: Monsenstein u. Vannerdat, ISBN: 978-3-86991-171-7

Fünfter Fall: Claras Puppe, Taschenbuch, ReDiRoma-Verlag, Remscheid, **ISBN**: 978-3-868704310

Sechster Fall: Das Gespensterpferd, Taschenbuch, 222 Seiten, Max & Micha Eigenverlag, Herstellung CreateSpace, **ISBN**: 9781540755698

Siebenter Fall: Der Kongress der Magier, Taschenbuch, Max & Micha Eigenverlag, Herstellung CreateSpace, **ISBN**: 9781540542007

Achter Fall: DER ROTE HAHN, Taschenbuch, Max & Micha Eigenverlag, Herstellung: CreateSpace, **ISBN**:978 1540797964

Neunter Fall: Das gestohlene Gnadenbild, Taschenbuch, Max & Micha Eigenverlag, Herstellung: CreateSpace, **ISBN**: 9781537743998

Zehnter Fall: Auf der Suche nach dem verschwundenen Mädchen, Taschenbuch, Max & Micha Eigenverlag, Herstellung: CreativeSpace, **ISBN**:978-3-9813414-4-7

www.ingramcontent.com/pod-product-compliance
Lightning Source LLC
Chambersburg PA
CBHW031346040426
42444CB00005B/204